長樂鄭振鐸西諦藏書

國家圖書館古籍館 編

第三册 子部一

國家圖書館
西諦藏書善本圖録

海峽出版發行集團
THE STRAITS PUBLISHING & DISTRIBUTING GROUP
鷺江出版社
LUJIANG PUBLISHING HOUSE

2019年·廈門

子

萬曆丁酉冬日
雕于廠原山館

目錄

子部一

總　類

儒家類

兵家類

法家類

農家類

醫家類

天文算法類

術數類

藝術類

譜録類

子

子部一——

總。

類。

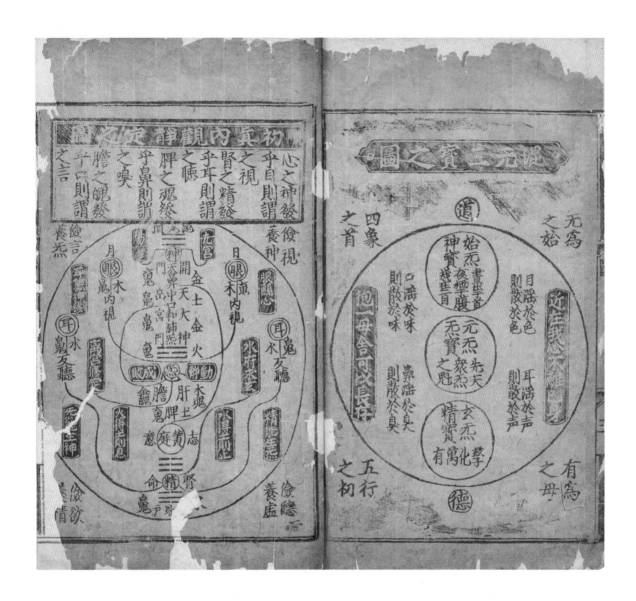

纂圖互註五子五十卷

明刻本

十冊

半葉十二行二十六字，小字雙行同，黑口，四周雙邊。版框 19.9×12.9 厘米

御註老子道經卷上

河上公章句註釋

體道章第一

道可道　謂經術政教之道也　非常道　非自然長生之道也常道當以無為養神無事安民含光藏暉滅跡匿端不可稱道

名可名　謂富貴尊榮高世之名也　非常名　非自然常在之名常名當如嬰兒之未言雞子之未分明珠在蚌中美玉處石間內雖昭昭外如頑愚

無名天地之始　無名者謂道道無形故不可名也始者道本也吐氣布化出於虛無為天地本始也

有名萬物之母　有名謂天地天地有形位有陰陽有柔剛是其有名也萬物母者天地含氣生萬物長大成熟如母之養子也

故常無欲以觀其妙　妙要也人常能無欲則可以觀道之要要謂一也一出布名道變化生諸萬物也

常有欲以觀其徼　徼歸也常有欲之人可以觀世俗之所歸趣也

此兩者同出而異名　兩者謂有欲無欲也同出者同出人心也而異名者所名各異也名無欲者長存名有欲者亡身也

同謂之玄　玄者天也言有欲之人與無欲之人同受氣於天也

玄之又玄　天中復有天也稟氣有厚薄得中和滋液則生賢聖得錯亂污辱則生貪淫也

衆妙之門　能知天中復有天稟氣有厚薄除情去欲守中和是謂知道要之門戶也

右第一章　老子著書一章之首明道本不容言說故有言曰……

天正之乎或曰因秦之法清而行之亦可以致平乎曰譬諸琴瑟鄭衛調俾夔因之亦不可以致蕭韶矣祕曰秦毀滅禮義專任刑法譬如琴瑟作鄭衛之調而使夔因以鼓之不能致正声矣言慘酷之法不可以致和平也韶舜樂也晃錯曰秦法令煩慘刑罰暴酷變曰簫韶九成鳳凰來儀光曰調使不动言必應更張或問處秦之世抱周之書益乎或曰李斯上言請史官非秦記皆燒之所不去者醫藥卜筮種樹之書故特獨得存其周易而已光曰周書者盡易也言人皆居秦之世獨抱周之之易可益乎祕曰周之書若周禮周樂周書周頌周易春秋之類傳曰韓宣子適魯見易象與春秋曰周禮盡在魯矣曰舉世寒貉狐不亦燠乎貉狐之裘於體盈燠咸曰言貉狐一裘於禮雖燠不能救天下之寒周易一經於時雖存不能勝天下之暴祕曰率俾方寒服貉狐裘之衣亦何以禦寒而廻燠猶秦世之酷詢礼義之教亦可以斷廻正治光曰天下無道而獨得先王之術可以自治之矣或曰炎之以火沃之以湯燠亦燠矣言秦燒詩書坑儒士從湯火之中信苦大熱耳光謂或人戲嘲揚子辭祕曰何必貉狐之為燠若用湯火亦燠矣譬言何必周書之為節若用稱法亦可治矣光曰言用秦之法以治秦之民所識敢不發曰燠哉燠哉時亦有寒者矣數其秦之無道也時亦有寒者謂四皓園扈尸子曰斯皆蕭京其身不燠秦之湯火口祕曰數湯火之燠亦所謂燠也天時自有大寒矣○光曰言雖不得已一時暫從而中心不服終發亂非其時而望之

亦不可以至矣天由其時人由其道非而其人之不可得非道之正行之不可至祕曰非其夏時而以湯火望溫燠非其正道而以刑法行之使至治不可以至矣言秦法秦治也○光曰用秦之法以求治猶冬而望生春而望蘋之熟而南適楚而北終不能致秦之有司負秦之法度秦法雖酷矣吏又毒之○祕曰秦之法度本以刑罰決斷為本而秦之有司乃以參酷為能是負其法度矣刑法志曰秦尊任刑罰躬操文墨書斷獄夜理書有程決事日縣石之一○光曰秦法雖酷亦至在於求治而有司又為文巧以亂之秦之法度負聖人之法度祕曰聖人以礼義為法度是負之矣秦弘違天地之道而天地違秦亦弘矣咸曰言天也以生育為本秦以殺戮為本是為天地亦大矣秦歌以萬世之君天也止以二世威也是違秦亦大矣○祕曰天地生五行之性而仁義礼智信備矣秦毀滅之事任刑法是大違天地也秦自以為關中之固金城千里子孫帝王萬世之業也上二世而亡是天地違秦亦大矣刑法志曰秦始皇兼吞戰国遂毀先王之法滅礼誼之官

纂圖互註揚子法言卷第五

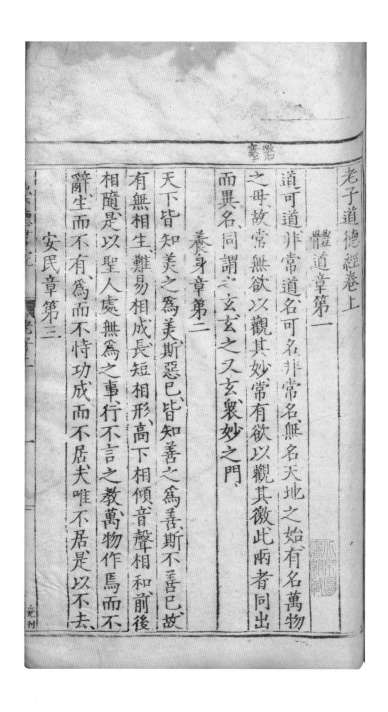

二十家子書二十九卷 〔明〕謝汝韶編

明萬曆六年（1578）吉藩崇德書院刻本

二十六冊

半葉十一行二十二字，小字雙行同，白口，四周雙邊。眉欄鐫評釋。版框 22.7×15.9 厘米

T04290（12311）

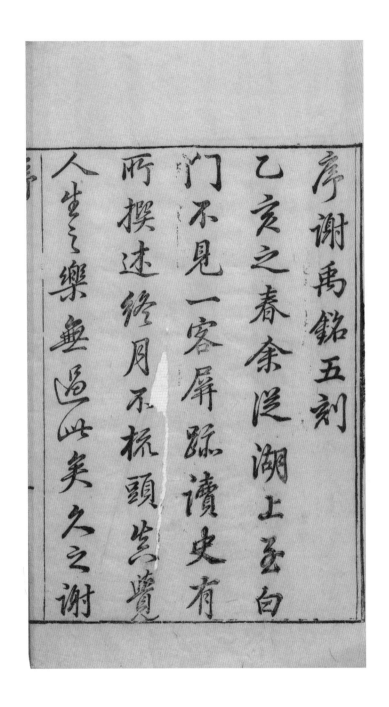

謝禹銘五刻□□卷　〔明〕謝鏞編

明崇禎八年（1635）謝鏞刻本

一冊　存二種：黃帝玉訣陰符經一卷、鬼谷子一卷外篇一卷

半葉八行十九字，白口，左右雙邊。版框 18.5×13.4 厘米

鬼谷子

清溪道士著　明後學謝鑛禹銘甫訂

捭闔第一

粤若稽古聖人之在天地間也爲衆生之先觀陰陽之開闔以命物知存亡之門戶籌策萬類之終始達人心之理見變化之朕焉而守司其門戶故聖人之在天下也自古至今其道一也變化無窮各有所歸或陰或陽或柔或剛或開或閉或弛或

鬼谷子　　　　　　一

子

子部一 —— 儒家類 *000*

孔子家語卷之一

相魯第一

孔子初仕為中都宰制為養生送死之節長幼異食
強弱異任男女別塗路無拾遺器不彫偽為四寸之
棺五寸之槨因丘陵為墳不封不樹行之一年而西
方之諸侯則焉定公謂孔子曰學子此法以治魯國
何如孔子對曰雖天下可乎何但魯國而已哉於是
二年定公以為司空乃別五土之性而物各得其所
生之宜咸得厥所先時季氏葬昭公于墓道之南孔

孔子家語十卷

明刻本

一冊　存五卷：一至五

半葉九行二十字，白口，四周雙邊。版框 20.8×13.7 厘米

T04233（10375）

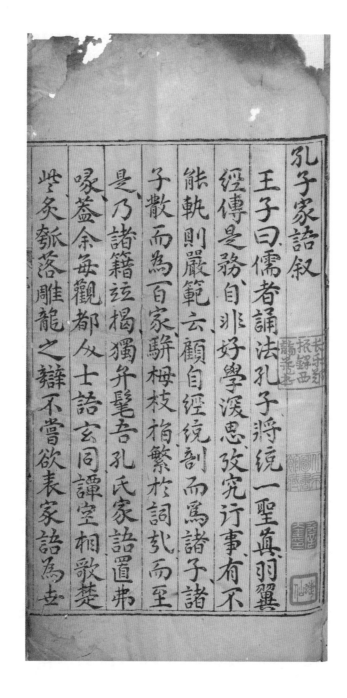

新鍥臺閣清訛補註孔子家語五卷首一卷 〔明〕鄒德溥撰

明喬山堂劉龍田刻本

一冊

半葉九行二十一字，小字雙行同，白口，四周雙邊或單邊。版框 20.0×12.8 厘米

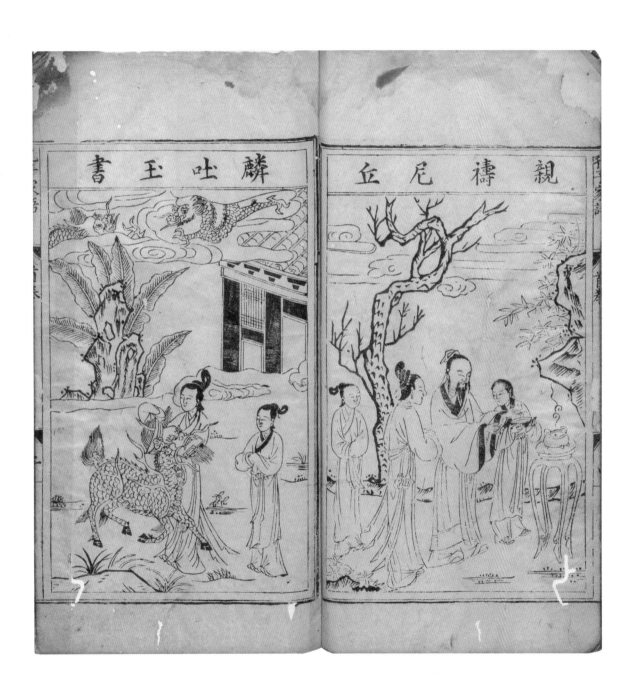

新鍥臺閣清譌補註孔子家語卷之一

太史　四山　鄒德溥　補註

禮部　瀘瀟　劉元卿　校正

○相魯第一
　　孔子為魯司寇攝
　　行相事故以名篇

孔子初仕為中都宰中都魯之屬邑制為養生送死之節生有
之屬使長幼異食禮老少所食不同彊弱異
有葬各定其節養死
之無過不及也

任所任不用之事各從
任謂任力作之事也

拾遺人道上失物器不彫偽不事餝詐為四寸之棺五
遺人道上失物器不彫偽器尚朴質不事餝詐為四寸之棺五

寸之槨因立陵為墳因地勢高不封不樹日聚土為墓
寸之槨因立陵為墳下為界日封植木

賈誼新書十卷 〔漢〕賈誼撰　**洛陽賈生傳一卷**

明刻本

二冊　存二卷：二至三

半葉九行十八字，黑口，四周雙邊。版框 18.6×12.2 厘米

威不信事勢

古之正義東西南北苟舟車之所達人迹之所
至莫不率服而後云天子德厚馬澤湛馬而後
稱帝又加美馬而後稱皇今稱皇令稱號甚美而實不
出長城役非特不服也又大不敬邊長不寧中
長不靜譬如伏虎見便必動將何時已故曰高帝
起布衣而服九州今陛下挾九州而不行於閩
奴竊為陛下不足且事有甚義也馬
天子者天下之首也何也上也蠻夷者天下之

忌也何也下也蠻夷後令是主上之操也天子
共貢是臣下之禮也足反居上首顧下是倒植
之勢也天子之勢倒縣矣莫之能理猶為國有人
乎德可遠施威可遠加舟車所至可使如至而
特搢然數百里而威令不信可為流涕者此也

賈誼新書卷之第三

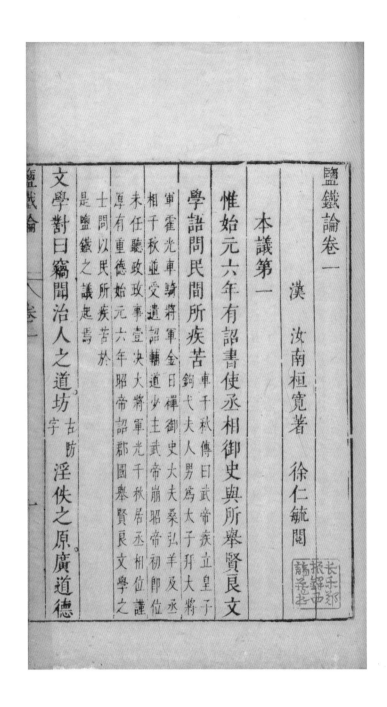

鹽鐵論十二卷 〔漢〕桓寬撰 〔明〕張之象註

明末刻本

二冊

半葉九行二十字，小字雙行同，白口，左右雙邊。版框 19.8×14.3 厘米

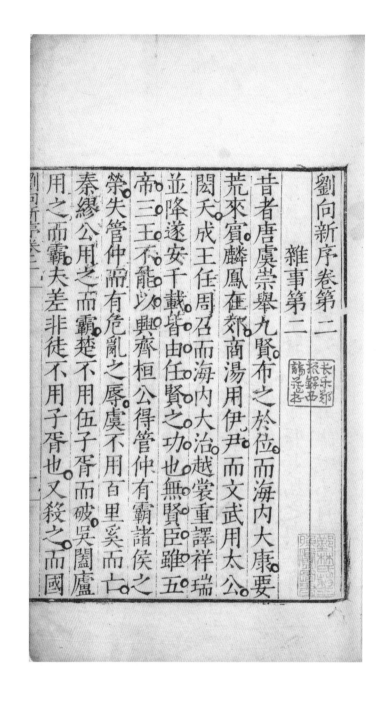

劉向新序十卷　〔漢〕劉向撰

明刻本

二冊

半葉十行十八字，白口，左右雙邊。版框 19.9×14.9 厘米

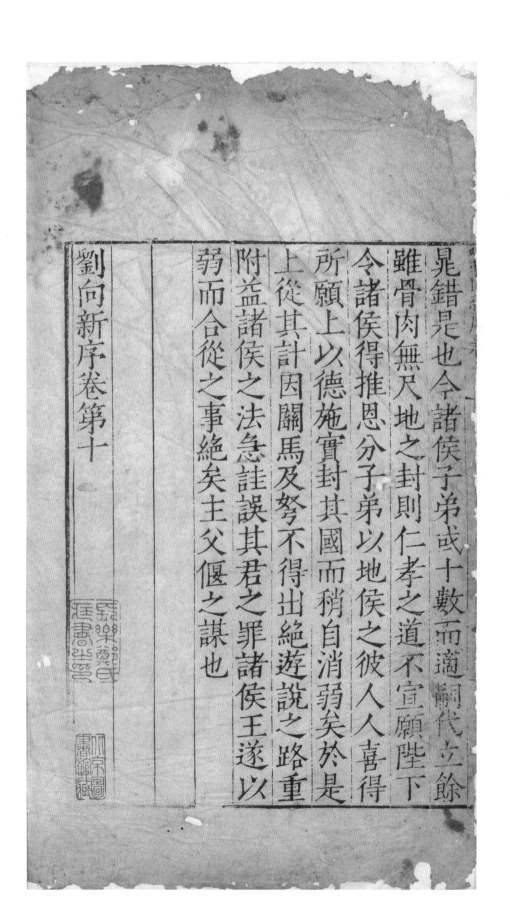

晁錯是也今諸侯子弟或十數而適嗣代立餘
雖骨肉無尺地之封則仁孝之道不宣願陛下
令諸侯得推恩分子弟以地侯之彼人人喜得
所願上以德施實封其國而稍自消弱矣於是
上從其計因關馬及弩不得出絕遊說之路重
附益諸侯之法急詿誤其君之罪諸侯王遂以
弱而合從之事絕矣主父偃之謀也

劉向新序卷第十

吾淮丁儉卿先生爲清咸同間樸學大
師藏書甚富大都皆手自校讐身後
乃漸散佚得者恒珍寶之此先生手
校說苑新叙友人自淮安攜來以余
愛之遂以蒙見贈潯卿記于申属之
聖廣樓　癸未仲春

說苑新叙序
說苑二十卷新序十卷漢中壘校尉劉向于政所撰
宋集賢校理曾鞏之所序錄者也觀鞏之序說苑識
序政以不能究知聖人精微之際又責其書建元
才欲有爲於世志其枉已而爲之至論新序則以慕
秦漢絕學之後學者知折衷於聖人而能純於遺德
之美者揚雄氏而止耳余謂鞏之文簡嚴質直火類
子政獨其詆訶過嚴奧奉失實蓋竊疑之焉夫三
代而下言道者莫純於孔子今考其書自說易而外

説苑二十卷　〔漢〕劉向撰

清初刻本　清丁晏校並跋

六册

半葉九行二十字，白口，左右雙邊。版框 19.6×14.3 厘米

說苑卷一

漢　沛郡劉向　著　新城楊以漟　校

君道

晉平公問於師曠曰、人君之道如何、對曰、人君之道、清淨無爲務在博愛。趨在任賢廣開耳目以察萬方。不固溺於流俗不拘繫於左右廓然遠見踔然獨立俾師曠法道。屢省考績以臨臣下此人君之操也。平公曰善。

齊宣王謂尹文曰人君之事何如尹文對曰人君之事無爲而能容下夫事寡易從法省易因故民不以

周子全書卷之一

太極圖

宋晦翁朱熹註釋

明後學徐必達校正

陰靜

坤道成女

陽動

乾道成男

萬物化生

○此所謂無極而太極也所以動而陽靜而陰之

本體也然非有以離乎陰陽也卽陰陽而指其本

合刻周張兩先生全書二十二卷　〔明〕徐必達編

明萬曆三十四年（1606）徐必達刻本

四冊

半葉十行二十字，白口，四周雙邊。版框 20.9×14.6 厘米

其師乎孔子之沒哀公誄之不聞翁子復為之誄也

子路欲使門人為臣孔子以為欺天門人厚葬顏淵

孔子歎不得視猶子也君子愛人以禮今關中諸君

欲謚子厚而不合于古禮非子厚之志與其以陳文

範陶靖節王文中孟貞曜為比其尊之也曷若以孔

子為比乎承關中諸君決疑于伯淳而伯淳謙遜懼

謀及于淺陋不敢不盡所聞而獻之以備萬一惟伯

淳擇而折衷之光再拜

張子全書卷之十五　終

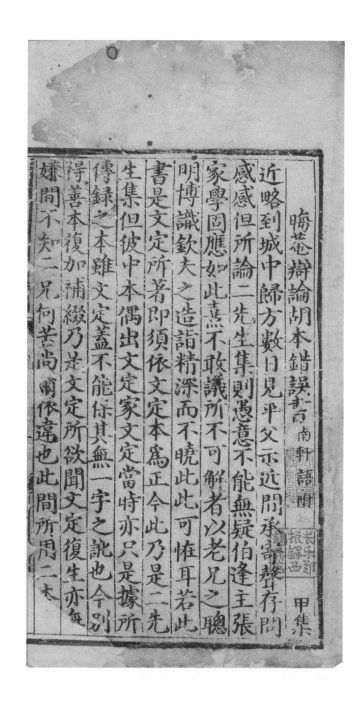

二程子全書五十一卷　〔宋〕程顥、程頤撰

明嘉靖三年（1524）李中、余祐刻本

十冊　存四十九卷：缺河南程氏遺書卷二十、外書卷四

半葉十行二十字，小字雙行同，黑口，四周雙邊。版框 21.9×13.5 厘米

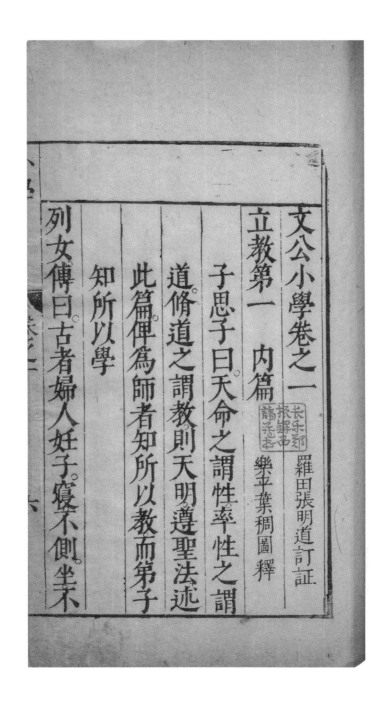

文公小學六卷　〔宋〕朱熹撰　小學書綱領一卷文公先生年譜一卷

明萬曆三十七年（1609）趙良相刻本

二册

半葉七行十五字，白口，左右雙邊。眉欄鐫音釋。版框 21.3×13.7 厘米

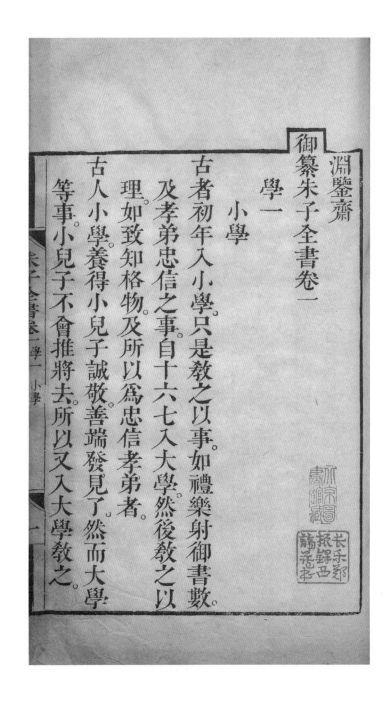

淵鑒齋御纂朱子全書六十六卷　〔宋〕朱熹撰　〔清〕李光地等輯

清康熙五十三年（1714）武英殿刻本

十八冊　存四十五卷：一至六、二十至三十四、三十七至四十八、五十二至五十七、六十一至六十六

半葉九行二十字，黑口，四周單邊，無直格。版框 19.1×14.0 厘米

T01527（14510）

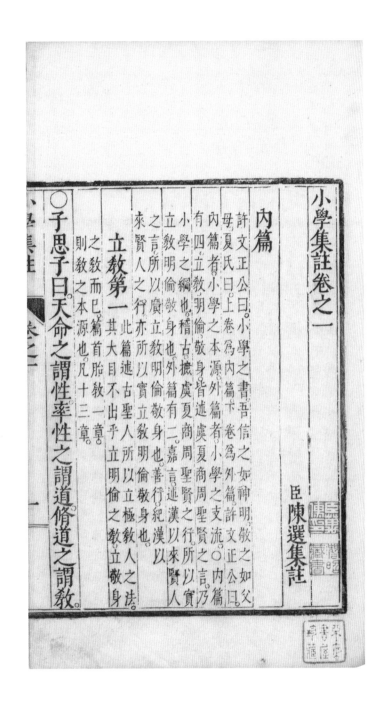

小學集註六卷 〔明〕陳選撰

明崇禎八年（1635）內府刻本

二冊

半葉十行二十字，小字雙行同，白口，四周雙邊。版框 20.6×15.2 厘米

小學集註卷之五

臣陳選集註

外篇

說見內篇

○詩曰。天生烝民。有物有則。民之秉彝。好是懿德。孔
子曰。為此詩者其知道乎。故有物必有則。民之秉
彝也。故好是懿德。吉甫之所作也。朱子曰。烝眾也。尹
大雅烝民之篇也。尹
吉甫美宣王之詩者註。知道于故有物必有
物事也。則。法也。彝市也。懿美也。有物必有法。如有
耳目。則有聰明之德。有父子。則有慈孝之心。是民
所秉執之常性也。故人之情。無不好此懿德者。胡氏曰。知道。知率性之道也。
懿德者。

見聞述嘉言紀善行為小學外篇。傳去聲○歷考
前代漢魏晉南

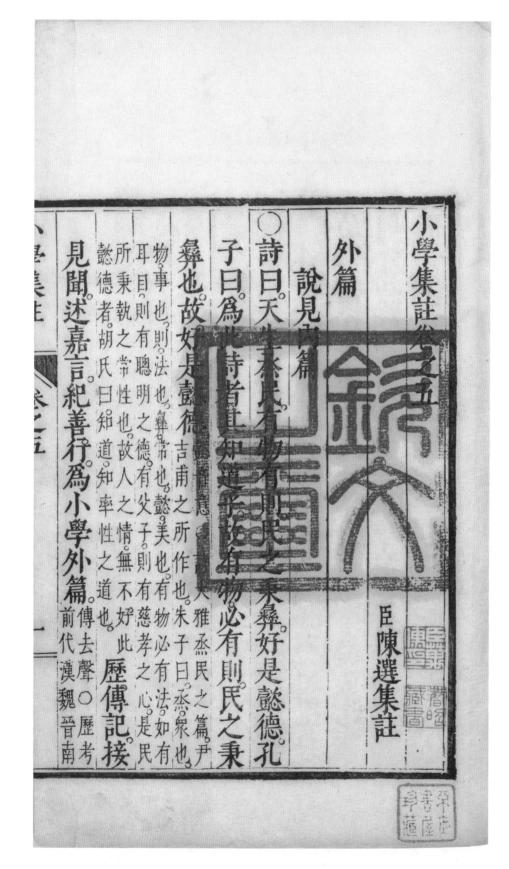

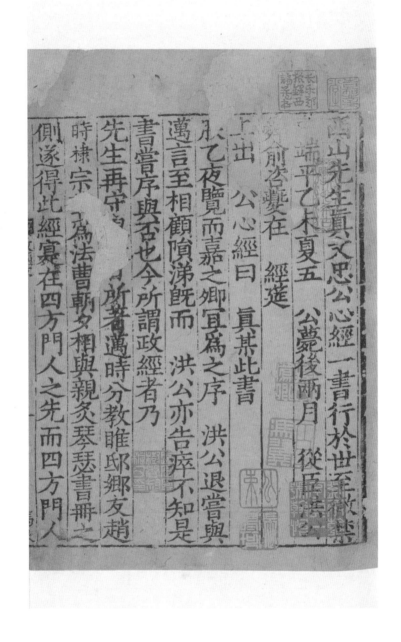

真文忠公政經一卷　〔宋〕真德秀撰

宋刻本

一册

半葉十行十八字，白口，左右雙邊。版框 23.4×18.5 厘米

先聖大訓六卷 〔宋〕楊簡撰

明刻本

六册

半葉十行二十一字，小字雙行同，白口，左右雙邊。版框 22.3×15.2 厘米

15653（8753）

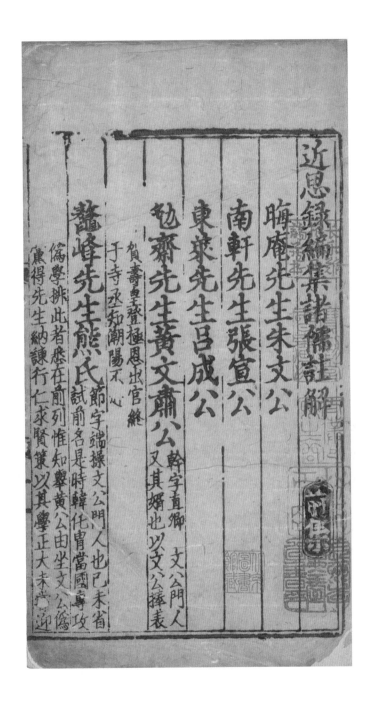

新刊音點性理群書句解後集二十三卷　〔宋〕朱熹、呂祖謙撰　〔宋〕熊剛大集解

元刻本

八冊

半葉十三行，大小字不等，黑口，四周雙邊。版框 18.9×12.3 厘米

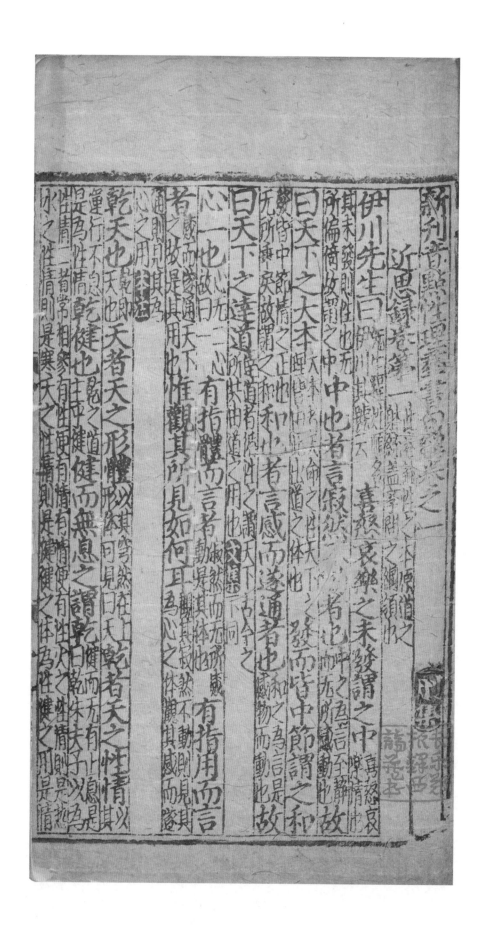

新刊音點性理羣書句解卷之一

近思錄卷第一

伊川先生曰

喜怒哀樂之未發謂之中

中也者言寂然不動者也故曰天下之大本

天下之大本者言感而遂通者也

天下之達道者道之用也

心一也有指體而言者有指用而言者

乾天也天者天之形體乾者天之性情

乾健也健而無息之謂乾

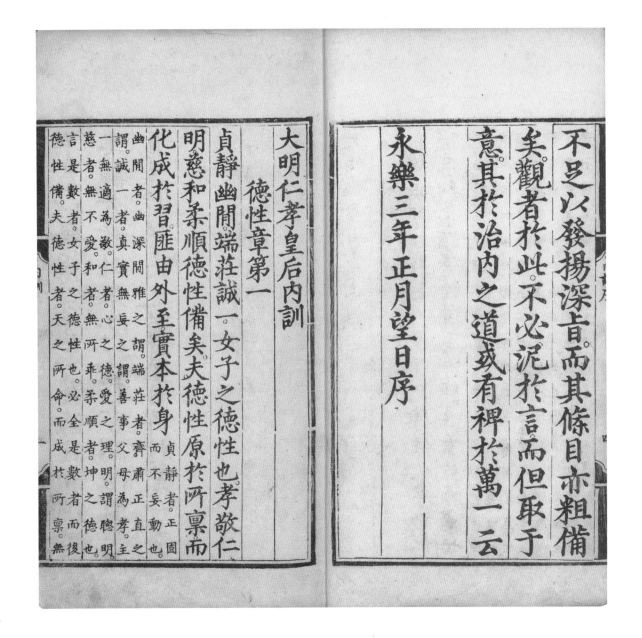

不足以發揚深旨而其條目亦粗備
矣觀者於此不必泥於言而但取于
意其於治內之道或有裨於萬一云

永樂三年正月望日序

大明仁孝皇后內訓

德性章第一

貞靜幽閒端莊誠一女子之德性也孝敬仁
明慈和柔順德性備矣夫德性原於所稟而
化成於習匪由外至實本於身　　　貞靜者。正
幽閒者。幽深閒雅之謂端莊者齊肅正直之主而不妄動也。正固
謂誠一者。真實無妄之謂善事父母為孝。
謂。誠一者。真實無妄之謂。善事父母為孝。
　　　　　　　　　　　　　　　　　仁者。心之德愛之理也。謂明。謂聰明
慈者。無不愛也女子之德性者。天之所命。而成於所稟無
一無適不受者。坤者。而是於數後
德言是性備夫德性者。天之所命。而成於所稟無

大明仁孝皇后内訓一卷　〔明〕仁孝皇后徐氏撰

明永樂内府刻本

一册

半葉八行十七字，小字雙行同，黑口，四周雙邊。版框 26.8×17.0 厘米

16823（14900）

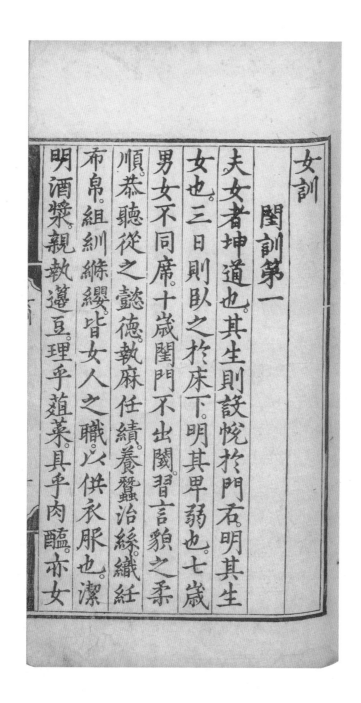

女訓一卷　〔明〕興獻皇后蔣氏撰

明嘉靖九年（1530）內府刻本

一冊

半葉八行十七字，黑口，四周雙邊。版框 26.6×17.0 厘米

嘉靖九年十二月二十六日

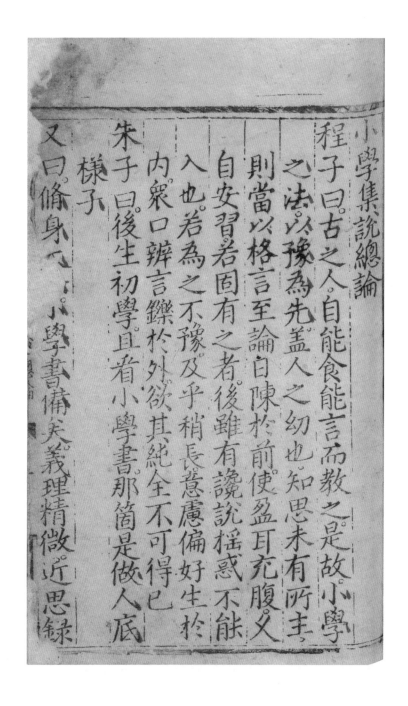

小學集說總論

程子曰古之人。自能食能言而教之。是故小學之法以豫爲先盖人之幼也。知思未有所主則當以格言至論日陳於前使盈耳充腹久自安習若固有之者後雖有讒說搖惑不能入也若爲之不豫及乎稍長意慮偏好生於內衆口辯言鑠於外欲其純全不可得已

朱子曰後生初學且着小學書那簡是做人底樣子

又曰。脩身∅∅小學書備矣義理精微近思録

小學集説六卷　〔明〕程愈等編

明成化二十二年（1486）刻本

一册　存二卷：一至二

半葉十行十八字，黑口，四周雙邊。版框 20.2×13.6 厘米

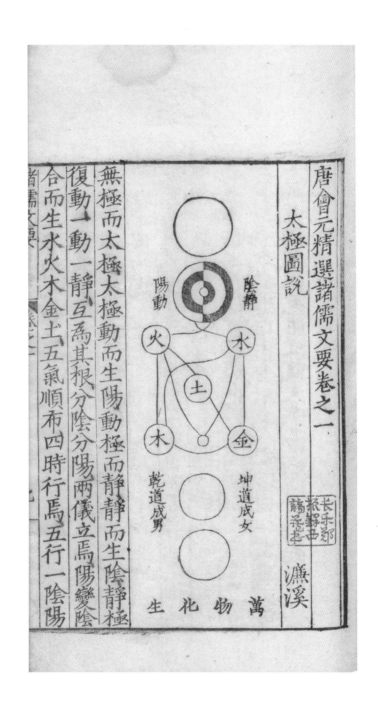

唐會元精選諸儒文要八卷

明刻本

四冊

半葉十行二十一字，白口，左右雙邊。版框 20.5×14.0 厘米

心之扵是非也與聖人同其有昧焉者其心之扵道
之骸如口之扵味目之扵色之誠切也然後私得而薮
之子務立其誠而巳子惟慮夫心之扵道不能如口之
于味目之扵色之誠切也而何慮夫甘苦妍媸之無辯
世乎曰然則五經之所載四書之所傳其皆無所用乎
曰孰為而無所用乎是甘苦妍媸之所在也使無誠心
以求之是談味論色而巳也又孰従而得甘苦妍媸之
真乎既而告歸請陽明子為書其說遂書之

唐會元精選諸儒文要卷之八

武進陳奎鏤板

金先生講學紀錄二卷　〔明〕佘永寧撰

明萬曆崇文書院刻本

一册

半葉九行二十字，白口，四周單邊。版框 20.8×14.4 厘米

旌陽會紀

庚戌秋日欽諸生佘永寧旣赴赤山蕭方伯之會知

心源呂公承我

道尊金先生命邀靈商學旌陽靈於是偕太平王生

董宣城施生弘歙章生舜臣輩往焉於冬孟四日

先生駕臨會所蓋護國寺善世堂也調

聖像大衆請登座　先生坐

聖畢之左乃命蔣令君暨李　　四庫師列坐東

席呂公暨諸縉紳列坐西席以予四人及德興祝生

道　先生德意定不重貟　先生聖也　先生善之

旣宿二夕爰以歲暮告歸　先生猶拳拳屬意不忍

別逴臨行出示聯句曰浮雲以外天尤闊明月之下

我也清寧敬讚曰　先生作是語也是何等度量何

等襟懷青天白日心事于兹益見矣靈不慧敢不佩

服大敎以告我新都人士乎拜別歸來寄語旌陽諸

友竊謂得聆　先生發言如飲甘露其不忘者書於簡端俾

通及援筆則志之矣因丞黙其不廣爲流

夫未見　先生者得是册而繹之庶幾有以自淑云

萬曆辛亥元旦新安後學佘永寧敬書

崇正文書院梓

子

子部一 —— 兵家類

000

崇禎庚午南郭萬卷堂新鐫藏

孫武子會解

板共四卷爲板二百七十有六

孫武子會解題辭

今天下蓋瞀瞀多事矣敢

在恬熙日久人諱譚兵介

胄之士釋韜章注趼兢剽

詩書以自傅儒將愚則薦

紳先生搵摹韜略異以徼

陳芳

孫武子會解四卷　〔明〕郭良翰輯

明崇禎三年（1630）南郭萬卷堂刻本

二册

半葉九行二十字，白口，四周單邊。版框 20.9×14.4 厘米

孫武子會解卷一

莆中　郭良翰　纂

始計第一

孫子曰兵者國之大事

杜牧曰傳曰國之大事在戎

死生之地存亡之道不可不察也

李筌曰兵者凶器死生存亡繫於此矣是以重之

恐人輕行者也

故經之以五事校之以計而索其情

孫武子會解／卷一　始計　一　王子騂

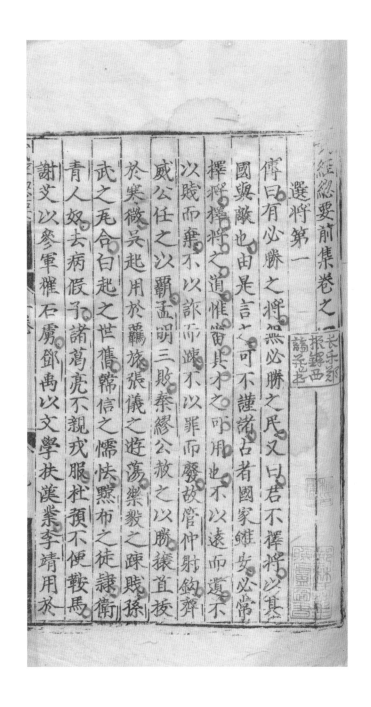

武經總要前集二十二卷後集二十一卷　〔宋〕曾公亮、丁度等撰

明刻本

十四冊

半葉十一行二十一字，黑口，四周雙邊。版框 19.6×12.9 厘米

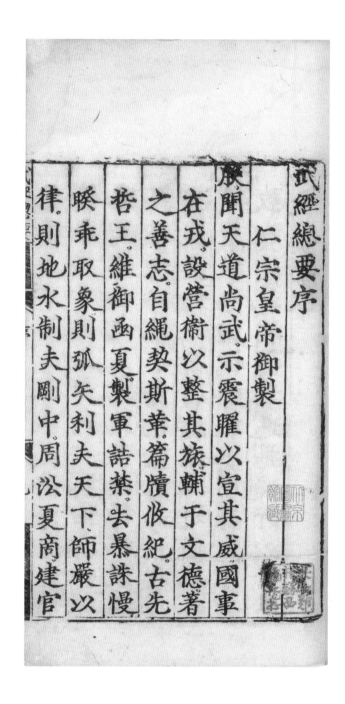

武經總要前集二十二卷 〔宋〕曾公亮、丁度等撰

明刻本

七冊

半葉十一行二十一字，黑口，四周雙邊。版框 19.7×12.9 厘米

新鐫武經標題正義七卷　〔明〕趙光裕註釋　**附鐫武經節要一卷陣法馬步射法棍法一卷**

〔明〕趙光裕校正

明萬曆十六年（1588）刻本

二冊

半葉十二行二十六字，白口，四周單邊。眉欄鐫評。版框23.2×13.8厘米

下精神要一場。

鎗法下四勢歌

平王鐵棍世間稀長鎗丈八賽張飛好漢場中鬥好漢心齊出手見

高低

此鎗出勢最為高金梁架上把鎗朝高頭大網攔下路徑陟跌追盆折

枒稱左三喦右六韜鷂子血胸上雲霄此鎗曾與千軍敵跨馬離鞍

看跌交見頂石右单刀趣心鎗下踏邁條单鎗曾趔扶桑日按定飛

鐘譏馬超太祖靷定檀絛捧四海馳名走一遭当面一鎗人不識下

足猱猴包楸存花関索上場尋認父薛仁貴跨馬去征東那個識得

馬家鎗天下英雄誰敢當。

鈀法四平勢歌

視不能如能生踈莫臨敵後手須用工過身俱有力勤時時把他固一

發未深人打前愸進鬆後發勝先喫步步俱要進時時俱取宜更有

陰陽訣竅君須熟記

陣馬射法卷之九終

紀効新書卷之一

定遠東牟戚繼光撰

束伍篇第一

治衆如治寡分數是也　分數者分數之目也　故以束伍爲第一　由此而十萬一法百陣一化咸基于此

原選兵

兵之貴選尚矣而時有不同選難拘一若草昧之初招徠之勢如春秋戰國用武日久則自是一樣選法方今天下承平編民忘戰車書混同卒然之變自是一樣選法大端創立之選勢在廣攬分揀等率均有所用天下一家邊腹之變

紀効新書十八卷首一卷　〔明〕戚繼光撰

明刻本

八冊

半葉十行二十字，白口，四周雙邊。版框 22.1×14.6 厘米

16109（10198）

右約賊船在遠先將炭火燒紅盆盛一處約
舟相近百十步以火入粗碗灰培再俟賊近三
二十步以碗平放在藥桶內蓋了俟兩舟相遇
將桶平平擲下至賊船被磕動碗內　火趺泛
而出與藥相埋即發時刻不失較之別噐竑線
不燃及線濕放早之病皆可無矣

　船矴

走風捉颶事急追賊車關人力起矴遲悞僃此
臨急解繫繖尾泛之以便囬取

此用桐木燒黑外一寸甚妙

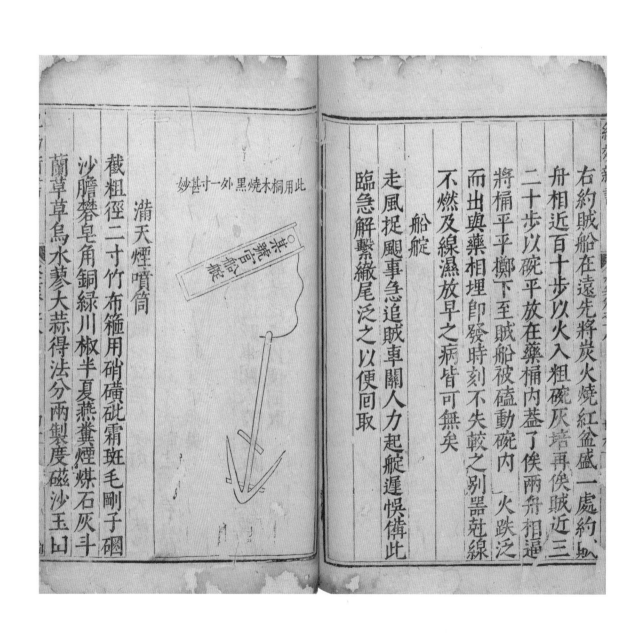

潦天煙噴筒

截粗徑二寸竹布籮用硝礦砒霜斑毛剛子硇
沙膽礬皂角銅綠川椒半夏燕糞煙煤石灰斗
蘭草草烏水蓼大蒜得法分兩製度磁沙玉山

紀効新書卷之一

束伍篇第一

治眾如治寡分數是也束伍者分
數者治兵之綱也束伍者分
分數之目也如十二辰九軍八陣六
花五行四門一切法只在伍法中變
化計畫已定加以旌旗立表方色以配
明雖獻敏之夫一皷而就列矣故以
束伍貫諸篇次
第有所措手也庶次

編伍法將選過堪以教練官兵若干員名先
日分各執事為木牌六每牌用卓一張縛
暨各列一處預定各編伍官生書手姓名
填于牌陰司選者然後行事先儘把總自

紀効新書卷之一

紀効新書十四卷 〔明〕戚繼光撰

明萬曆十六年（1588）李承勳刻本（卷十二配另一明刻本）

四册　存九卷：一至二、八至十四

半葉九行十八字，白口，四周雙邊。版框 20.0×15.3 厘米

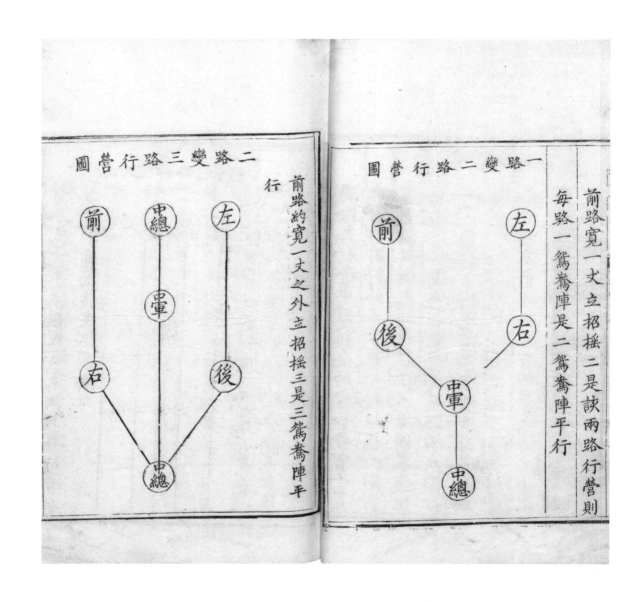

二路變三路行營圖

行

前路約寬一丈之外立招搖三是三駕轎陣平

一路變二路行營圖

前路寬一丈立招搖二是誃兩路行營則

每路一駕轎陣是二駕轎陣平行

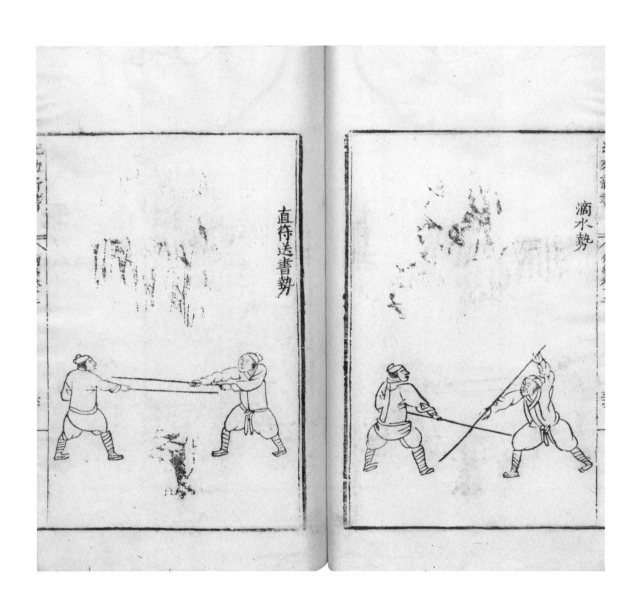

直待送書勢

滴水勢

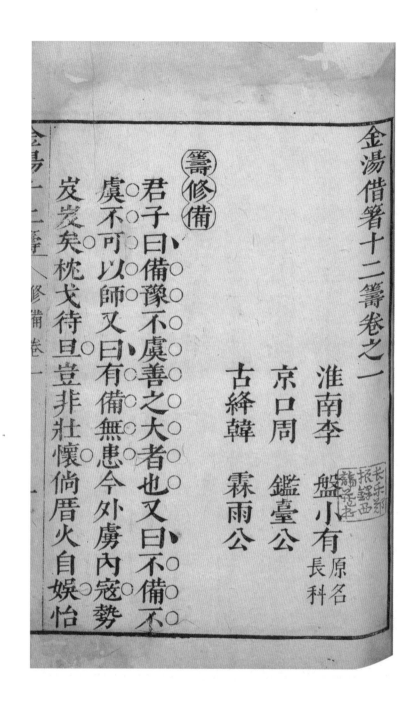

金湯借箸十二籌十二卷 〔明〕李盤、周鑒、韓霖撰

明崇禎刻本

十冊

半葉八行十九字，白口，四周單邊。版框 20.9×15.3 厘米

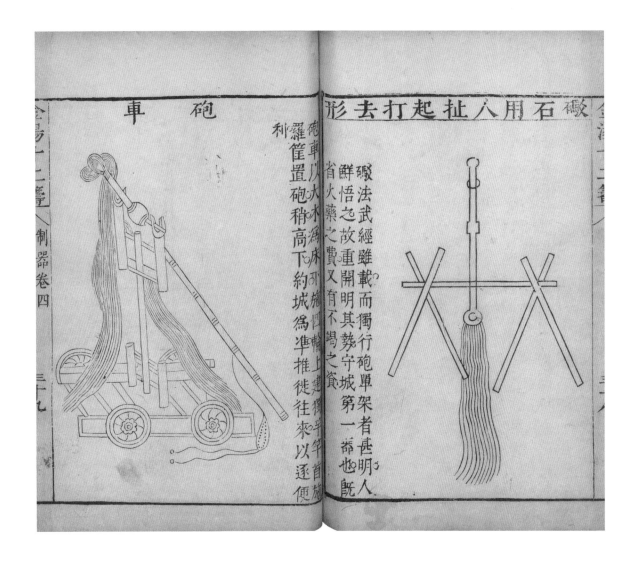

砲車

砲車以火木為牀可施圓輪上建獨竿竿首繫羅筐置砲稍高下約城為準推徙往來以逐便利

礮石用人扯起打去形

礮法武經雖載而獨行砲單架者甚明人鮮悟之故重開明其勢守城第一噐也既省火藥之費又有不竭之資

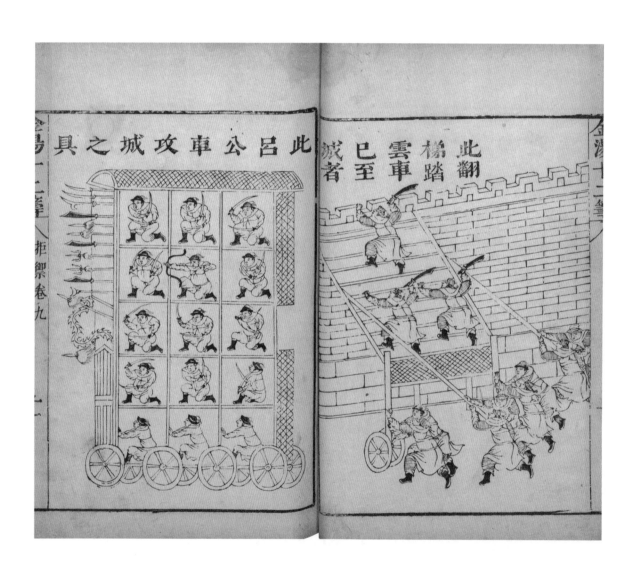

此呂公車攻城之具

金湯十二籌　拒禦卷九

此翻踏雲車已至城者

金湯十二籌

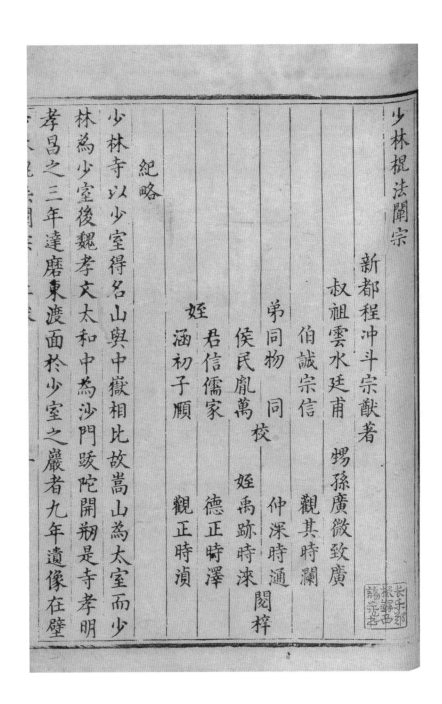

少林棍法闡宗

新都程冲斗宗猷著

叔祖雲水廷甫　甥孫廣微致廣

伯誠宗信　　　　觀其時瀾

弟同物同校　　仲深時通

　　　侯民胤萬　姪禹跡時淶　閱梓

　　　君信儒家　德正時澤

姪涵初子顧　觀正時禎

紀略

少林寺以少室得名山與中嶽相比故嵩山為太室而少
林為少室後魏孝文太和中為沙門跋陀開刱是寺孝明
孝昌之三年達磨東渡面於少室之巖者九年遺像在壁

耕餘剩技六卷　〔明〕程宗猷撰

明萬曆四十二年至天啓元年（1614－1621）程禹蹟等刻本

五冊

半葉十二行二十二字，白口，四周雙邊。版框 26.4×19.0 厘米

呂布倒拖戟勢

抽身拖戰是退勢

門戶在梢分開閉

進步提挐均四平

攔開騎馬圈外濟

欲知單手進箭人

惟有梢關方可制

披身勢

圈內先須發哄鎗

順勢披身示不追

他上穿提來逼吾

拖戰退時隨手格

回身右足推向前

便成騎馬敵人側

用腰絆上弩弦圖

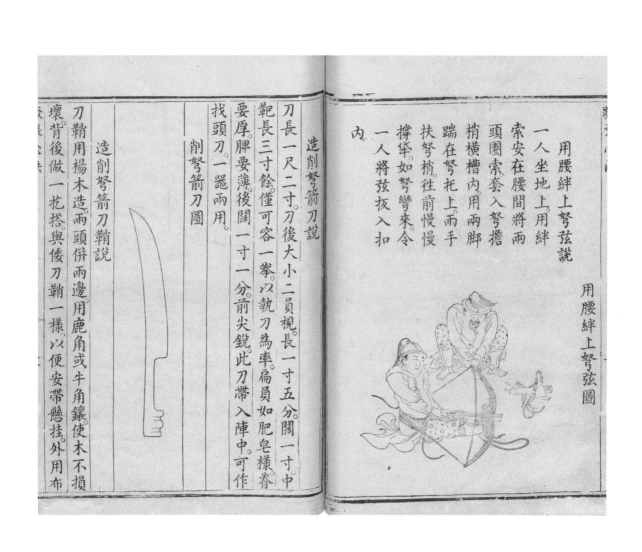

用腰絆上弩弦說

一人坐地上。用絆
索安在腰間。將兩
頭圈索套入弩擔
梢橫槽內。用兩脚
踹在弩托上。兩手
扶弩梢往前慢慢
撐舉。如弩彎來。令
一人將弦拔入扣
內。

造削弩箭刀說

刀長一尺二寸。刀後大小二員視長一寸五分闊一寸中
靶長三寸餘僅可容一拳。以執刀為率。扁員如肥皂樣脊
要厚。脖要薄後闊一寸一分。前尖銳。此刀帶入陣中可作
找頭刀。一罷兩用。

削弩箭刀圖

造削弩箭刀鞘說

刀鞘用楊木造。兩頭併兩邊用鹿角或牛角鑲。使木不損
壞。背後做一牝搭。與倭刀鞘一樣。以便安帶懸挂。外用布
既長公洪

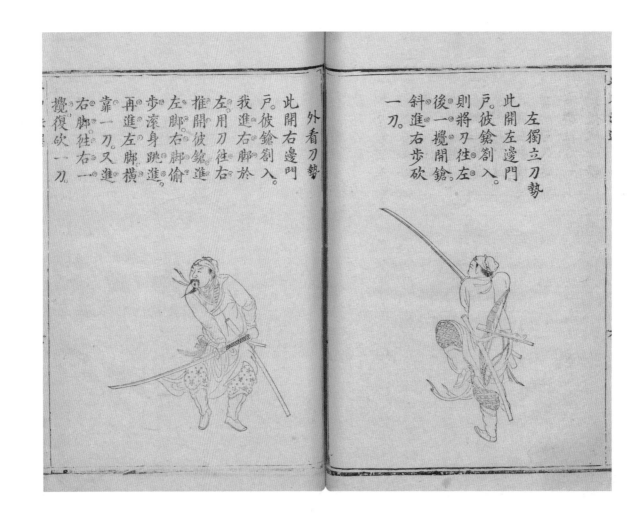

外看刀勢

此開右邊門
戶彼鎗劄入。
我進右腳於
左用刀往右
推開彼鎗進
左腳右腳偷
步滾身跳進
再進左腳橫
靠一刀又進
右腳往右
攪復砍一刀。

左獨立刀勢

此開左邊門
戶彼鎗劄入。
則將刀往左
後一攪開鎗
斜進右步砍
一刀。

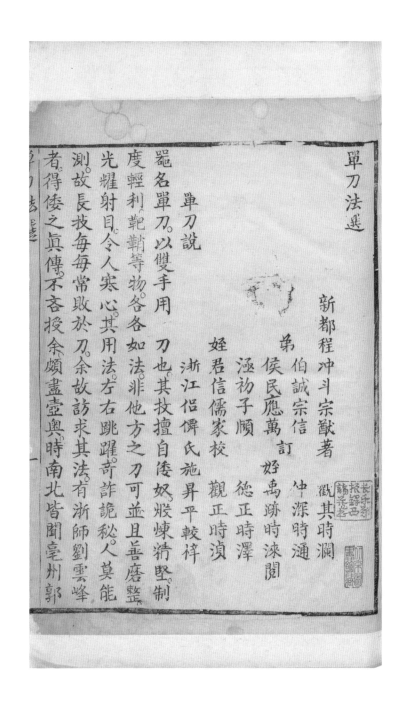

單刀法選

新都程沖斗宗猷著

弟　伯誠宗信　仲深時通　歟其時澗
　　侯民應萬訂　好禹跡時涑閱
　　涎礽子順　　慫正時澤
姪　君信儒家校　觀正時湏
　浙江侶儕氏施昇平較祥

單刀說

罷名單刀。以雙手用一刀也。其技擅自倭奴。殿煉精堅制
度輕利。靶鞘等物。各各如法。非他方之刀可並且善磨整
光耀射目令人寒心。其用法左右跳躍奇詐詭秘人莫能
測。故長技每每常敗於刀。余故訪求其法。有浙師劉雲峰
者。得倭之眞傳不吝授余。頗盡壼奧。時南北皆聞毫州郭

單刀法選一卷　〔明〕程宗猷撰

明萬曆四十二年（1614）程禹蹟等刻耕餘剩技後印本

一冊

半葉十二行二十二字，白口，四周單邊。版框 25.9×19.9 厘米

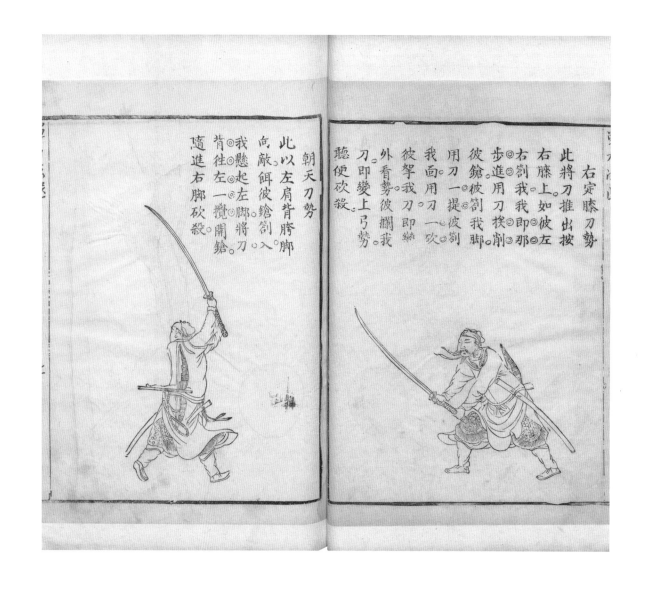

右定膝刀勢

此將刀推出按
右膝上。如彼左
右劄我。我即邪
步進用刀挨削
彼鎗。彼劄我
我面用刀一砍
彼劄我刀即絲
外看勢彼攔我
刀即變上弓勢
聽便砍殺

朝天刀勢

此以左肩背胯脚
向敵餌彼鎗劄入
我懸起左脚將
背往左一攬開鎗
隨進右脚砍殺

少林棍法闡宗

新都程冲斗宗猷著

叔祖雲水廷甫　　甥孫廣微致廣

伯誠宗信　　　　觀其時蘭

弟同物同　　　　仲深時通

　　　　侯民胤萬　校

姪　　　姪禹跡時淶　閱梓

君信儒家　　　　德正時澤

涵初子顧　　　　觀正時禎

紀略

少林寺以少室得名山與中嶽相比故嵩山為太室而少
林為少室後魏孝文太和中為沙門跋陀開剙是寺孝明
孝昌之三年達磨東度面於少室之巖者九年遺像在壁

少林棍法闡宗三卷　〔明〕程宗猷撰

明萬曆四十二年（1614）程禹蹟等刻耕餘剩技本

一册

半葉十二行二十二字，白口，四周雙邊。版框 26.3×19.6 厘米

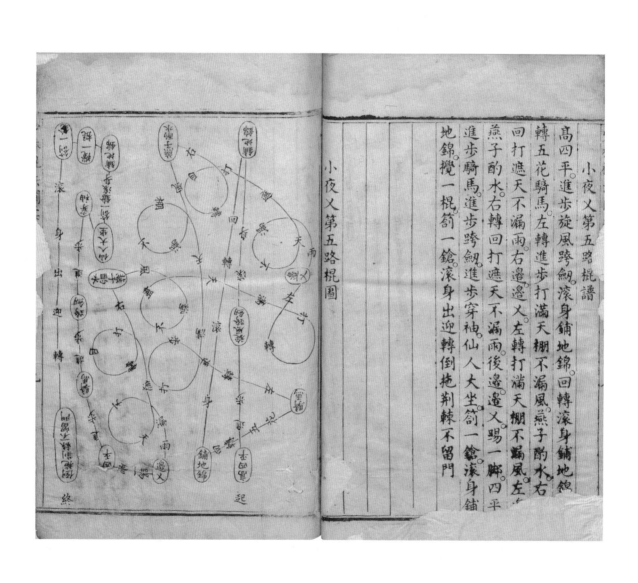

小夜义第五路棍圖

小夜义第五路棍谱

高四平进步旋风跨剑滚身铺地锦回转滚身铺地锦
转五花骑马左转进步打满天棚不漏风燕子酌水右
回打遮天不漏雨右边义左转打满天棚不漏风左转
燕子酌水右打遮天不漏雨后边义穿袖仙人大坐箭四平
进步骑马进步跨剑进步穿袖仙人大坐箭一镗滚身铺
地锦揽一棍箭一镗滚身出迎转倒拖荆辣不留门

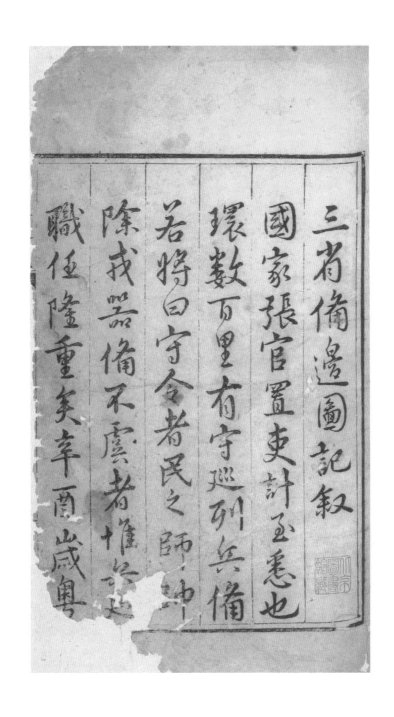

三省備邊圖記不分卷　〔明〕蘇愚撰

明萬曆刻本

二册

半葉九行十八字，白口，四周雙邊。版框 20.2×14.2 厘米

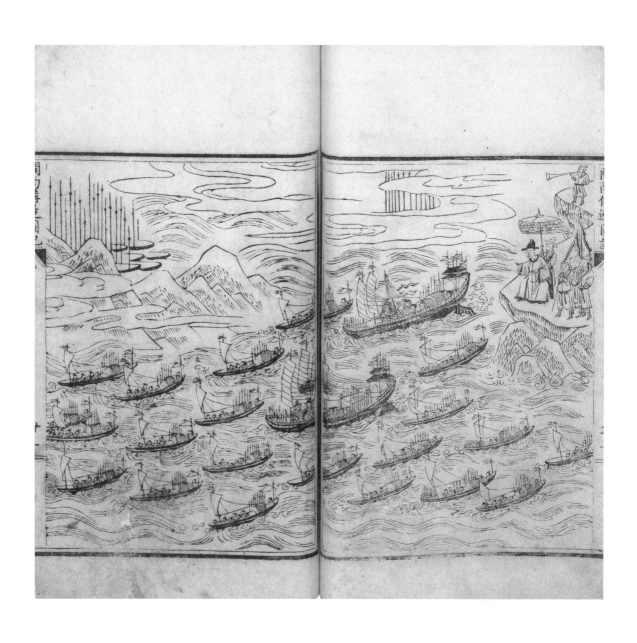

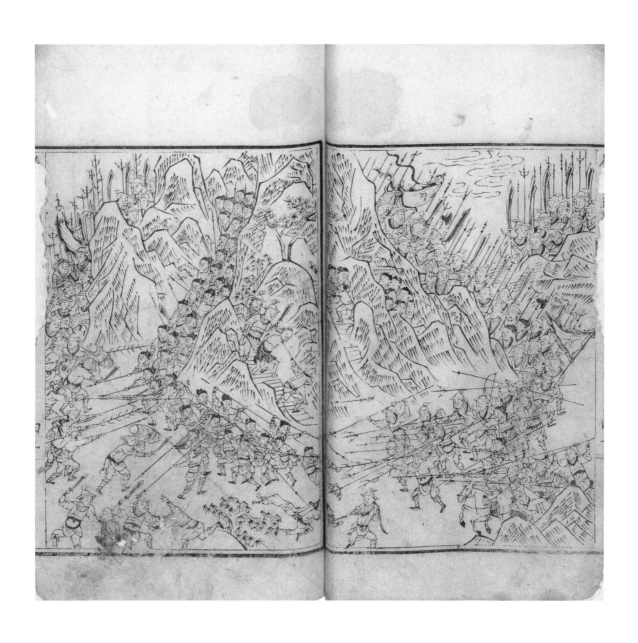

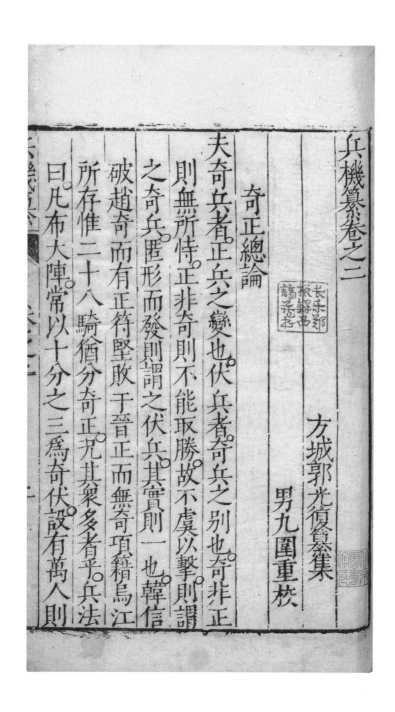

兵機纂八卷　〔明〕郭光復撰

明萬曆二十七年（1599）郭光復刻本

十三册　存七卷：二至八

半葉十行二十字，白口，四周單邊。版框 21.4×15.1 厘米

武備志卷一

防風茅元儀輯

兵訣評

茅子曰自古談兵者必首孫武子故曹孟德手註之又爲兵家接要二十萬言大約集諸家而闡明孫子者也世有武侯新書者亦所以明孫子然贗書也無所短長孟德書不傳然孫子在有心者可以意迎之他書可弗傳也先秦之言兵者六家前孫子者孫子不遺後孫子者不能遺孫子謂五家

武備志二百四十卷　〔明〕茅元儀撰

明天啓刻本

四十册

半葉九行十九字，白口，四周單邊，無直格。版框 21.2×14.2 厘米

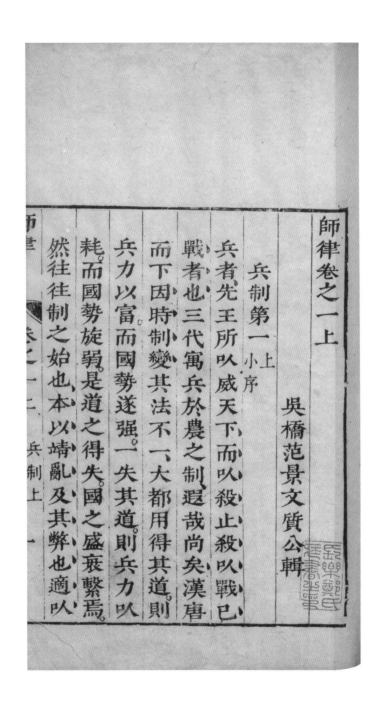

師律十六卷　〔明〕范景文撰

明崇禎刻本

十八冊

半葉九行十八字，白口，四周單邊。版框 17.6×13.9 厘米

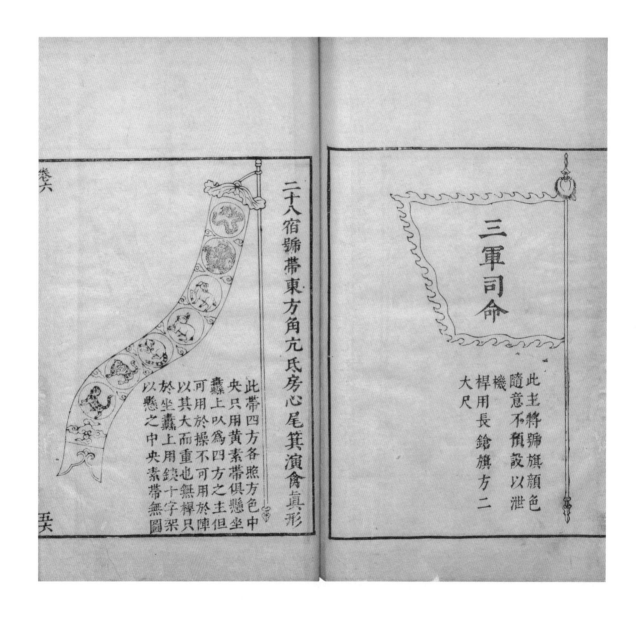

二十八宿驍帶東方角亢氐房心尾箕演禽眞形

此帶四方各照方色中
央只用黃素帶俱懸坐
蠹上以爲四方之主但
可用於操不可用於陣
以其大而重也無旂桿只
於坐蠹上用錄十字柒
以懸之中央素帶無圖柒

五六

三軍司命

此主將驍旗顏色
隨意不預設以泄
機
桿用長鎗旗方二
大尺

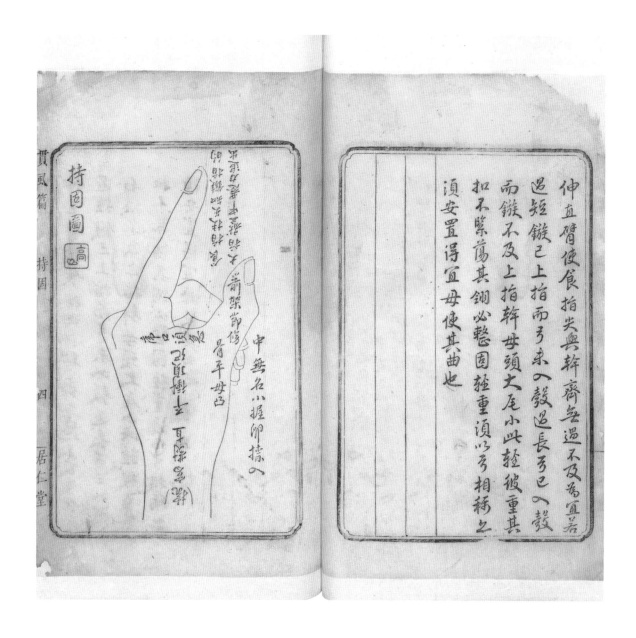

貫虱篇一卷　〔清〕紀鑒撰

清康熙十八年（1679）居仁堂刻本

一册

半葉八行十八字，白口，四周雙邊。版框 19.9×13.2 厘米

貫蝨篇　至彀　　九　居仁堂

重彀圖

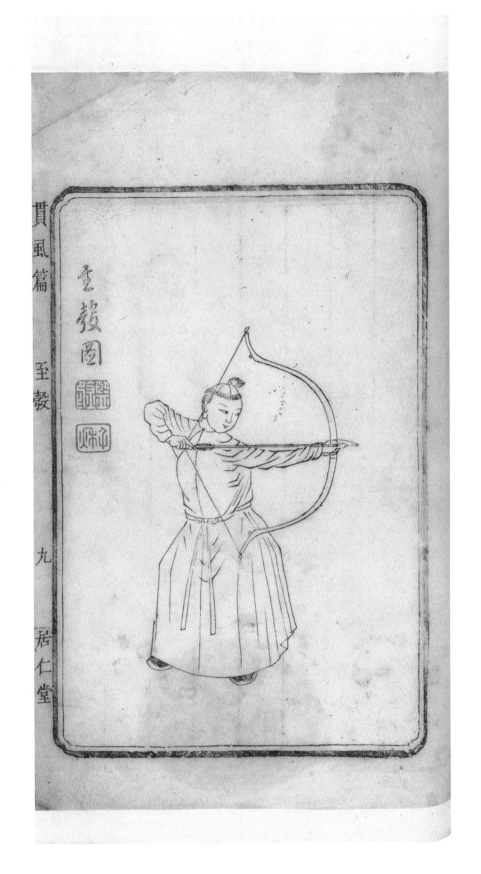

新鐫繡像旁批詳註總斷廣百將傳二十卷　〔明〕黃道周註斷　〔明〕周亮輔增補

明崇禎十六年（1643）本立堂刻本

十二冊

半葉九行二十字，白口，四周單邊。版框 18.9×12.9 厘米

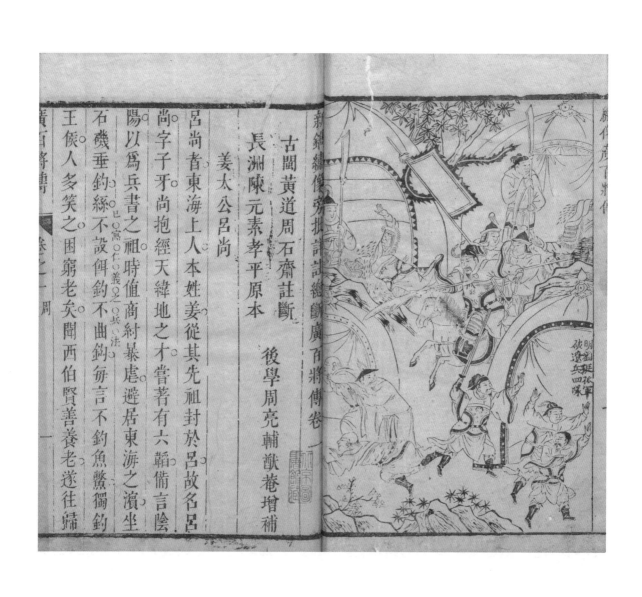

王侯人多笑之困窮老矣聞西伯賢善養老遂往歸
石磯垂釣綠不設餌釣不曲鉤每言不釣魚鱉獨釣
陽以為兵書之祖時值商紂暴虐避居東海之濱坐
尚字子牙尚抱經天緯地之才嘗著有六韜備言陰
呂尚者東海上人本姓姜從其先祖封於呂故名呂

　　姜太公呂尚

　古閩黃道周石齋註斷

　長洲陳元素孝平原本　　後學周亮輔獻卷增補

新鐫繡像旁批詳註總斷廣百將傳卷一

廣百將傳　　卷之一　周　　一

古今百將傳

古今將畧序

余觀史氏稱忠勇善戰者。多好
讀左氏春秋。切疑左氏爲文章
家宗。好讀者曷稱善戰善戰非
古也。涿鹿蚩方獯狁。聖王不得

古今將畧四卷　題〔明〕馮時寧輯

明西陵在茲堂刻本

八冊

半葉八行十八字，白口，左右雙邊，無直格。版框 20.9×14.3 厘米

古今將畧

元集

　　　　　　　　　　　　明樵李馮時寧以一甫輯

五帝

神農氏衰、諸侯相侵伐。炎帝榆罔弗能征於是
軒轅習用干戈以征不享。諸侯咸來賓從榆罔
欲侵陵諸侯。諸侯益叛之軒轅修德振兵治五
氣藝五種。撫萬民度四方敎熊羆貔貅貙虎以

古今將畧卷一　　　　　五帝

古今將畧卷一　　　　　五帝

子

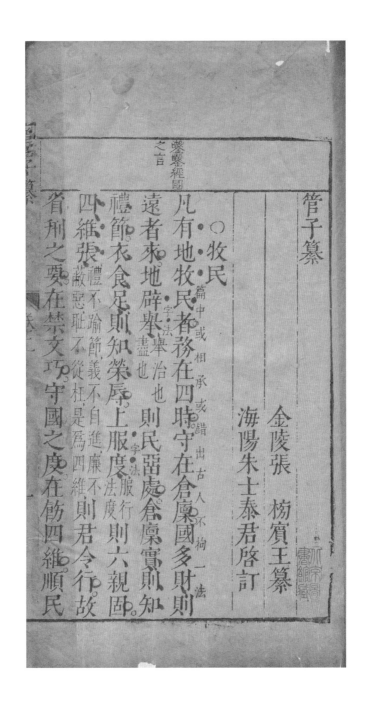

管韓合纂四卷　〔明〕張榜撰

明刻本

一冊　存二卷：管子纂二卷

半葉九行十八字，白口，四周單邊。眉欄鐫評。版框 21.0×13.5 厘米

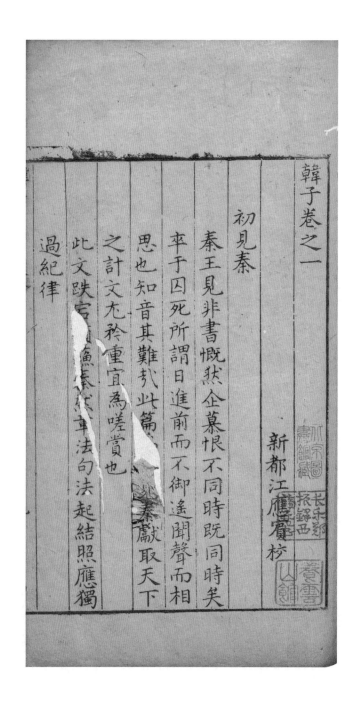

韓子二十卷附録一卷

明刻本

三册　存十五卷：一至十五

半葉九行二十字，白口，四周單邊。版框 19.9×13.1 厘米

折獄龜鑑二卷　〔宋〕鄭克撰

明萬曆二十三年（1595）張泰徵刻遞修本

二冊

半葉十行二十字，白口，四周雙邊。版框 20.1×13.7 厘米

子

子部一——
農家類

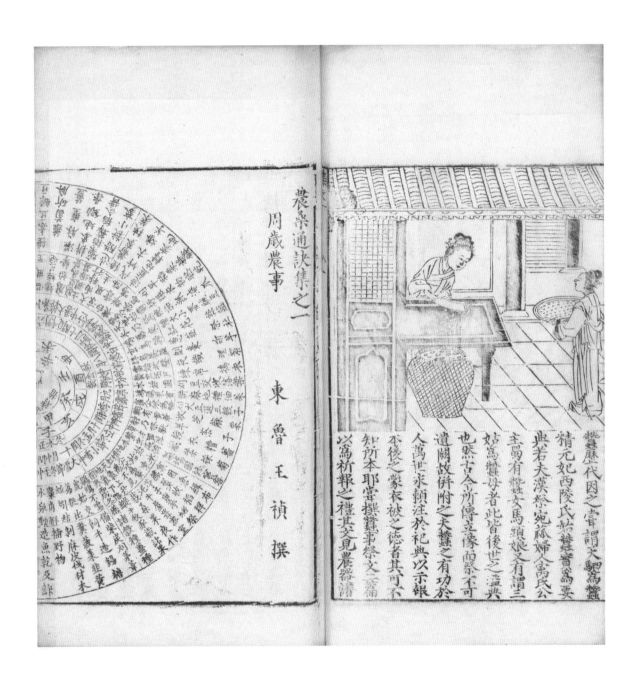

農書三十六卷 〔元〕王禎撰

明嘉靖九年（1530）山東布政使司刻本

五冊　存三十一卷：農桑通訣六卷全、農器圖譜一至十五、穀譜十卷全

半葉十一行二十二字，白口，四周單邊。版框 24.2×16.1 厘米

農器圖譜集之六

東魯王禎撰

杷朳門

農譜以杷朳命篇取世所通用內多收斂等具故敘於
銍艾之後自田家築場納禾之間所用非一器今特列
次雖有巨細之分然其趨功便事各有所效無得而間
焉及乎歲事既終田夫野老不無樂戲乃以簸壤繼之

大杷

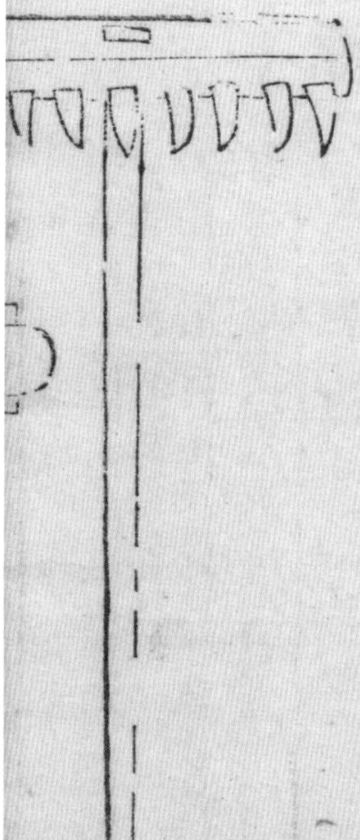

水磨

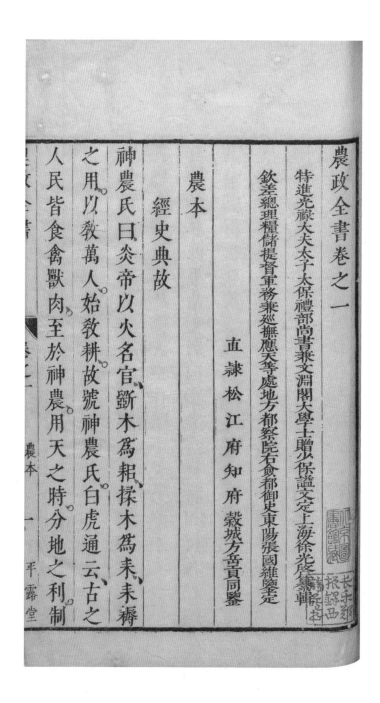

農政全書六十卷 〔明〕徐光啓撰

明崇禎十六年（1643）平露堂刻本

十六册

半葉九行二十字，小字雙行同，白口，四周單邊。版框 20.7×14.5 厘米

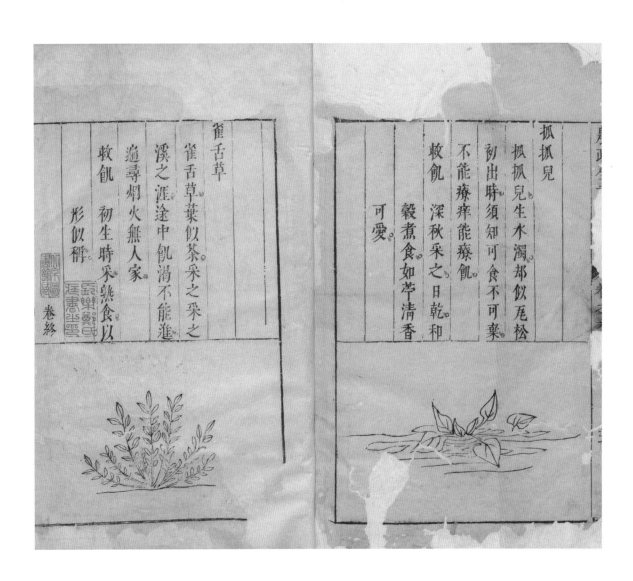

抓抓兒

抓抓兒生水瀦卽似尾松
初出時須如可食不可棄。
不能療癢能療飢
救飢　深秋采之日乾和
穀煮食如芋清香
可愛。

雀舌草

雀舌草葉似茶采之采之
溪之涯途中飢渴不能進
遍尋煙火無人家
救飢　初生時采熟食以
形似稗

卷終

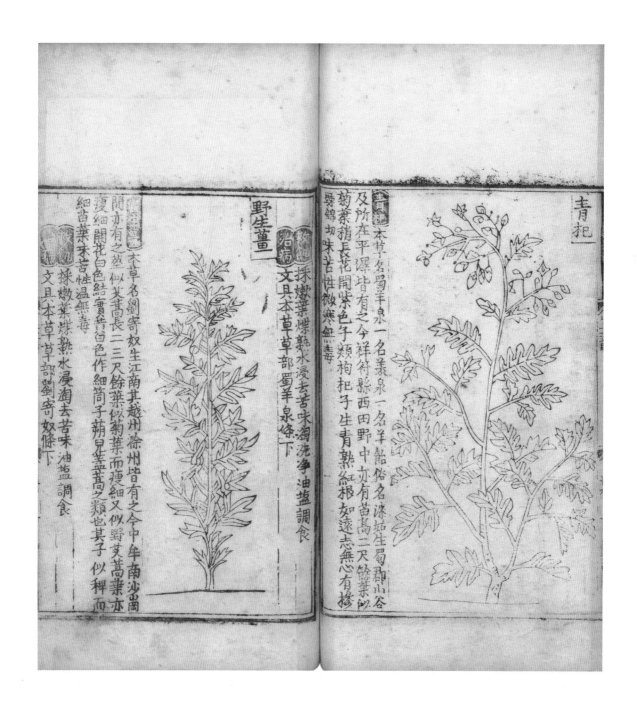

救荒本草二卷　〔明〕朱橚撰

明嘉靖四年（1525）畢昭、蔡天祐刻本

四册

半葉十六行二十四至二十五字，黑口，四周雙邊。版框 19.0×12.3 厘米

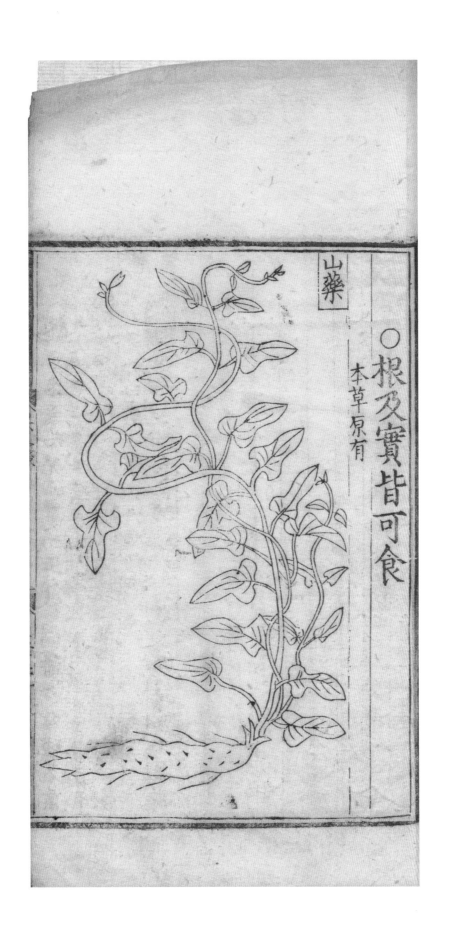

○根及實皆可食

本草原有

山藥

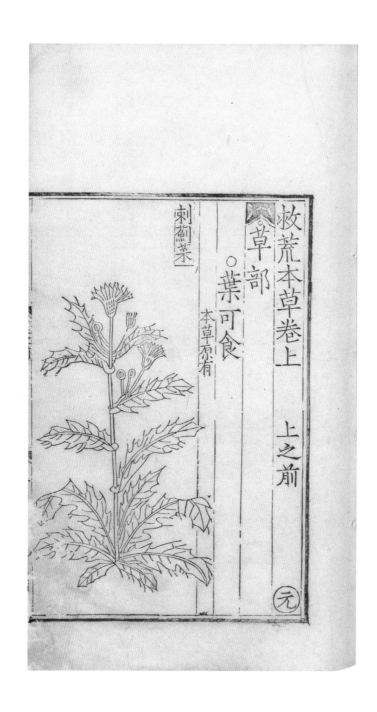

救荒本草二卷　〔明〕朱橚撰

明嘉靖三十四年（1555）陸東刻本

五冊

半葉十二或十四行二十四字，黑口，四周雙邊。版框 18.9×12.8 厘米

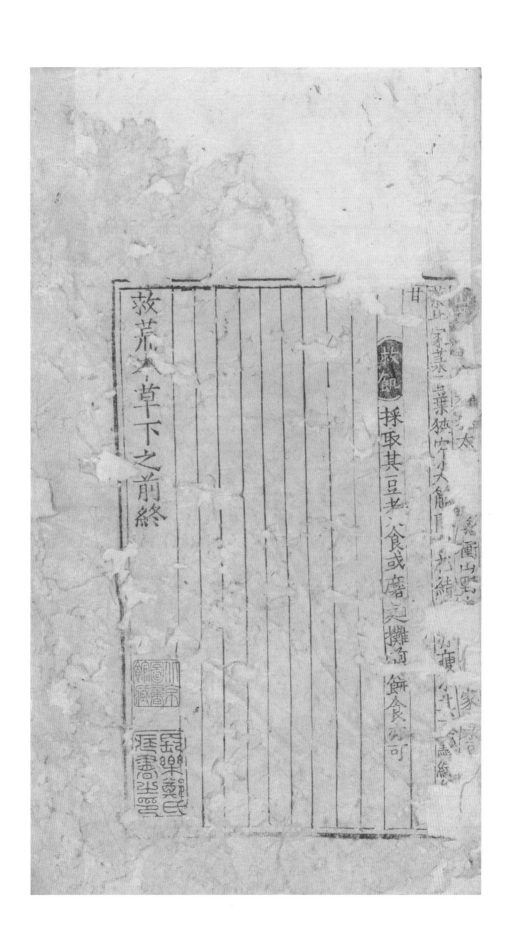

救荒本草下之前終

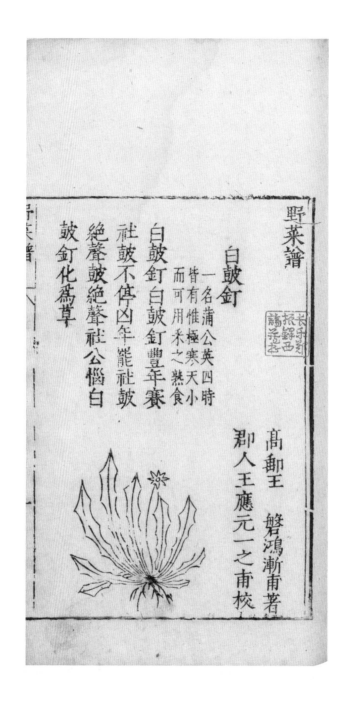

野菜譜　　　　　　　　　　　　高郵王　磐鴻漸甫著
　　　　　　　　　　　　　　　郡人王應元一之甫校

白皷釘
一名蒲公英四時皆有惟極寒天小而可用米之熟食

白皷釘白皷釘豐年賽
社皷不停凶年罷社皷
絕聲皷絕聲社公惱白
皷釘化爲草

野菜譜一卷　〔明〕王磐撰

明刻本

一冊

半葉行字不等，白口，左右雙邊。上文下圖。版框 20.2×14.2 厘米

野菜譜終

雀舌草
以形似鈔葉近生春
采熟食

雀舌草生叢篠茶桑之系
之溪之濕途中饑渴不
能進遍尋炯穴無人家

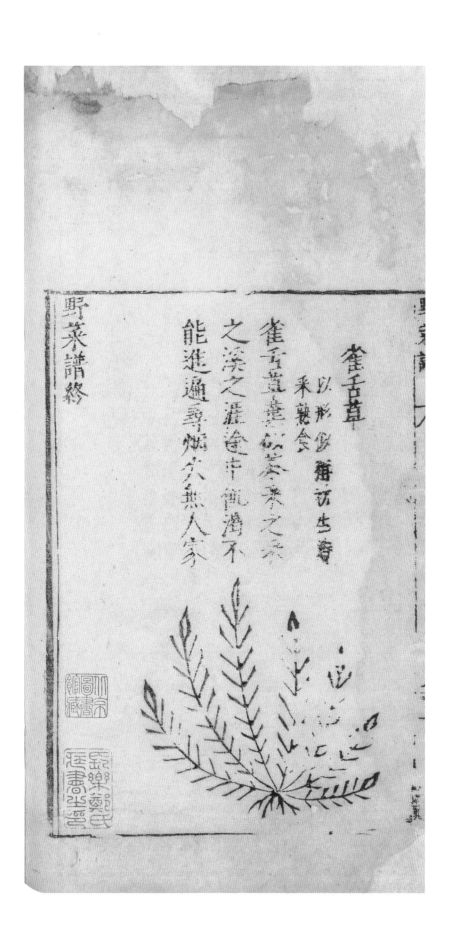

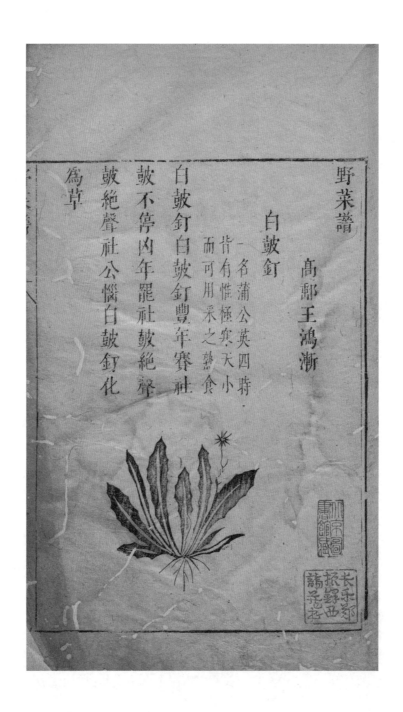

野菜譜

高郵王鴻漸

白皷釘

一名蒲公英四時
皆有惟極寒天小
而可用采之熟食

白皷釘白皷釘豐年賽社

皷不停凶年罷社皷絶聲

皷絶聲社公惱白皷釘化

爲草

野菜譜一卷　〔明〕王磐撰

明刻本

一册

半葉行字不等，白口，左右雙邊。上文下圖。版框 19.0×14.2 厘米

雀舌草

以形似稱初生時
采熟食

雀舌草葉似茶采之柔之
溪之涯途中飢渴不能進
遍尋烟火無人家

終

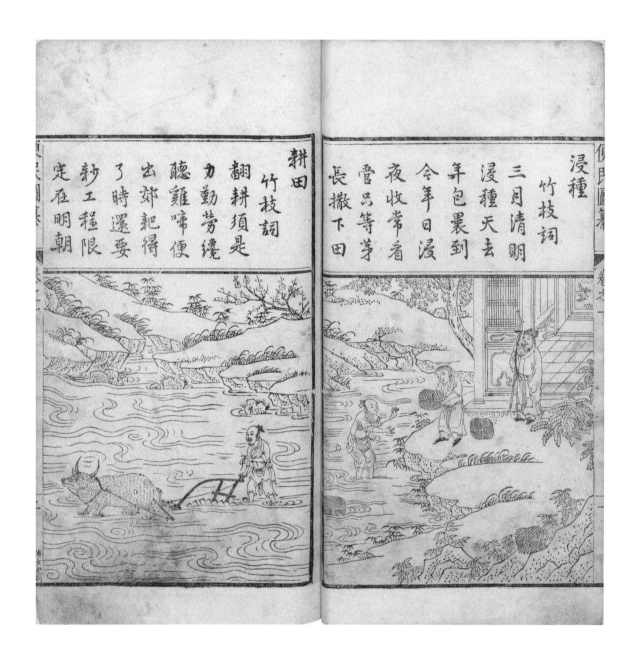

便民圖纂十五卷

明萬曆二十一年（1593）于永清刻本

六册

半葉十行二十字，白口，四周單邊。版框 22.4×14.2 厘米

15751（8935）

魚若熏屋宅免竹木生蛀及殺白蟻之類

治菜生蟲 用泥礬煎湯候冷灑之蟲自死

解魘魅 凡所房內有魘魅捉出者不要放手速以熱
油煎之次投火中其匠不死卽病○又法起造房
屋於上梁之日偷匠人六尺竿幷墨斗以木馬兩
箇置二門外東西相對先以六尺竿橫放木馬上
次將墨斗線橫放竿上不令匠知上梁畢令衆匠
人跨過如使魘魅者則不敢跨

逐鬼魅法 人家或有鬼恠密用水一鍾研雄黃一二
錢向東南桃枝縛作一束濡雄黃水洒之則絕跡

奚所用物件切忌婦女知之有犯再用新者

祛狐貍法 妖貍能變形惟千百年枯木能照之可
得年久枯木擊之其形自見

便民圖纂卷第十五 終

致富全書卷之一

吳郡周文華含章補次·

月令

　栽植

正月　九蕉在辰　地火在巳　天地荒蕪在巳

元旦雞鳴時以火把遍照一切果樹下則無

蟲災辰刻將斧班駁敲樹則結子不落名曰

嫁樹此月栽樹為上時以瓢石放李樹岐枝

致富全書十二卷　〔明〕周文華撰

明萬曆四十八年（1620）書帶齋刻汝南圃史本

四册

半葉八行十八字，小字雙行同，白口，左右雙邊。版框 20.3×13.3 厘米

子

類經圖翼一卷

運氣上

古會稽通一子晉臺張介賓者

太虛圖

太虛者。太極也。太
極本無極。故曰太
虛。天元紀大論曰。
太虛廖廓。肇基化
元。此之謂也。

類經圖翼一卷

運氣上

沈光

類經圖翼十一卷　〔明〕張介賓撰

明刻本

四冊

半葉九行十九字，白口，四周單邊。版框 21.6×14.2 厘米

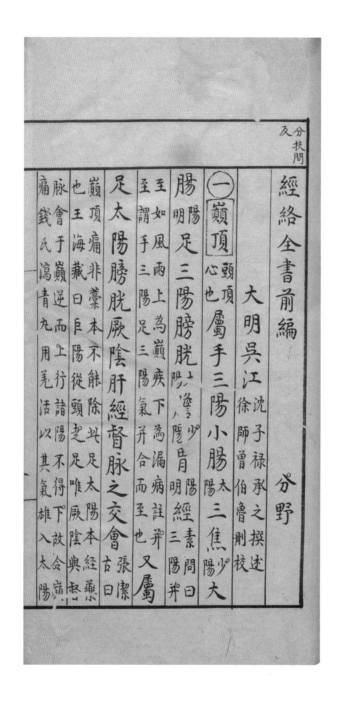

經絡全書前編一卷　〔明〕沈子禄撰　〔明〕徐師曾刪校　**後編一卷**　〔明〕徐師曾撰

清抄本

二冊

半葉八行十六字，小字雙行同，白口，四周單邊。眉欄記音釋。版框 19.5×11.5 厘米

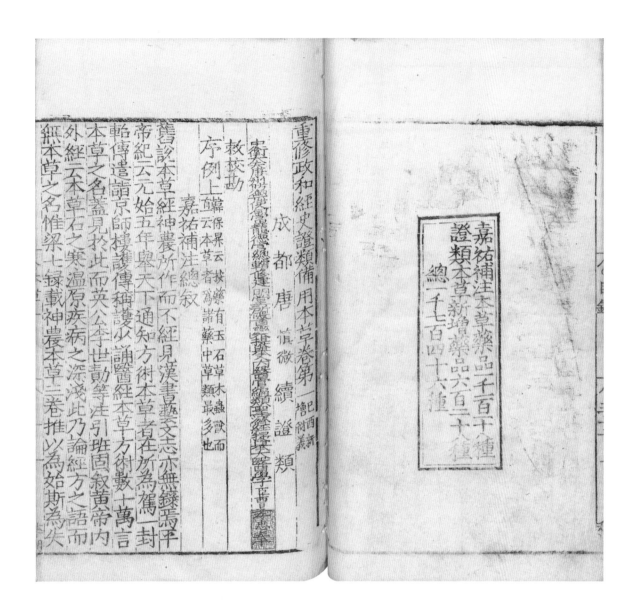

重修政和經史證類備用本草三十卷　〔宋〕唐慎微撰　〔宋〕寇宗奭衍義

明嘉靖三十一年（1552）周珫、李遷刻本

十冊

半葉十二行二十三字，小字雙行同，白口，四周單邊。版框 25.8×16.9 厘米

15884（9906）

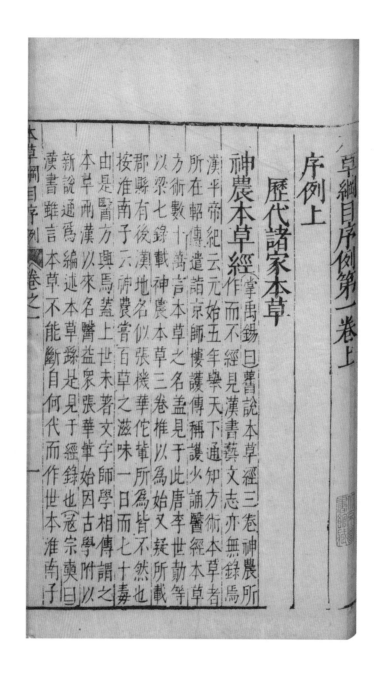

本草綱目五十二卷附圖二卷瀕湖脉學一卷脉訣考證一卷奇經八脉考一卷 〔明〕李時珍撰

明萬曆三十一年（1603）張鼎思刻本

三十九冊 存四十九卷：一至四、八至五十二

半葉九行二十字，小字雙行同，白口，四周單邊。版框 21.9×15.4 厘米

T01877（9947）

吳氏重訂本草綱目

太和堂

藏板

本草綱目序

紀稱望龍光知古劍

覘寶氣辯明珠故萍

實商羊非天明莫洞

太草綱目三卷

本草綱目五十二卷首一卷圖三卷　〔明〕李時珍撰

清順治十二年（1655）吳毓昌刻本

三十六冊

半葉九行二十字，小字雙行同，白口，四周單邊。版框 21.6×14.1 厘米

本草綱目

第五十二卷

人部一類

人一　　尤三十五種

右通計一十六部六十二類一千八百七十一

種

本草綱目圖圖卷上

從來圖繪絢飾爲工未暇析其形似是以博物君子每多

櫨梨橘柚之疑兹集詳考互訂擬肖遍真雖遜方異物按

圖可索奚第多識其名巳也

金石部金類

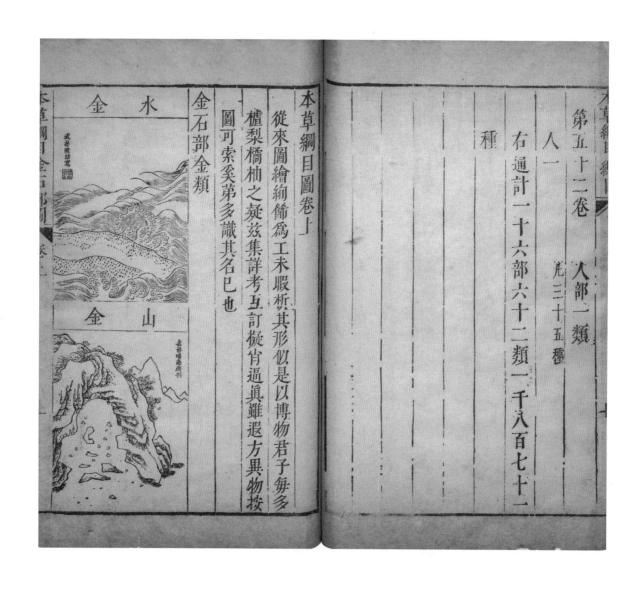

水　金　　　金　山

武林錢氏寫

金　山

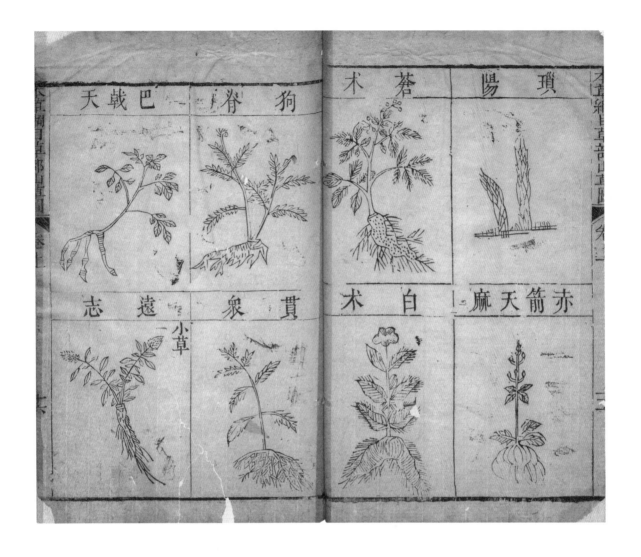

本草綱目五十二卷圖三卷瀕湖脉學一卷脉訣考證一卷奇經八脉考一卷　〔明〕李時珍撰

　本草萬方針綫八卷　〔清〕蔡烈先輯

清順治十二年（1655）吳毓昌刻本

四十八册

半葉九行二十字，小字雙行同，白口，四周單邊。版框 21.1×14.5 厘米

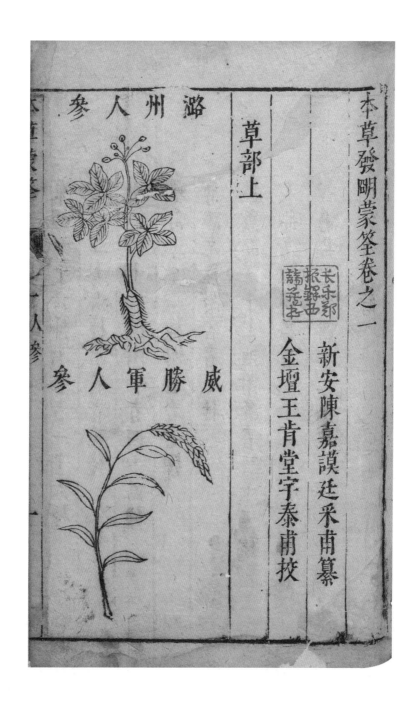

本草發明蒙筌十二卷總論一卷 〔明〕陳嘉謨撰 **歷代名醫考一卷**

明末刻本

八冊 存十一卷：總論一卷、歷代名醫考一至三、六至十二

半葉九行二十字，小字雙行同，白口，四周單邊。版框 21.3×13.6 厘米

後有至東海者.聚鬚長至
四夫四尺封以寄之.土人捕獲烈日曝乾[敦厚]

用作酒盃.裁為策枝.非得善價不輕貿.人主[鰕]勁

治忌宜同前弗異○[海馬]種亦鰕屬二三寸長雌

雄相對弗離色則黃褐首類馬.仍係鰕身背有紋

彷彿竹節.布網水面.每每得之下胎易來.果難產

聖藥或燒末酒服.並效.與陽不痿.誠取樂春方.○

人忽驚蛇隨則沉浸.故曰鰕動蛇沉.又曰水母目

不等無腹而頭眼藏閉倚鰕為目.形如白沫濛濛.東海多生大小

[蜡]音借.又作蛇.一名水母.擎滿魚.形如白沫濛濛.遊水如飛鰕見

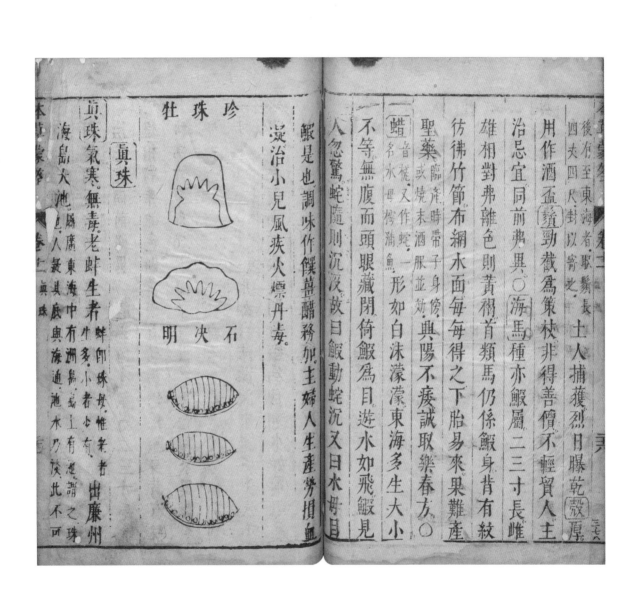

珍珠牡

凝治小兒風疾火標丹毒。

鰕是也.調味作饌薑醋.務加.主婦人生產勞損血

真珠

真珠氣寒.無毒.老蚌生者.蚌即珠母.惟老者.小者少有.出廉州

海島大池.屬廣東海中有洲島.島上有池.諸之珠.人採其底與海通.池水乃鹹.此不可

本草蒙筌卷

圖像本草蒙筌　總論

肺杏仁　腎栀子仁　三焦山藥
膀胱茴香　大腸硝石　小腸茴香
包絡桃仁

川藥法象

形　金木水火土　真假　輕枯虛薄緩淺假宜治上
色　青赤黃白黑　深淺　重潤實厚急深真宜治下
性　寒濕溫涼平　急緩　其中平者宜治中餘隨臟
味　辛酸鹹苦甘　厚薄　臍所宜處方
體　虛實輕重平　枯潤　畢

圖像本草蒙筌卷之一

新安陳嘉謨廷采父　纂輯

門生　歙邑葉某　鮑倚　校訂
　　　婿胡一貫　姪晨
潭陽後學劉孔敦　若樸　增補

○草部上

人參

味甘氣溫微寒氣味俱輕升也陽也陽中微陰無毒東北境域有陰濕山谷生下詳載高麗國誌讚云三椏五葉背陽向陰欲來求我椴樹相尋其樹類桐故多生大葉桐生三椏葉並生也椏葉之端乃生于三椏樹之端也種類略殊形色弗一紫團參葉大稍匾出潞州紫團山底楷有齒形色殊弗一白堅且圓出遼東新羅國名條參俗呼角參上黨古郡邵名今屬冀州西南又名黃潤有鬚梢纖長高麗參近紫體虛新羅國名參亞黃味薄並堪主治須別麁良獨黃參功效易臻入街走氣息

圖像本草蒙筌十二卷首一卷總論一卷　〔明〕陳嘉謨撰　〔明〕劉孔敦增補

明崇禎元年（1628）刻本

四冊

半葉十行二十六字，白口，四周單邊。版框 22.0×14.4 厘米

16614（9739）

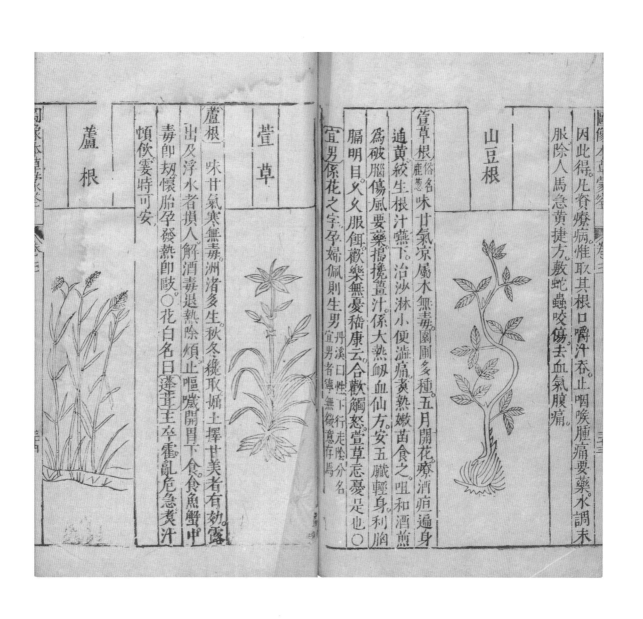

因此得。凡資療病惟取其根口嚼汁吞止咽喉腫痛要藥水調未
服除人馬急黄捷方敷蛇蟲咬傷去血氣腹痛

山豆根

萱草根俗名味甘氣京屬木無毒園圃多種五月開花療酒疸遍身
鹿葱
通黄絞生根汁嚥下治沙淋小便澁痛炙熱嫩苗食之咀和酒煎
爲破腦傷風要藥搗攪薑汁係大熱衂血仙方安五臟輕身利胸
膈明目又久服餌歡樂無憂稽康云合歡蠲忿觸怒萱草忘憂是也○
宜男係花之字孕婦佩則生男宜男者導無微意存焉
丹溪口性下行走隆分名

萱草

蘆根　味甘氣寒無毒洲渚多生秋冬攙取媚土擇甘美者有効露
出及浮水者損人解酒毒退熱除煩止嘔噦開胃下食食魚蟹中
毒卽掬懷胎孕發熱卽歧○花白名曰蓬蕽主卒霍亂危急煑汁
傾飲霎時可安

蘆根

本草彙言二十卷　〔明〕倪朱謨輯

清順治二年（1645）刻本

九冊　存十八卷：一至十、十三至二十

半葉十一行二十二字，小字雙行同，白口，四周單邊。版框 19.1×14.1 厘米

T01890（10775）

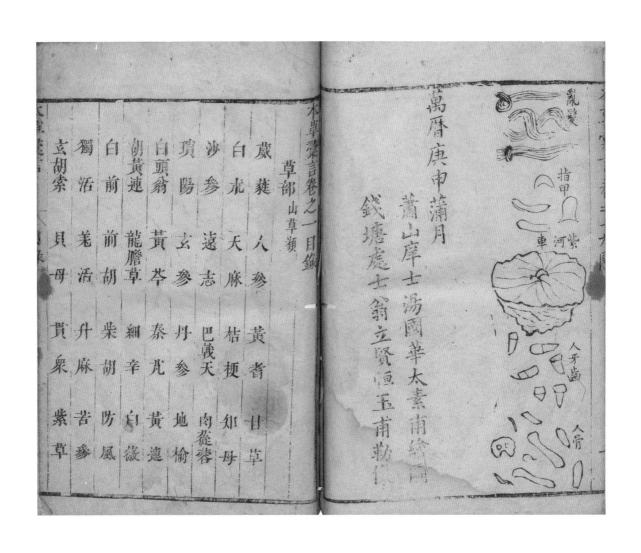

萬曆庚申蒲月
蕭山庠士湯國華太素甫繪圖
錢塘處士翁立賢恒玉甫勒梓

本草彙言卷之一

錢塘　倪朱謨純宇甫選集

沈　珷西輿甫校正

男　倪洙龍沖之氏藏稿

草部　山草類

萎蕤　氣味甘平無毒可升可降陽中陰也

別錄曰生太山山谷及滁州舒州漢中均州江浙隨處山中多有春生苗葉莖強直似竹而有節故名玉竹葉亦如竹兩兩相值葉端有黃色斑點三月開青花結實如珠根大如指横行如菖蒲節平直多脂潤而有萎蕤儀象之緩緩下垂而萎蕤之緩而萎蕤之義于此可見修治云洗淨暴乾備用○又按本經有女萎無萎蕤別錄有萎蕤無女萎係蔓草另是一物也二物形相似而但萎蕤無節女萎然葉尖處有小黃點為異性亦相似而稍有別者洽洩洞下霍亂腸遊氣上下女萎之功特十

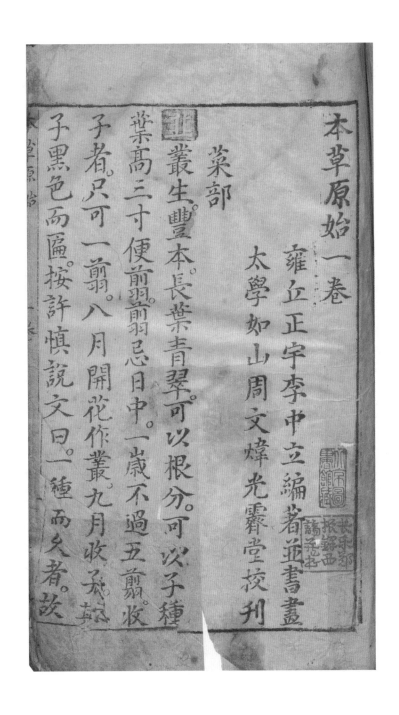

本草原始十二卷 〔明〕李中立撰

明末周文煒光霽堂刻本

三冊　存六卷：一至二、五至八

半葉八行十六字，小字雙行字不等，白口，四周單邊，無直格。版框20.3×13.3厘米

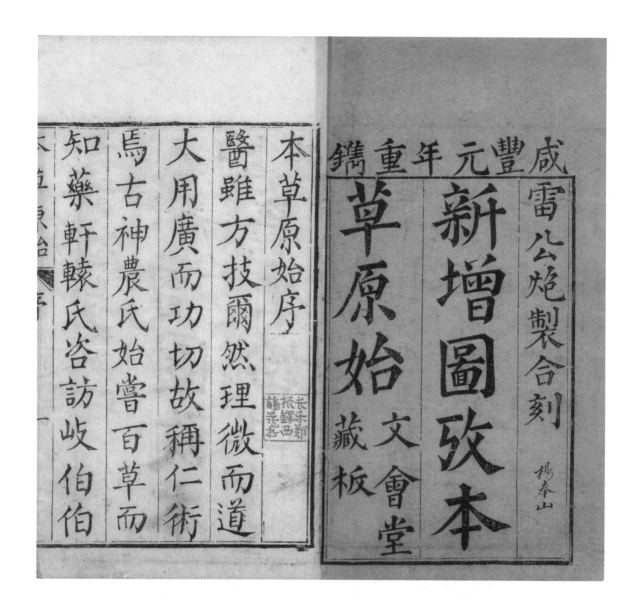

本草原始合雷公炮製十二卷　〔明〕李中立撰

清咸豐元年（1851）文會堂刻本

四冊

半葉九行二十一字，白口，四周單邊或四周雙邊。版框 19.2×12.1 厘米

本草原始合雷公炮製卷之一

菜部

韭叢生豐本長葉青翠可以根分可以子種葉高三寸
便剪剪忌日中一歲不過五剪收子者只可一剪八月
開花作叢九月收子其子墨色而區按許慎說文曰一
種而久者故謂之韭象形在一之上一地也蒙莖云久
列不乏故以韭名字畫因之亦合九數綱目云韭之莖
名韭白根名韭句根各韭黃花名韭菁禮記謂韭爲豐
本言其美在根也俗因溫補呼爲草種乳因葢陽故候

草原始　卷七

名地膽味寒有毒主鬼疰
寒熱鼠瘻惡瘡死肌破癥
瘕墮胎下閉利石淋去子
宜破累歷功同斑蝥

鼻癰補積疼痛功同斑蝥
小便不利亦吐出又治

蜘蛛在人戶簷角纜頭陋巷之間懸網如
彔色　　　一種黑　　　紅色　　　斑蝥
一種黑　　　　　製同

蜘蛛在人戶簷角纜頭陋巷之間懸網如魚罾肚大色
灰八藥宜用按王安石字說云一面之網觸而後
諫之知乎譙義者故曰蜘蛛味彼小有小毒主大人小
兒頹蝥蛇人取置蟲咬處咬其腹中大人小
兒驚喉痺消小腹毒主丁奚三
溫瘧止嘔逆霍亂取汁塗蛇毒
年不能行者取蜋蝍蟲及虎
唱脫肛脹腫胡臭齒蛩斑
勿食胡臭齒蛩斑者治
喝脫肛脹腫胡臭齒蛩斑
喝脫肛脹腫胡臭齒蛩斑
蜘蛛形

蠍出青州形緊小者民萵洪云蝎蠆前為蠆後為蠆古語
雷公云凡便勿用五色者為就身上有刺毛生者并
網身上凡夫肚內有蕎黄首真也用
凡用去頭足研如膏投入藥中用也要前星後而有

蜂蠆重芒其毒在尾今人入藥有全用者謂之全蠍
有用尾者謂之蠍稍許慎云蝎蠆尾蟲也味干心早有
諸風痹斜言語手足
兒驚癎風搐諸風痹婦
脫兒諸驚癎人搥耳焙小
用芥子諸腫人痛人畜下
盡地作十字取土水吃方寸七皆效
彼古今錄者但以云
本草原始今錄之神
驗不傳治之方哉

雄蠍
雌蠍

本草選

圩江　張三錫　纂

金壇　王肯堂　校

山草部

甘草　惟大徑寸結緊紋者佳、謂之粉草、其輕細
小者皆不及、時珍曰方書炙甘草、皆用長流
水蘸濕炙之、至熟刮去皮或漿水炙熟未有酥
炙酒蒸者大底補中宜炙瀉火宜生用、
氣味甘平無毒、時珍曰苟草與藻戟遂莞四

本草選

本草選五卷　〔明〕張三錫撰

明刻本

四册

半葉九行十八字，白口，四周單邊。版框 20.9×13.9 厘米

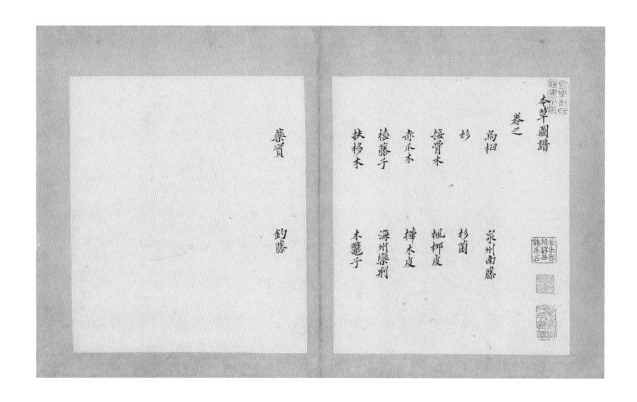

本草圖譜□卷

明周榮起抄　明周淑祜、周淑禧彩繪本

三册　存三卷：金石部一卷、又一卷、又一卷

半葉八行二十至二十二字，無欄格

木虌子

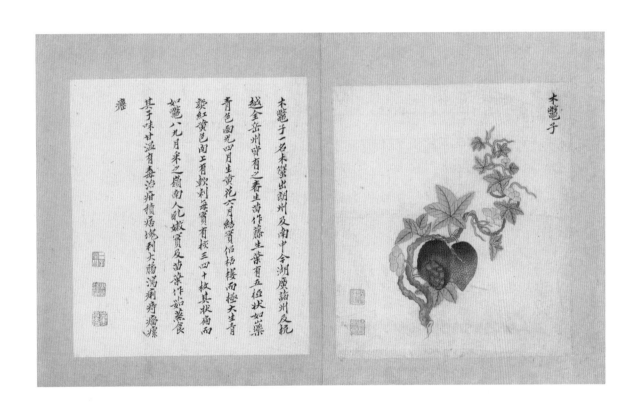

木虌子一名木蟹出朗州及南中今湖廣諸州及杭
越全岳州皆有之一春生苗作藤生葉有五椏狀如藥
青色面光四月生黃花六月結實似栝樓而極大生青
熟紅肉色黃每實有核三四十枚其狀扁而
如虌八九月采之嶺南人亦取嫩實及苗葉作蔬食
其子味甘溫有毒治疳積痞塊利大腸瀉痢痔瘡㿉
癧

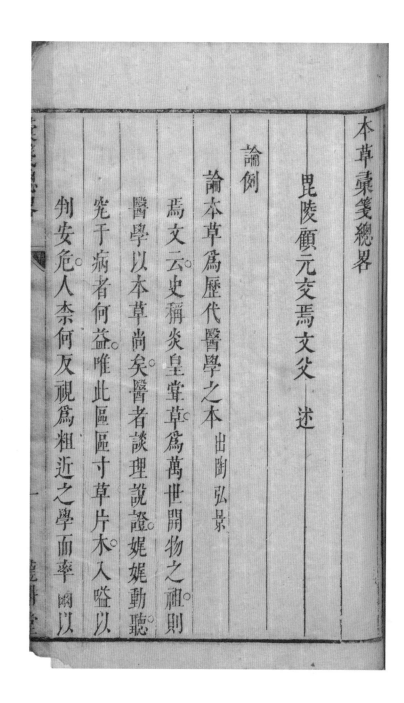

本草彙箋總畧

　　毗陵顧元交攵文　述

論例

論本草爲歷代醫學之本　出陶弘景

焉文云史稱炎皇嘗草爲萬世開物之祖則

醫學以本草尚矣醫者談理説證娓娓動聽

旣于病者何益唯此區區寸草片木入鹽以

判安危人柰何反視爲粗近之學而率國以

本草彙箋十卷總略一卷圖一卷　〔明〕顧元交撰

清龍耕堂刻本

四册

半葉九行二十字，白口，左右雙邊。版框 19.5×13.6 厘米

T02879（3600）

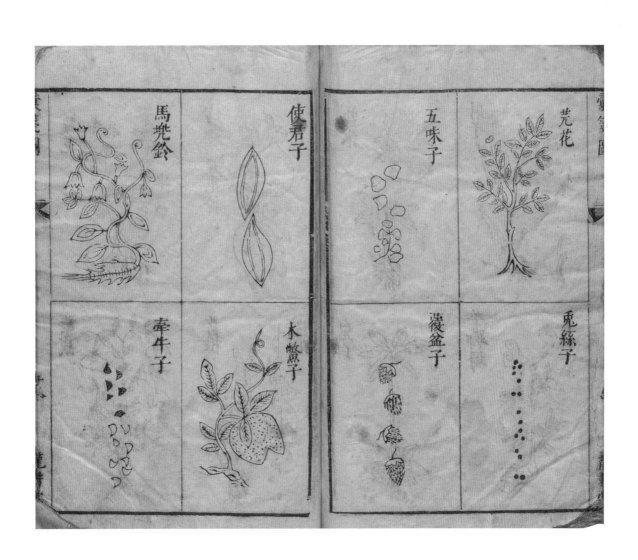

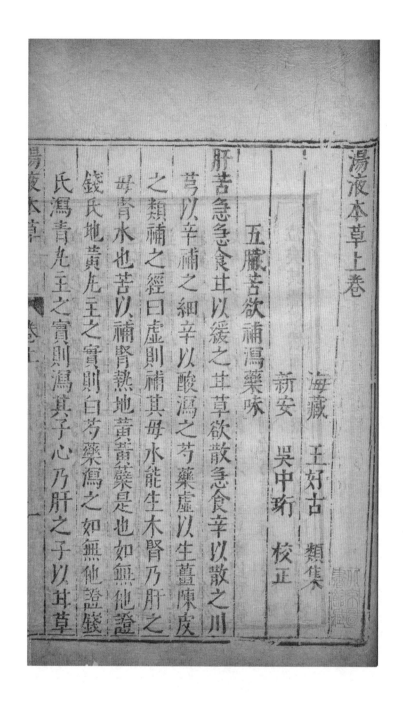

湯液本草三卷　〔元〕王好古撰

明萬曆吳勉學刻古今醫統正脉全書本

六冊

半葉十行二十字，白口，四周雙邊。版框 19.8×14.0 厘米

食物本草二十二卷　題〔金〕李杲輯　〔明〕李時珍訂　**救荒野譜一卷**　〔明〕姚可成撰

明天啓刻遞修本　鄭振鐸跋

二十四册

半葉九行二十字，白口，四周單邊。版框 21.0×14.0 厘米

16145（10342）

食物本草卷首　救荒野譜門

白鼓釘　食莖葉

一名蒲公英、四時皆
有、惟極寒天、小、而可
用。采
熟食。

白鼓釘白鼓釘豐年賽社、
鼓不停凶年罷社鼓絕聲。
鼓絕聲社公惱白鼓釘化
爲艸。

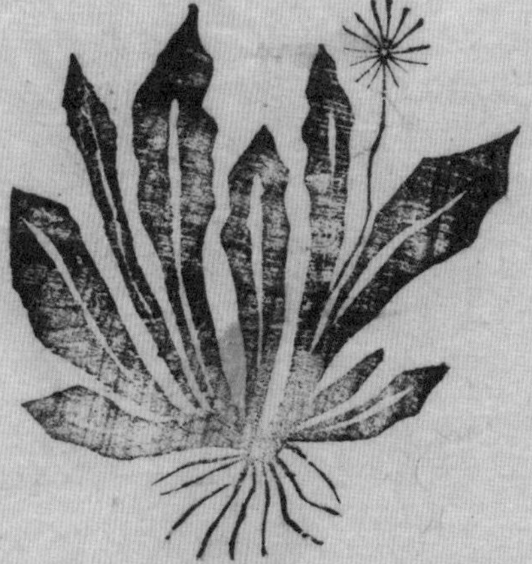

食物本草卷之一

元　東垣李　杲　編輯

明　瀕湖李時珍　參訂

水部

天水類

天河水　一名上池水、即上雨澤、灌注竹籬頭及穾樹穴中水也、又云廾八水降自銀漢故名天河水也、

天河水。治心病毘瘇狂。邪氣惡毒。槐樹閒者治諸風

食物本草　一　水部

一九五六年古朔過隆福寺修綆堂見窗下有破書簏
題曰食物本草予大县驚詫收索圖之乃李景
原著李時珍校訂者益感其重要因囑其為
予留下數日後再過之詢與書則云原是富晉書
社物已取去予立即富晉堅持欲得之意那日下
午至富晉先取二冊歸與沈李龍輯食物本章
會箋校讀數卷異同大但重芟為明刊仍收
之十月三十日灯下郵振鐸
興書係流入日本而復回國門者襄簽均是
日本式样也

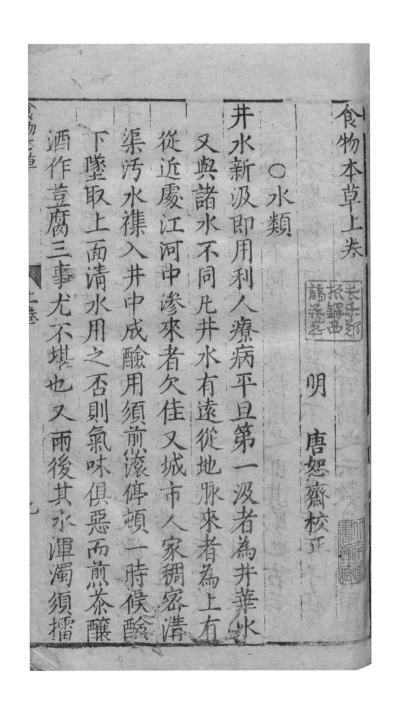

食物本草上卷

明　唐恕齋校正

○水類

井水新汲即用利人療病平旦第一汲者為井華水
又與諸水不同凡井水有遠從地脉來者為上有
從近處江河中滲來者欠佳又城市人家稠密溝
渠污水雜入井中成鹹用須前滾俟頓一時候鹹
下墜取上面清水用之否則氣味俱惡而煎茶釀
酒作荳腐三事尤不堪也又兩後其水渾濁須擂

食物本草

上卷

食物本草二卷

明翁氏刻本

一册

半葉九行二十字，白口，四周單邊。版框 19.4×12.6 厘米

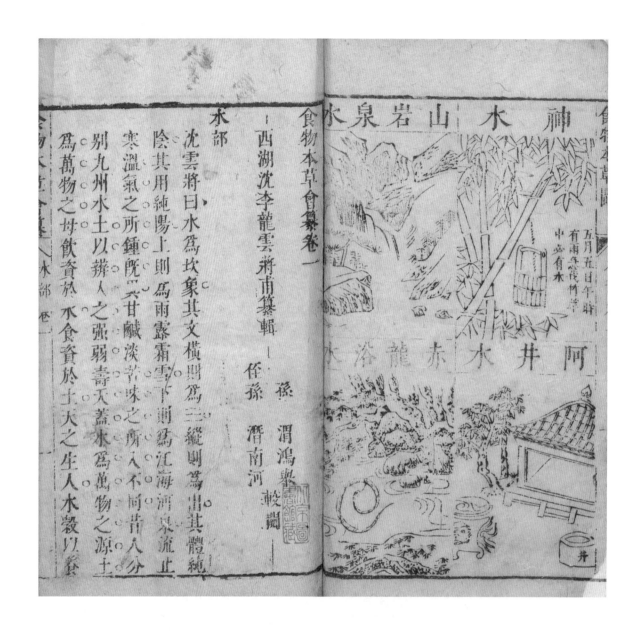

水部

沈雲將曰水爲坎象其文橫則爲三縱則爲出其體純
陰其用純陽上則爲雨露霜雪下則爲江海河泉流止
寒溫氣之所鍾旣已甘鹹淡苦味之所入不同昔人分
別九州水土以辨人之强弱壽天蓋水爲萬物之源土
爲萬物之母飲資於水食資於土大之生人水穀以養

食物本草會纂卷一

　　　　　　西湖沈李龍雲將甫纂輯

　　　　　　　　　孫　　渭鴻　

　　　　　　　　姪孫　潛南河　較閱

食物本草圖

神水　山岩泉水

阿井水　赤龍浴水

五月五日午時
有雨卒戊刊浮
中必有水

井

食物本草會纂十二卷　〔清〕沈李龍輯

清康熙三十年（1691）刻本

四冊

半葉九行二十二字，小字雙行同，白口，四周單邊，無直格。版框 18.4×11.2 厘米

食物本草會纂十二卷　〔清〕沈李龍輯

清康熙三十年（1691）刻本

六冊

半葉九行二十二字，小字雙行同，白口，四周單邊，無直格。版框 18.3×11.7 厘米

食物本草會纂卷一

西湖沈李龍雲將市篢纂輯

係　渭鴻舉　校閱
姪孫　晉南河

水部

沈雲將曰水為坎象其文橫則為三縱則為川其體純
陰其用純陽上則為雨露霜雪下則為江海河泉瀧止
寒溫氣之所鍾旣六甘鹹淡苦味之所入不同昔人分
別九州水土以薦之強弱壽夭蓋水為萬物之源土
為萬物之母飲資於水不食資於土夫之生人水穀以養

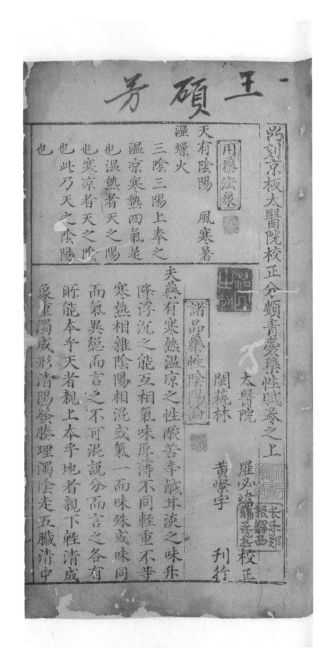

鼎刻京板太醫院校正分類青囊藥性賦三卷

明閩建書林黃燦宇刻本

二冊

上下兩欄，上欄半葉十一行八字，下欄半葉十行十八字，白口，左右雙邊。版框 20.6×12.2 厘米

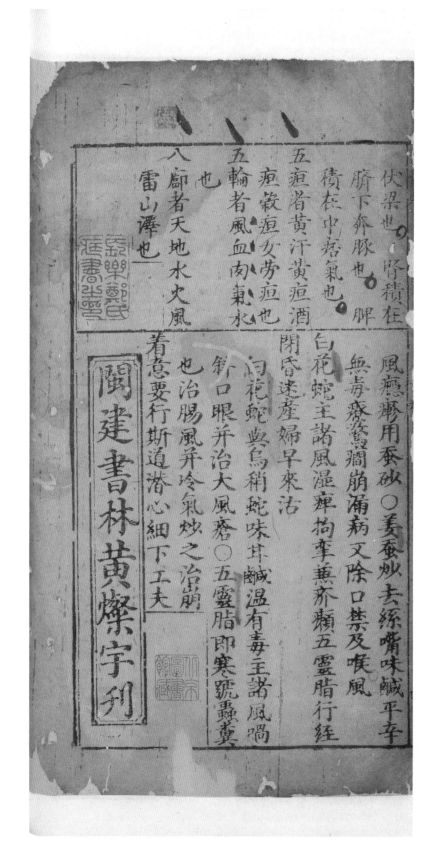

伏梁也◯腎積在
臍下奔脉也◯肥
積在中脘氣也◯
五疸者黄汗黄疸酒
疸穀疸女勞疸也
五輪者風血肉氣水
也
八廓者天地水火風
雷山澤也

風癮瘮用蠶砂◯姜蠶炒去絲嘴味鹹平辛
無毒療驚癇崩漏病又除口禁及喉風
白花蛇主諸風濕痹拘攣喎斜癩五靈脂行經
閉昏迷産婦早來活
歸花蛇與烏稍蛇味甘鹹温有毒主諸風喝
針口眼并治大風瘡◯五靈脂即寒號蟲虫糞
也治腸風并冷氣炒之治崩
着意要行斯道潜心細下工夫

閩建書林黄燦宇刊

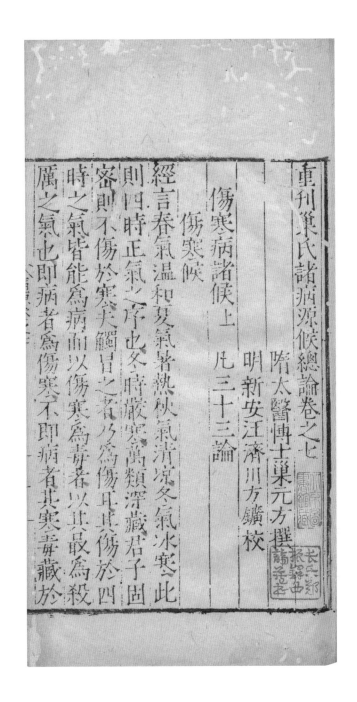

重言春氣温和夏氣暑熱秋氣清涼冬氣冰寒此
則四時正氣之序也冬時嚴寒萬類深藏君子固
密則不傷於寒夫觸冒之者乃為傷耳其傷於四
時之氣皆能為病而以傷寒為毒者以其最為殺
厲之氣也即病者為傷寒不即病者其寒毒藏於

經言春氣温和夏氣暑熱秋氣清涼冬氣冰寒此

傷寒候

傷寒病諸候上 凡三十三論

明新安汪濟川方鑛校

隋太醫博士巢元方撰

重刊巢氏諸病源候總論卷之七

重刊巢氏諸病源候總論五十卷 〔隋〕巢元方撰

明方東雲聚奎堂刻本

六冊 存二十一卷：三至十六、四十四至五十

半葉十行十九字，白口，左右雙邊。版框18.6×12.8厘米

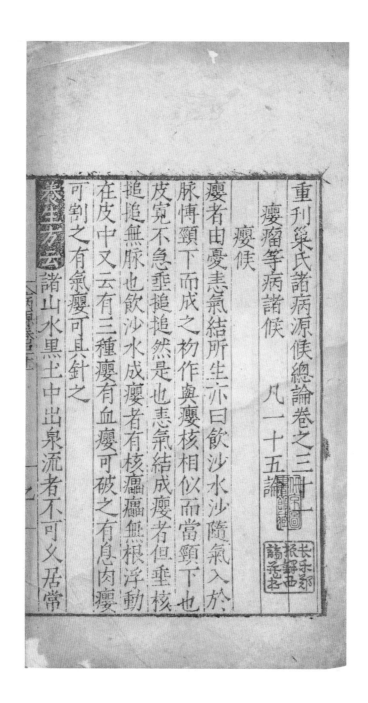

重刊巢氏諸病源候總論卷之三十一

瘿瘤等病諸候　八一十五論

瘿候

瘿者由憂恚氣結所生亦曰飲沙水沙隨氣入於
脉搏頸下而成之初作與瘿核相似而當頸下也
皮寬不急墜墜然是也恚氣結成瘿者但垂核
搥搥無脉也飲沙水成瘿者有核癗癗無根浮動
在皮中又云有三種瘿有血瘿可破之有息肉瘿
可割之有氣瘿可且針之

養生方云諸山水黑土中出泉流者不可久居常

重刊巢氏諸病源候總論五十卷　〔隋〕巢元方撰

明方東雲聚奎堂刻本

一冊　存六卷：三十一至三十六

半葉十行十九字，白口，左右雙邊。版框 18.4×12.9 厘米

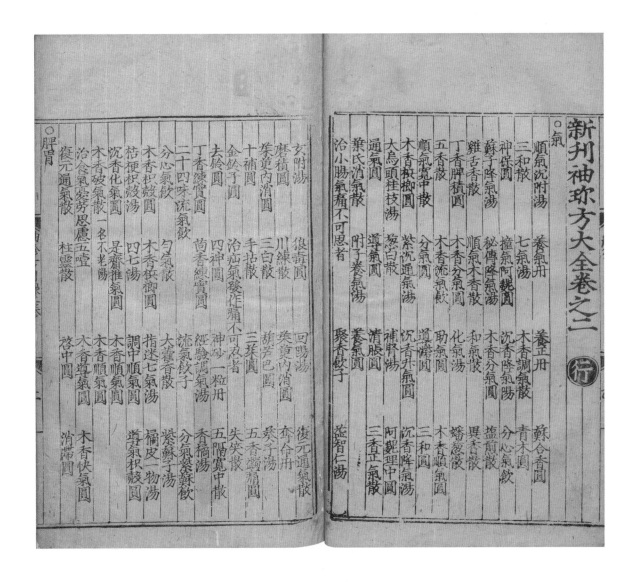

魁本袖珍方大全四卷　〔明〕李恒撰

明弘治十八年（1505）集賢書堂刻本

九册

半葉十六行三十字，白口，四周雙邊。版框 18.9×13.1 厘米

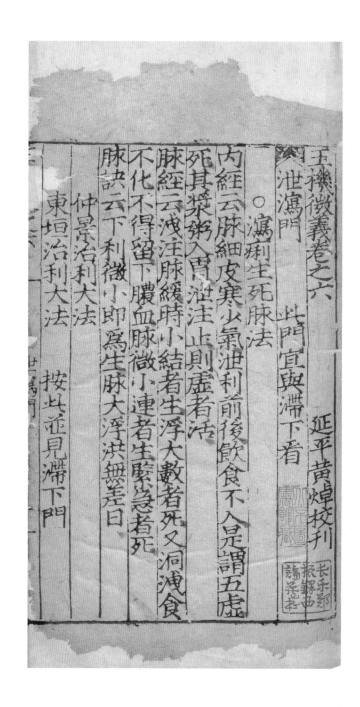

内經云脉細皮寒少氣泄利前後飲食不入是謂五虛

死其漿粥入胃泄注止則虛者活

脉經云洩注脉緩時小結者生浮大數者死又洞洩食

不化不得留下膿血脉微小連者生緊急者死

脉訣云下利微小即爲生脉大浮洪無差日

仲景治利大法

東垣治利大法　按此並見滯下門

脉訣生死脉法

○瀉痢生死脉法

〇泄瀉門　此門宜與滯下看

玉機微義卷之六　　延平黄焯校刊

玉機微義五十卷　〔明〕徐彦純輯　〔明〕劉純續

明黄焯刻本

四冊　存二十卷：六至十六、十八至二十一、四十五至四十九

半葉十行二十一字，白口，四周單邊。版框 20.4×13.4 厘米

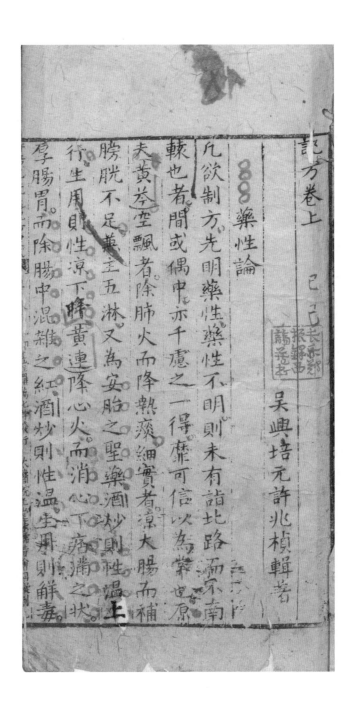

記方二卷　〔明〕許兆楨撰

明萬曆刻本

一冊

半葉九行二十一字，小字雙行同，白口，四周單邊。版框 19.7×12.8 厘米

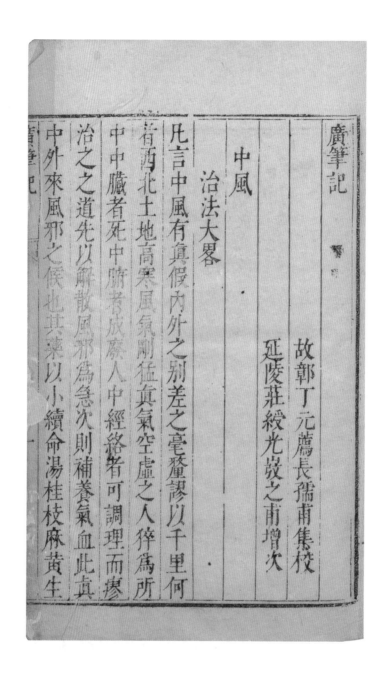

廣筆記十四卷炮炙大法一卷用藥凡例一卷　〔明〕繆希雍撰　〔明〕丁元薦輯　〔明〕莊綬光
增次

明天啓二年（1622）莊綬光刻本

二册

半葉十行二十字，小字雙行同，白口，四周雙邊。版框 21.3×14.9 厘米

删補頤生微論卷之一

雲間念莪李中梓士材父著

吳趨門人沈　頴朗仲父較

男　　　　　 么恒壽臣仝閱

三奇論第一

三奇者，儒經所謂人有三奇精氣神也。聖人治未病，則修煉尚矣，用冠篇首倣啓玄首敘之意。則不妨敷布，惡玄秘密固不形于紙上而亂旁門所附修擬法奇驗勿以易而忽之，二十五條，久久自有。

王太僕重次内經移九卷天真論以冠篇首，其言何居。有熊氏以絳宫玄府之秘開靈蘭金匱之先分久

删補頤生微論四卷　〔明〕李中梓撰　〔明〕沈頴校

明崇禎十五年（1642）沈頴刻本

八册

半葉十行二十字，小字雙行同，白口，四周單邊。版框 19.7×14.0 厘米

T01898（10087）

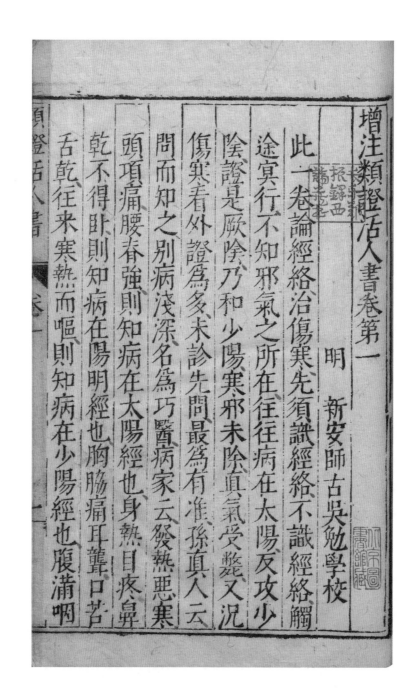

增註類證活人書二十二卷 〔宋〕朱肱撰

明萬曆二十九年（1601）吳勉學刻醫統正脉全書本

四冊

半葉十行二十字，白口，四周雙邊。版框 19.9×13.8 厘米

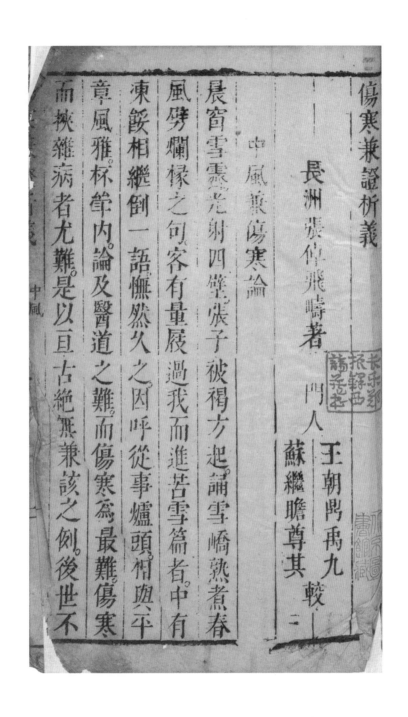

傷寒兼證析義不分卷　〔清〕張倬撰　**傷寒舌鑒不分卷**　〔清〕張登撰

清康熙七年（1668）刻本

一冊

半葉九行二十字，白口，四周單邊。版框 20.1×13.1 厘米

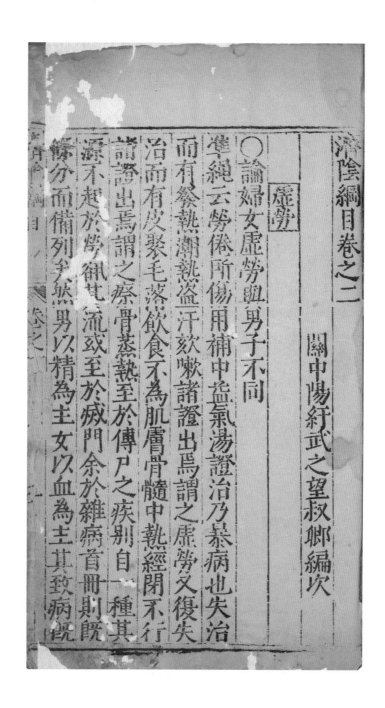

濟陰綱目五卷　〔明〕武之望撰

明天啓元年（1621）王檟刻本

一冊　存一卷：二

半葉十行二十一字，白口，四周雙邊。版框 23.1×15.4 厘米

新刊外科微義卷之一

癰疽門

癰疽原委論第一

癰疽發背爲何生好好身軀出此形

疾病者水升火

降精秘血盈也養生篇曰毋撓爾精毋勞爾形

靜默可以長生此皆遠世俗怠名利無貪嗔却疾病

此惟修身保命之士所能令人豈能及哉盖謂静則

生水而生火既生七情六慾皆隨應而入之既入于

出火動則生火能生萬物火能尅萬物故百病

後百病發爲風勞蟲膈痰喘内傷發于之

外者者癰疽此皆言其大略也故成

癰者癰成也爲陽屬六腑毒騰于外其發暴而所患浮

凡人處世而無

新刊外科微義四卷 〔明〕陳實功輯

清康熙三十八年（1699）刻本

四冊

半葉八行二十字，小字雙行同，白口，左右雙邊。版框 21.8×13.7 厘米

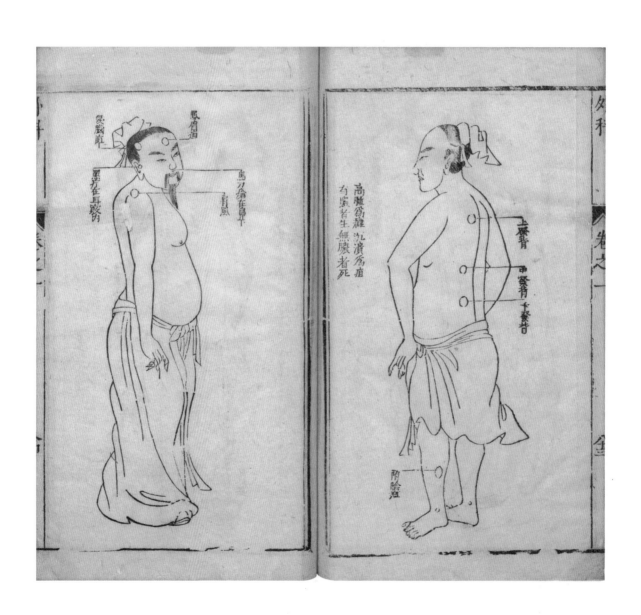

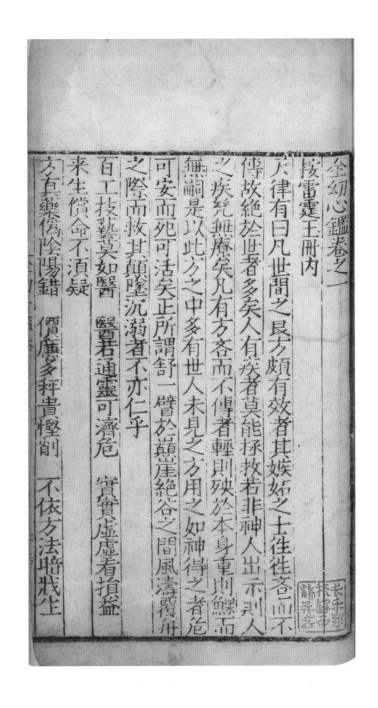

全幼心鑑卷之一

按雷霆玉册内

天律有曰凡世間之良方頗有效者其嫉妒之士往往竟口不
傳故絶於世者多矣人有疾者莫能拯救若非神人出示則人
之疾終無療矣凡有方者而不傳者輕則殃於本身重則鰥而
無嗣是以此方之中多有世人未見之方用之如神得之者危
可安而死可活矣正所謂舒一臂於巔崖絶谷之間風濤覆舟
之際而救其顛墜沉溺者不亦仁乎

百工技藝莫如醫　　醫若通靈可濟危　　實實虛虛看損益

來生償命不湏疑

方有真藥偽為陰陽錯　　價廉多秤貴慳削　　不依方法暗戕生

全幼心鑒四卷　〔明〕寇平撰

明刻本

二册　存一卷：二

半葉十一行二十四字，小字雙行同，白口，四周單邊。版框 20.9×14.2 厘米

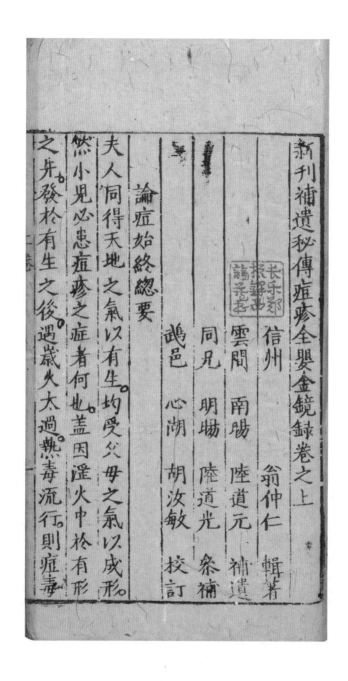

新刊補遺秘傳痘疹全嬰金鏡録三卷　〔明〕翁仲仁撰　〔明〕陸道元補遺　〔明〕陸道光參補
新刊小兒雜瘄秘傳便蒙捷法一卷　〔明〕陸金輯

明萬曆七年（1579）壽春堂刻本

一册

半葉九行二十字，細黑口或白口，左右雙邊或四周單邊。版框 18.3×12.0 厘米

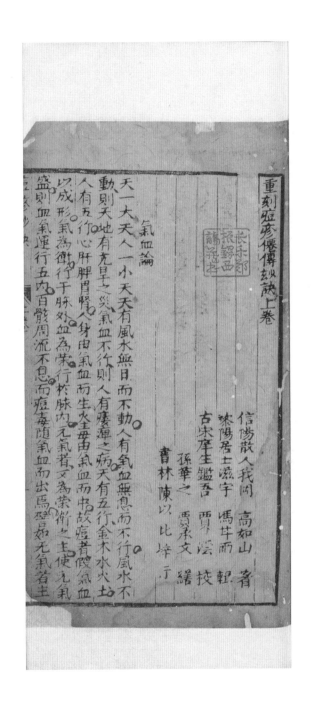

重刻痘疹仙傳妙訣二卷　〔明〕高如山撰

明書林陳璜刻本

三冊

半葉十二行二十九或二十五字，白口，四周單邊。版框 20.1×12.0 厘米

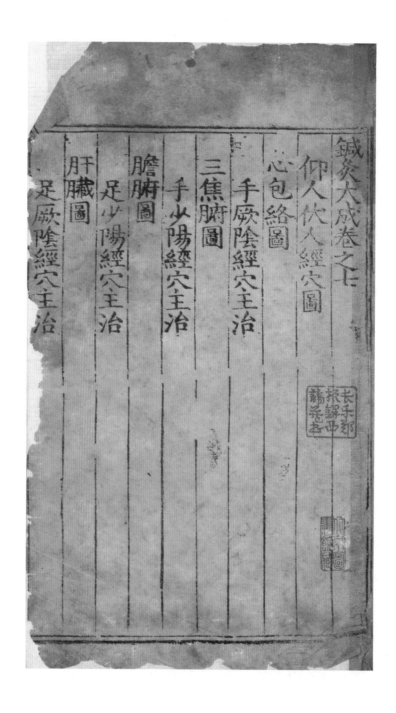

針灸大成十卷　〔明〕楊濟時撰

明萬曆二十九年（1601）趙文炳刻本

一册　存一卷：七

半葉十行二十二字，小字雙行同，白口，四周雙邊。版框 22.0×15.0 厘米

子

子部一——天文算法類

00000

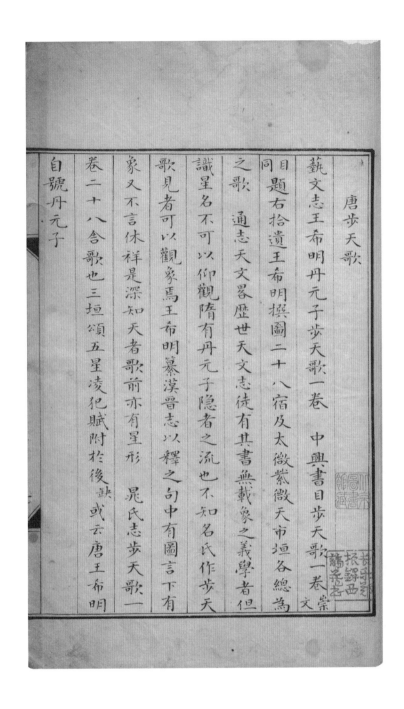

唐步天歌

藝文志王希明丹元子步天歌一卷　中興書目步天歌一卷同

目題右拾遺王希明撰圖二十八宿及太微紫微天市垣各總為

之歌　通志天文畧歷世天文志徒有其書無載象之義學者但

識星名不可以仰觀隋有丹元子隱者之流也不知名氏作步天

歌見者可以觀象焉王希明纂漢晉志以釋之句中有圖言下有

象又不言休祥是深知天者歌前亦有星形　晁氏志步天歌一

卷二十八舍歌也三垣頌五星凌犯賦附於後缺或云唐王希明

自號丹元子

唐丹元子步天歌一卷　　題〔唐〕王希明撰

清抄本

一冊

半葉九行二十五字，白口，四周雙邊。版框 20.2×15.4 厘米

天市垣

下元一宮名天市兩扇垣墻二十二當門六角黑市樓門左兩星

是車肆兩個宗正四宗人宗星一霣亦依次帛度兩星曆肆前侯

星還在帝座邊帝座一星常光明四個微范宦者星以次兩星名

列肆斗斛帝前依其次斗是五星斛是四垣北九個貫索星索口

橫者七公成天紀恰似七公形毃著分明多兩星紀北三星名女

床山坐還依織女旁

三元之象無相侵二十八宿隨其陰水火木土并興金以此別有

五行吟缺

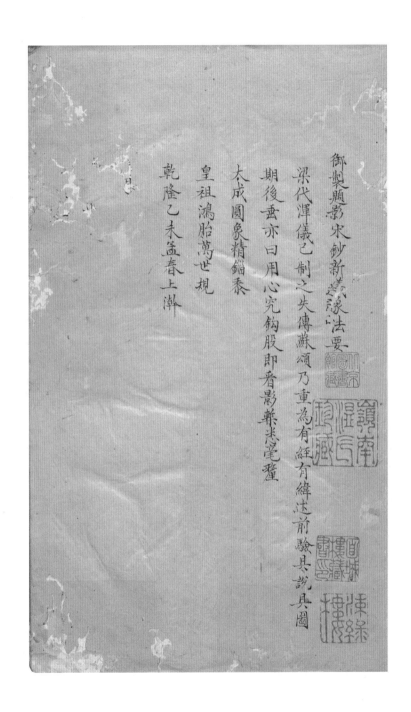

御製題影宋鈔新儀象法要

梁代渾儀已制之失傳蘇頌乃重為有經有緯述前驗其説具圖
期後垂亦曰用心究鈎股即看影槧米毫釐
太成圓象精鑑泰
皇祖鴻胎萬世規
乾隆乙未孟春上澣

紹聖新儀象法要三卷　〔宋〕蘇頌撰

清抄本

三冊

半葉九行二十五字，無欄格

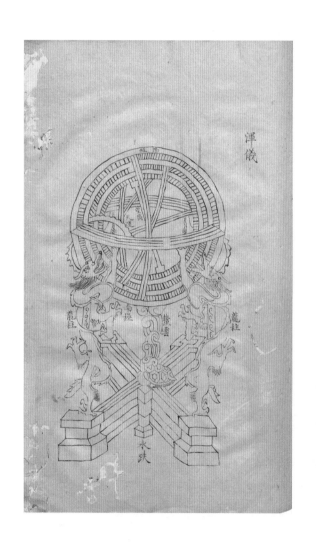

渾儀

有渾儀其制為輪三重一曰六合儀統置於地渾中即天經也又地
渾相結其體不動二曰三辰儀置六合儀內三曰四游儀置三辰
儀內曰六合者象上下四方天地之體也曰天經者封地渾也又
名陽維環者以此渾為陰緯環對名也又植龍柱於渾下之四維
各統以龍故名曰龍柱又置鼇雲於六合儀下承以雲氣雲下有
鼇座名曰鼇雲又因鼇柱下設十字水趺鑒導通水道以平高下
故名曰水趺別設天棠單環于六合儀內又設黃道雙環赤道單
環昏在三辰儀內東西相交鹵天運轉以驫列舍之行又為四象
環附三辰儀相結於天運環黃赤道內交文為直距二縱置於四

右頁：

題革象新書後

占天之學本聖賢大事業載典堯舜
蓋有由也自慎竈之說行而儒者始
術之矣其氛祲祥眚周宮雖具至廿
石星座其曰騎官羽林丞尉之類襲
用秦漢名稱愈疑後學學者不屑用
力焉殊不知經緯天地首務明時時
苟不明終不能撫五星以播四政矣
革象談異十無一二皆爲曆設字者
所當究心者也弟以邵子之書不嘗

左頁：

唐一行以前滅沒之術不同今按時曆蓋倣一行
法也沒用氣盈而推滅用朔虛而求所謂沒者春
內三百六十五日二十四分二十五秋均爲二十
四氣每氣均爲三候每候均爲五段一暮一春三百
六十段每段爲一日一分四十五秋六十二毫半
如以冬至爲第一段則小寒爲第十六段餘以類
推其段日日有之幾兩段跨三日先一日九十九
刻左右後一日一刻左右二段之間錐止一日一
分四十餘秒但一日整居其間而餘數跨在前後
日首尾故日跨三日若一日之段在九十八刻

革象新書二卷 〔元〕趙友欽撰 〔明〕王褘刪定

明刻本

一册 存一卷：下

半葉十行二十字，白口，四周單邊。版框 18.4×13.8 厘米

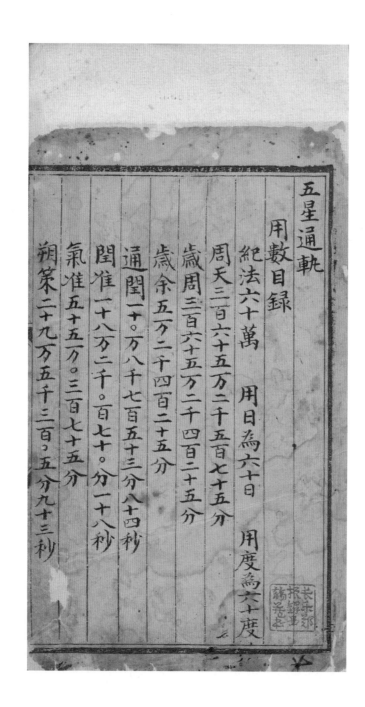

五星通軌一卷

明抄本

一册

半葉十行十八至二十二字不等，黑口，四周雙邊。版框 22.7×14.7 厘米

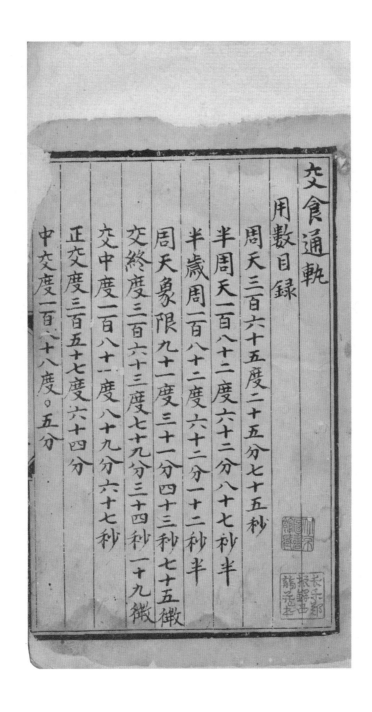

交食通軌一卷月食通軌一卷日食通軌一卷四餘通軌一卷

明抄本

一冊

半葉十行十八至二十二字不等，黑口，四周雙邊。版框 22.8×14.8 厘米

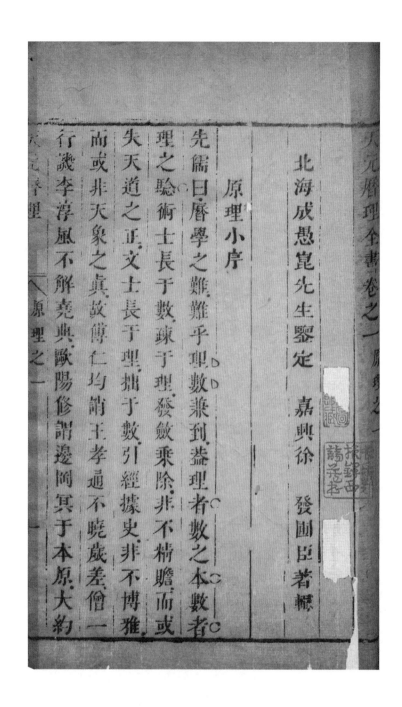

天元曆理全書十二卷首一卷 〔清〕徐發撰

清康熙刻本

十二冊

半葉十行二十一字，小字雙行同，白口，四周單邊。版框 19.9×14.4 厘米

宣西通卷一　　　　　海州許桂林月南述

述宣夜遺文

言天家謂宣夜絶無師傳惟晉書天文志載後漢祕書
郎郄萌記先師相傳宣夜之說云天了無形質仰而瞻
之高遠無極眼瞀精絶故蒼蒼然譬之傍望遠道之黄
山而皆青俯察千仞之深谷而窈黑夫青非真色而黑非
有體也日月眾星自然浮生虛空之中其行其止皆須

宣西通三卷　〔清〕許桂林撰

清嘉慶刻本

一册

半葉八行二十一字，上黑口，左右雙邊。版框 15.5×12.4 厘米

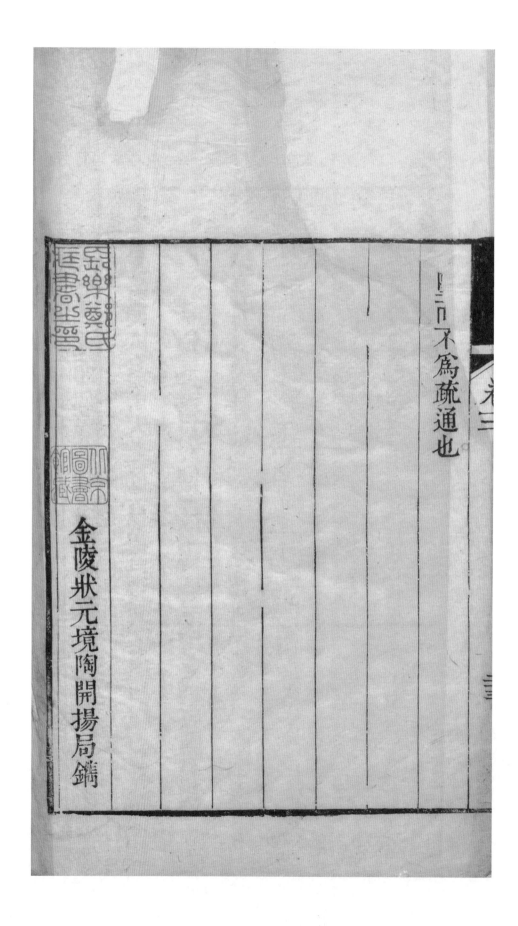

不為疏通也

金陵狀元境陶開揚局鐫

大明萬曆四十七年歲次己未大統曆一卷

明萬曆刻藍印本

一册

黑口，左右雙邊。版框 21.4×13.8 厘米

大清康熙六十一年歲次壬寅時憲曆一卷

清康熙刻本

一冊

黑口，四周雙邊。版框 21.4×12.1 厘米

正月小

建壬寅

年前十二月十九巳亥卯正立春正月節天道南行宜修造往南方　白綠碧

是月也東風解凍蟄蟲始振魚陟負冰獺祭魚候雁北草木萌動　白黑赤

四日庚寅丑正一刻後日躔娵訾之次宜用甲丙庚壬時　白紫黃

合朔卯初三刻四分

初一日戊子火翼開宜結婚姻會親友出行學沐浴燃燈祠病修造動土豎柱開生墳安葬修造產室豎雄碓栽種牧養

初二日己丑水軫閉宜祭祀　不宜出行移徙動土豎柱

初三日庚寅木角建宜祭祀　不宜移徙栽種

初四日辛卯木亢除宜祭祀療病　不宜栽種

上弦辰初一刻一分

初五日壬辰水氐滿宜會親友進人口修造動土豎柱上樑安確磑　不宜出行

初六日癸巳水房平宜祭祀道塗　不宜出行

初七日甲午金心定宜祭祀結婚姻會親友冠帶坐障畫釀出行修造動土豎柱上樑栽種牧養破屋壞垣

初八日乙未金尾執宜祭祀結婚姻進人口捕捉　不宜動土

初九日丙申火箕破宜出行移徙沐浴修造動土豎柱栽種牧養破屋壞垣　不宜栽種

望巳初一刻二分

初十日丁酉火斗危宜出行移徙栽種牧養破屋壞垣　不宜祭祀療病破屋壞垣

十一日戊戌木牛成宜會親友開市交易沐浴修造動土豎柱栽種牧養破屋壞垣

十二日己亥木女收宜剃頭納財栽種捕捉

十三日庚子土虛閉宜　不宜出行移徙栽種

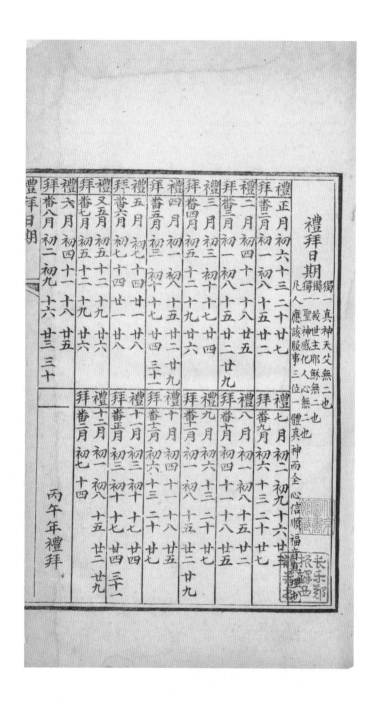

道光二十六年日月刻度通書不分卷

清道光刻本　鄭振鐸跋

一冊

白口，四周雙邊。版框 19.1×14.1 厘米

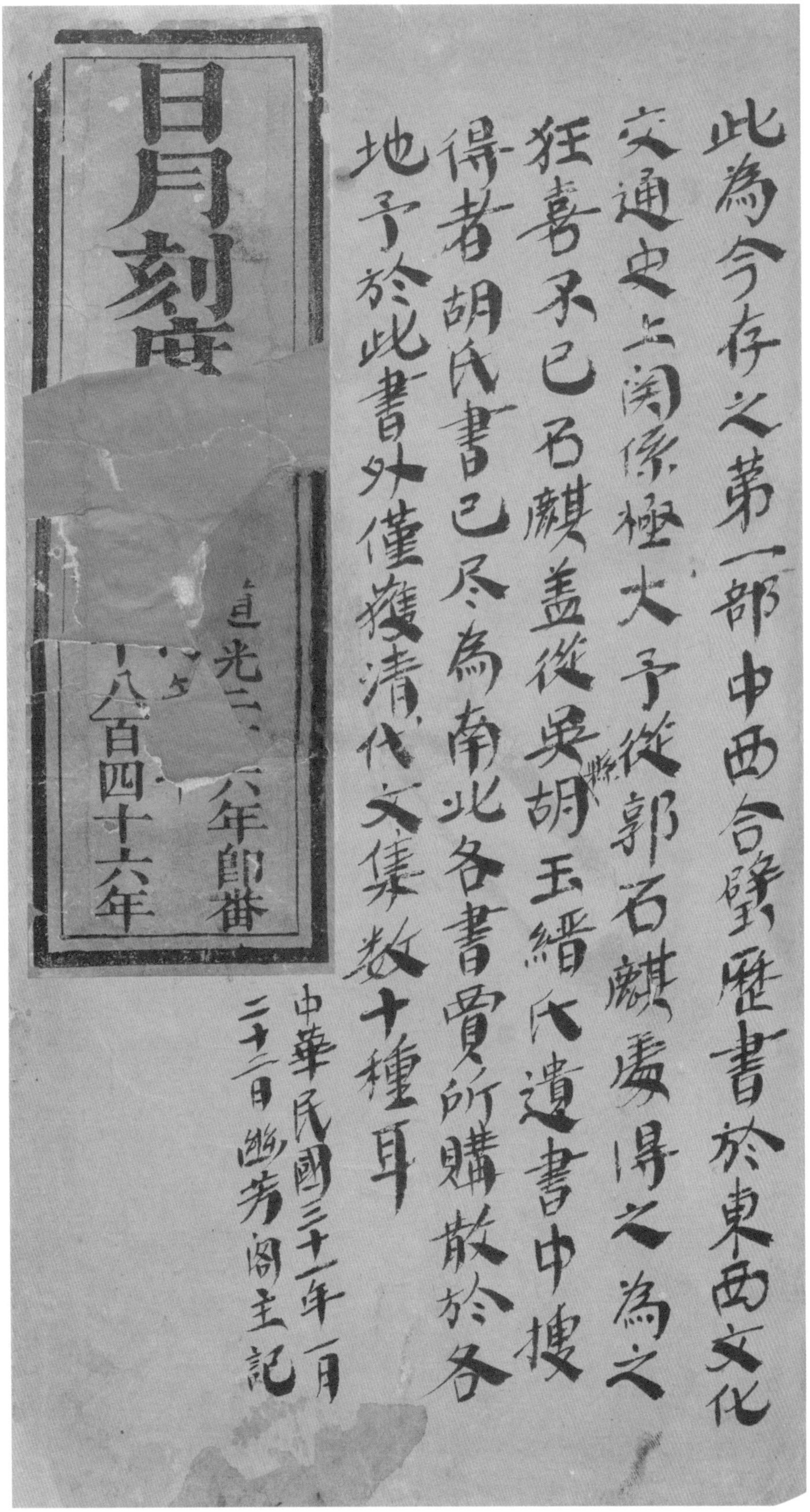

此為今存之第一部中西合璧曆書於東西文化
交通史上關係極大予從郭石麟處得之為之
狂喜矛已召麟蓋從吳胡玉縉氏遺書中搜
得者胡氏書已盡為南北各書賈所購散於各
地予於此書外僅獲清代文集數十種耳

中華民國三十一年一月
二十二日幽芳閣主記

日月刻度

道光二十八年郎番
一八百四十六年

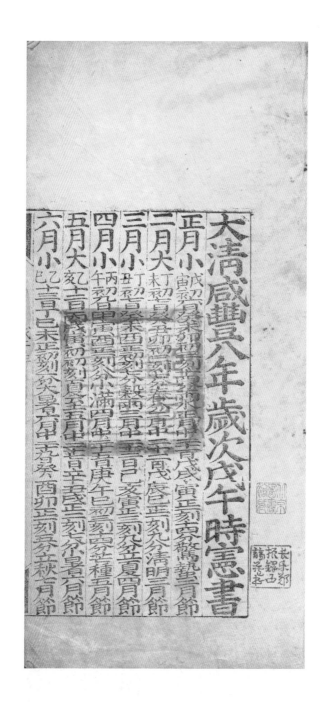

大清咸豐八年歲次戊午時憲書一卷

朝鮮刻本

一册

黑口，四周單邊。版框 20.6×11.4 厘米

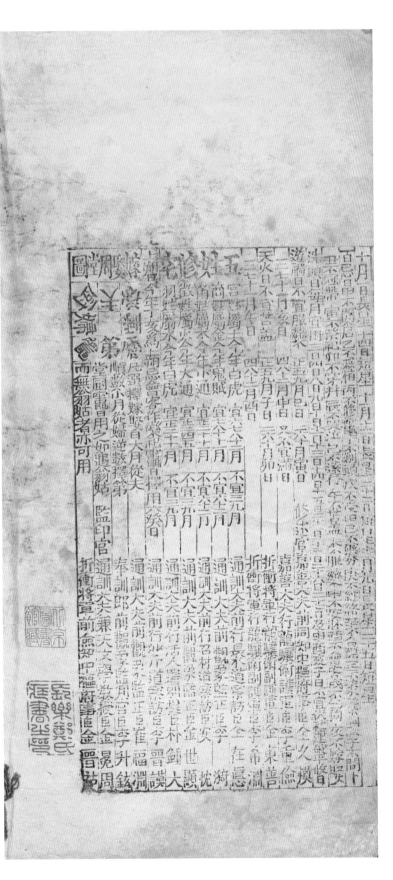

近沅書臺先生已刊為中箱

本語錯一仍此本

揚州羅茗香演為全率同時治

此書有有　戴金谿少冠徐君卿

學博黎見山大令

記禮二字倒

數一而已一者萬物之所從始故易一大極也
一而二二而四四而八生生不窮者豈非自然
而然之數邪河洛圖書泄其秘黃帝九章著之
書其章有九而其數則二百四十有六始方田
終句股包括三才窮通萬有尺言數者皆莫得
而逃焉如麻之大衍書之麻象詩之萬億及秭
記禮之三千三百周官之三百六十數之見於
經者蓋不特黃帝九章為然也自後世明算之
科不設而此學寖失其傳由是麻法之進退晻
盈農田之方圓曲直以至斗升勺合毫釐絲忽

新編四元玉鑒三卷　〔元〕朱世傑撰

清嘉慶二十四年（1819）王萱鈴家抄本　清王萱鈴、魏源跋，清李銳校

二冊

半葉十行十九字，無欄格

16000（10117）

四元自乘演段之圖　　古法七棄方圖

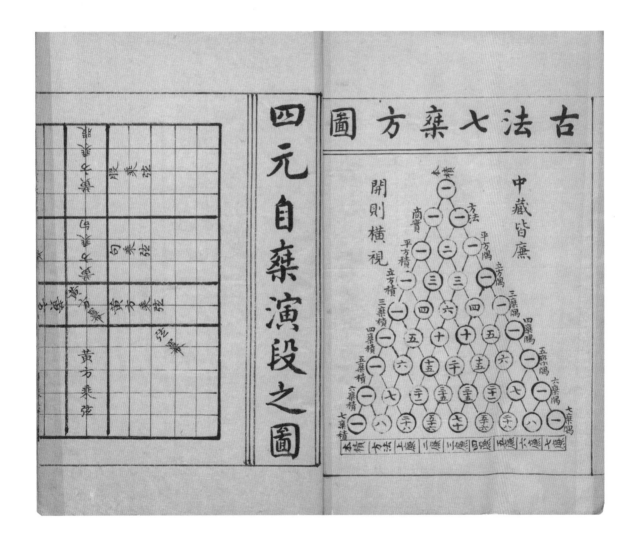

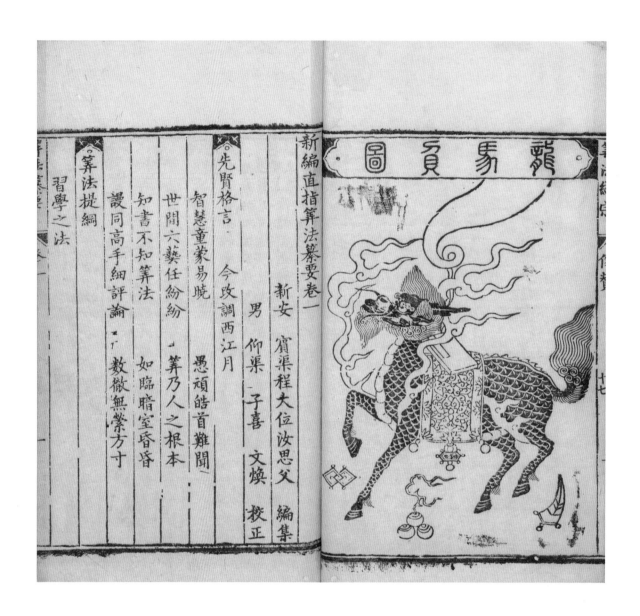

先賢格言

智慧童蒙易曉　今改調西江月

世間六藝任紛紛

知書不知筭法

譏同高手細評論

習學之法

筭法提綱

愚頑皓首難聞

一筭乃人之根本

如臨暗室昏昏

數微無縈方寸

新編直指筭法纂要卷一

新安　賓渠程大位汝思父　編集

　　男　仰渠　子喜　文煥　校正

新編直指筭法纂要四卷　〔明〕程大位撰

明萬曆二十六年（1598）賓渠旅舍刻本

一册

半葉十行二十二字，小字雙行同，四周雙邊。版框 18.0×12.5 厘米

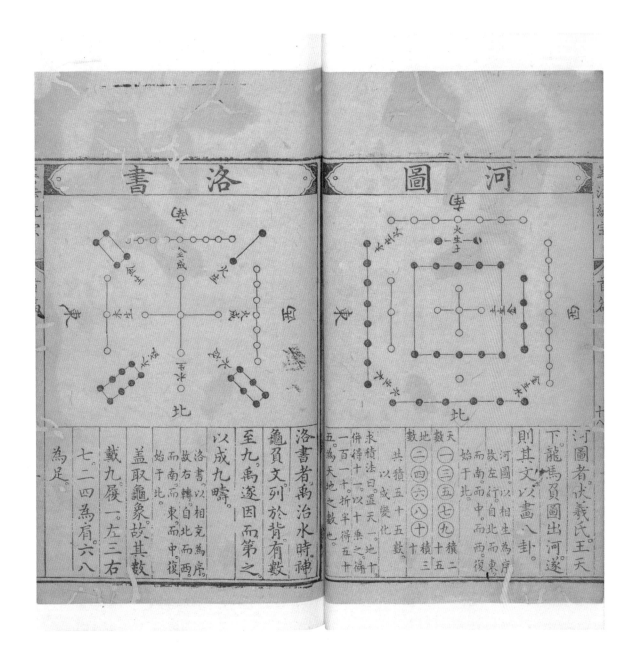

新編直指筭法統宗十七卷首一卷　〔明〕程大位撰

明萬曆二十年（1592）賓渠旅舍刻本

十冊

半葉十行二十二字，白口，四周雙邊。版框 18.2×12.6 厘米

數居六藝之一其來尚矣蓋自處戲宰世
龍馬負圖而數筆端軒后紀曆隷首作算
而法始術故聖人繼天立極所以齊度量
而立民信者不外黃鍾九寸之管所以定
四時而成歲功者不外周天三百六十五
度之數以至遠而天地之高廣近而山川
之洿術大而

算林抜萃　隆慶壬申宛陵太邑王滂作

一鴻算法　萬曆甲申錄邑余楷作

庸章算法　萬曆戊子新安朱元瘠刊

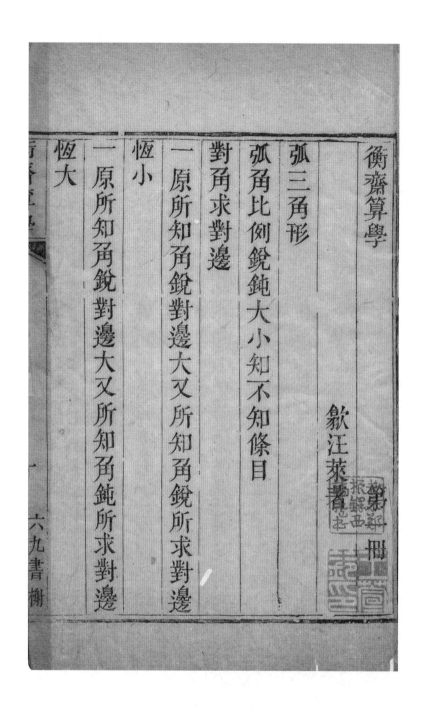

衡齋算學七卷 〔清〕汪萊撰

清嘉慶十五年（1810）刻本

一冊

半葉九行十八字，白口，四周雙邊。版框 18.5×14.8 厘米

子

000

戎事類占卷之一

豫章李克家嗣宗甫輯

新安孫汝澄無撓甫校

天類

晉書云古言天者有三家一曰葢天二曰宣夜三曰渾天
蔡邕云周髀者即葢天之說也髀股也表也其言天似
葢笠地法覆槃天地各中高外下北極之下爲天地之中
其地最高而滂沱四隤三光隱映以爲晝夜天中高於外
衡冬至日之所在六萬里北極下地高於外衡下地亦六
萬里外衡高於北極下地二萬里天地隆高相從日去地
恒八萬里日麗天而平轉分冬夏之間日所行道爲七衡

戎事類占二十一卷　〔元〕李克家撰

明萬曆二十五年（1597）厭原山館刻本

四冊

半葉十一行二十二字，白口，左右雙邊。版框 19.8×13.8 厘米

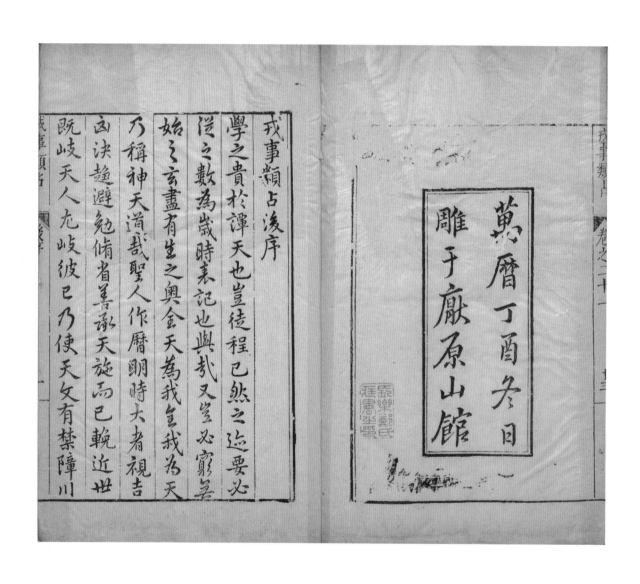

萬曆丁酉冬日

雕于廠原山館

戎事類占後序

學之貴於譚天也豈徒程已然之巡要必

洪之數為歲時表記也與我又豈必窮籌

始之玄盡有生之奧金天為我亶我為天

乃稽神天道哉聖人作曆明時大者視吉

凶決趨避勉脩省善承天施而已輓近世

既岐天人尤岐彼已乃使天文有禁障川

戎韋頂占　卷下　二

日暈三重占

河圖帝覽曰日暈再重人君有德又
曰立候王

青雲如鳥占

乾象新書曰雲如兩青鳥相向
日下者人主有慶

日暈四重占

河圖帝覽曰日暈四重軍敗于野其
下有叛臣

赤雲如雄雞占

乾象新書曰赤雲如雄雞在日下者
不出三月其下有分喪

日月雲山地震灾詳圖録不分卷

明抄彩繪本

一册

半葉行字不等，無欄格

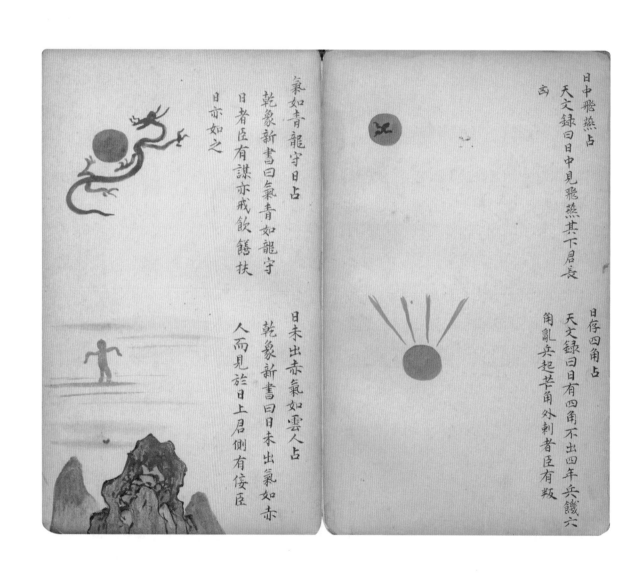

日中飛燕占

天文錄曰日中見飛燕其下君長
矣

日存四角占

天文錄曰日有四角不出四年兵讖六
角亂兵起芒角外刺者臣有叛

氣如青龍守日占

乾象新書曰氣青如龍守
日者臣有謀亦戒飲饌扶
日亦如之

日未出赤氣如雲人占

乾象新書曰日未出氣如赤
人而見於日上君側有佞臣

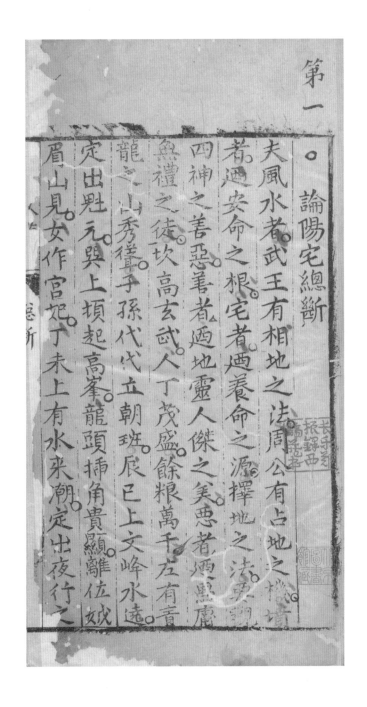

夫風水者武王有相地之法周公有占地之祕傳第一○論陽宅總斷

者迺安命之根宅者迺養命之源擇地之法迺嚴

四神之善惡善者迺地靈人傑之美惡者迺嚴廉

無禮之徒坎高玄武人丁茂盛餘糧萬千左有青

龍之山秀權子孫代代立朝班辰巳上文峰水遠

定出魁元與上頂起高峯龍頭插角貴顯離位妖

眉山見女作官旭丁未上有水來朝定出夜行之

卜居秘髓二卷　〔明〕熊瓅撰

明書林葉貴刻本

二册

半葉八行十九字，白口，四周單邊。版框 20.2×12.4 厘米

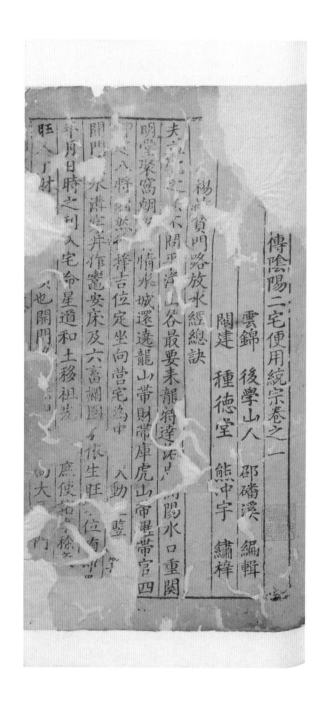

新刻楊救貧秘傳陰陽二宅便用統宗二卷 〔明〕邵璠溪撰

明種德堂熊冲宇刻本

一册

半葉十行二十五字，白口，四周單邊。版框 21.3×12.2 厘米

早歲登科家業□□壹因放水合天機　因□□

官貴芳名四海

凶方

水不宜辰巽坤方亦不宜造門路橋井碓坑並以

水流辰巽坤申出　灾火瘟病主換妻　自吊陰人公半死

月經孕嫄失調醫　癆瘵相傳人腫疾　亥卯未年月日時

招郎義子二三姓　鰥夫寡婦守空室　退懶田園人死絕

早依宅水放溝渠

壬山通天竅大利亥卯未巳酉丑年月立安墳大吉

新刻楊救貧秋傳陰陽二山便用統宗二卷大尾終

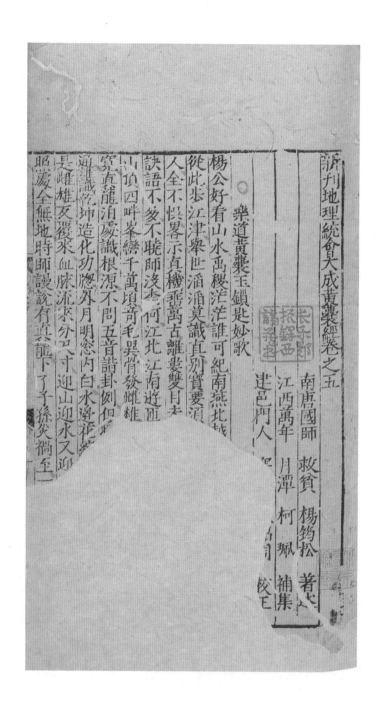

新刊地理統會大成二十七卷　〔明〕柯珮輯

明隆慶三年（1569）書林王雙泉刻本

二十六冊　存二十三卷：五至二十七

半葉十四行二十六或二十八字，白口，四周單邊。版框 18.6×12.8 厘米

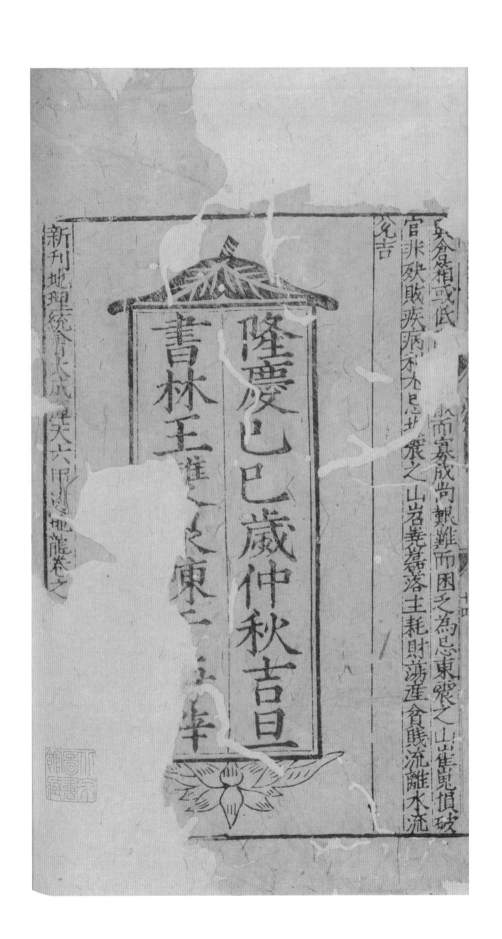

隆慶己巳歲仲秋吉旦
書林王崔□之東□□□半

新刊地理統會大成□□六甲□□地龍卷之

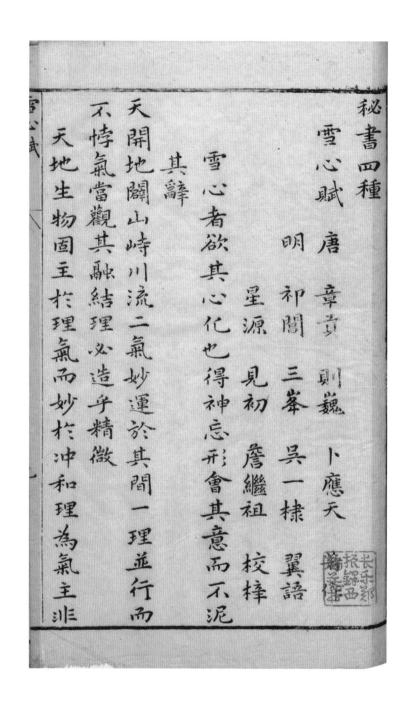

天地生物固主於理氣而妙於冲和理為氣主非

不悖氣當觀其融結理必造乎精微

天開地闢山峙川流二氣妙運於其間一理並行而

其辭

雪心者欲其心化也得神忘形會其意而不泥

星源見初　詹繼祖　校梓

明祁閶　三峯　吳一棟　翼語

雪心賦　唐　章貢　則巍　卜應天

秘書四種

雪心賦翼語一卷　〔唐〕卜應天撰　〔明〕吳一棟翼語

明萬曆三十三年（1605）程本初、詹繼祖刻四十一年（1613）程本初彙編秘書四種本

一冊

半葉九行二十字，白口，四周單邊，無直格。版框 21.4×15.0 厘米

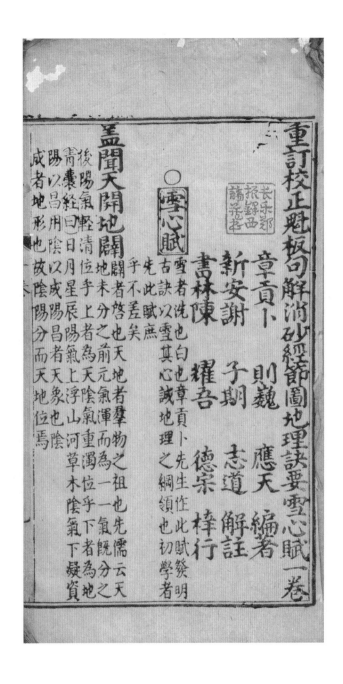

重訂校正魁板句解消砂經節圖地理訣要雪心賦四卷 〔宋〕卜應天撰 〔明〕謝志道註 **增補秘傳地理尋龍經訣法一卷**

明萬曆三十年（1602）書林陳德宗刻本

一冊

半葉九行二十二字，小字雙行同，白口，四周雙邊，無直格。版框20.9×12.9厘米

鐫地理參補評林圖訣全備平沙玉尺經二卷　題〔元〕劉秉忠撰　〔明〕劉基註　〔明〕賴從

謙增釋　〔明〕徐之鏌參補　**附錄一卷**

明建邑書林陳賢刻本

一册

上下兩欄，上欄半葉二十六行七字，下欄半葉十行二十三字，白口，四周雙邊。版框 22.6×14.5 厘米

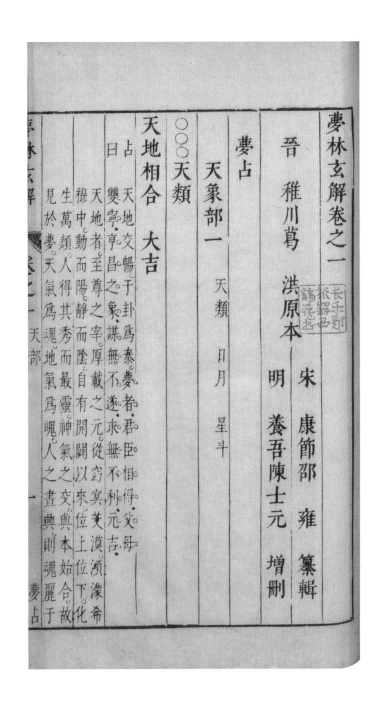

夢林玄解三十四卷首一卷　題〔宋〕邵雍纂輯　〔明〕陳士元增刪　〔明〕何棟如重輯

明崇禎刻本

十册

半葉十行二十二字，白口，四周單邊。版框 22.9×14.5 厘米

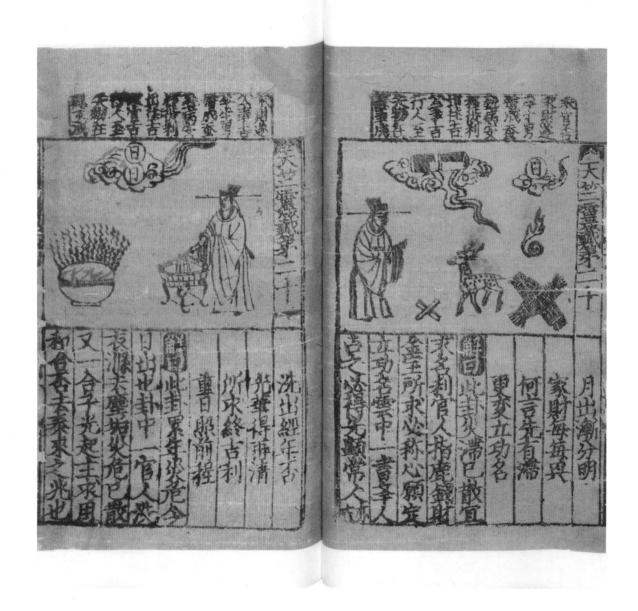

天竺靈籤一卷

宋刻本

一冊

半葉九行九字，白口，左右雙邊。上圖下文。版框 17.8×10.4 厘米

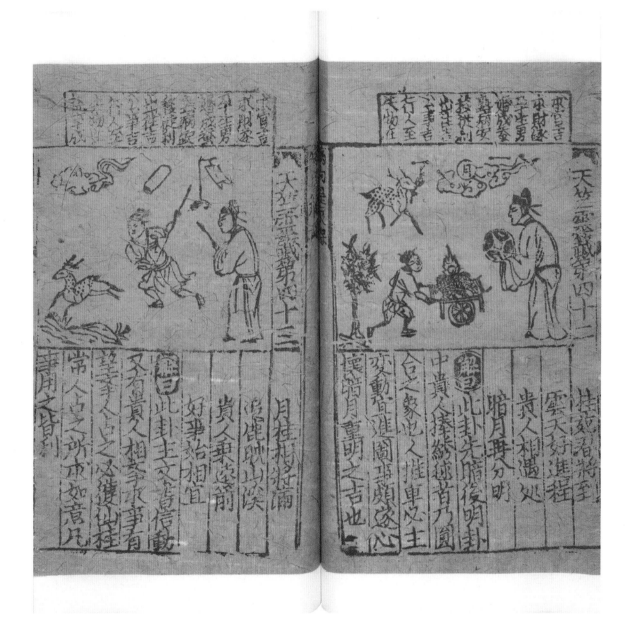

右頁：

天妙三靈籤戰第四十二

求官事
求財祿
二子生男
婚姻速卒
將行雨安
接洪利
出行吉
公事吉
病者吉
行人至
失物在

此卦先暗後明卦
貼月再分明
貴人相遇処
雲天妨進程
中貴人擇絲速首九圓
合人象也人推車心主
竒動宜進圖弄蘭遂心
撰猶月景明之吉也

左頁：

天妙三靈籤戰第四十三

不宜豈言
永朋釜
千生男
美病釵
緩疫利
山利所動
接症利
美求如意吉
病者吉
行人至
失物不成

月桂相多滿
浴停耿山溪
貴人乗遠前
好事始相宜
此卦主文書信動
又有貴人相爭求事有
望李事人占之必雙慶仙桂
常人占之所求如意凡
車用之貨利

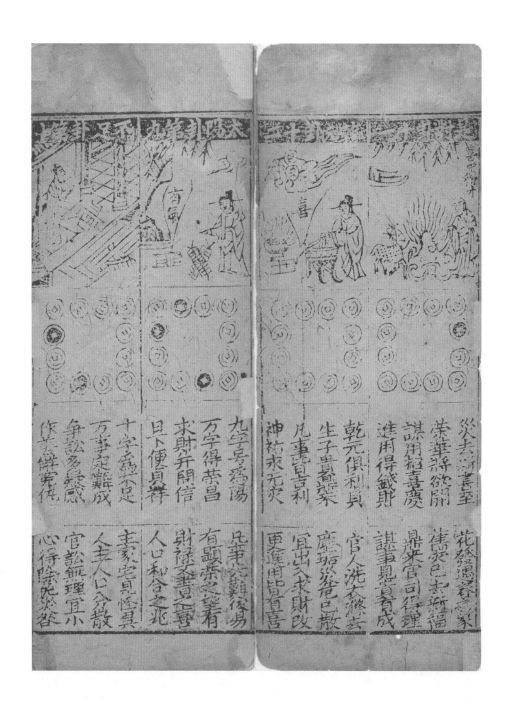

九字号乔阳　万字得荣昌　求财开闲信　日卜便見祥　十字高不足　万事定難成　争訟多愛感　作吏健究侫
乾元俱利貝　生子貴賣葉　凡事宜喜利　神祐求元炎　災去新喜至　荣華将欲開　謀用疑喜慶　進用得鋑財
兄筆宜難俊湯　有顯荣之筆有　財祿文書宜害　人口和合之震　人主宅見怪真　人夫人心分散　官訟宜理宜小　心得除先炎咎

天竺靈籤一卷

明洪武杭州衆安橋楊家經坊刻本

一册

版框 17.7×8.0 厘米

眾生心水淨　菩提影現中

是真歸仗處　菩薩清凉月　猶如碧鏡空

水澄秋月現　懇禱福田生　惟有佛菩提

祝曰

南無大慈悲靈感觀世音菩薩三十二課

南無大慈悲靈感觀世音菩薩三十二課一卷

明抄彩繪本

一冊

半葉五行，上下雙邊。版框 25.1×11.3 厘米

16632（補 253）

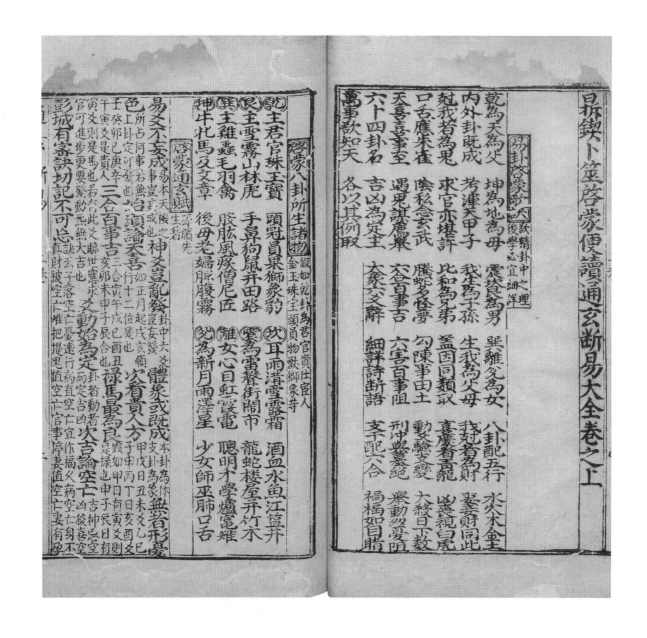

鼎鍥卜筮啓蒙便讀通玄斷易大全三卷首一卷

明刻本

二冊

半葉十一行三十二字，小字雙行同，白口，四周雙邊。版框 20.8×12.5 厘米

澤火革卦〔属火四世〕

身
宫鬼 父母 兄弟 兄弟 子孫

世 應
飛神亥水 伏神申金
（春凶 夏平 秋凶 冬吉）

判曰 革者改也 改故就新 變易之道 凡占其所謀之事君子豹變
時有不遇並宜改革不可守舊

斷曰
六神斷 乙 騰蛇世主
甲乙
十干斷 甲丙戊庚壬 取新宜去舊
丙丁

六爻斷 初六鞏用黄牛之革

疾病 出行 求財 家宅 行人 六畜 田禾 詞訟

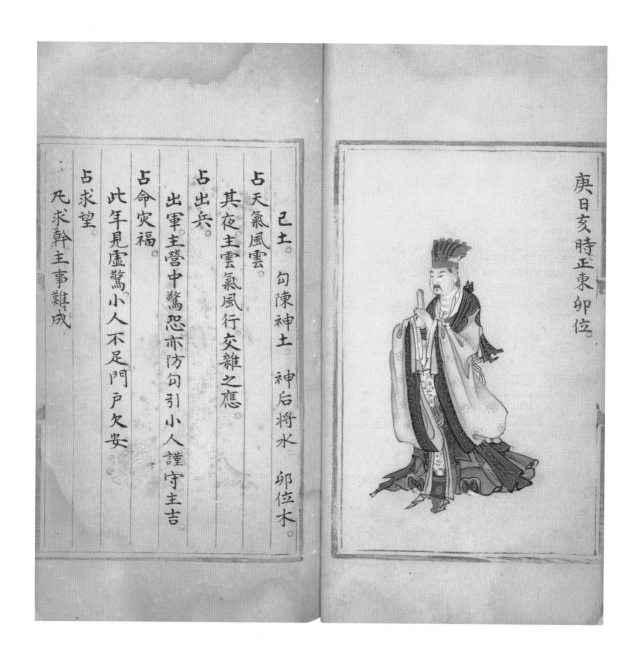

庚日亥時正東卯位。

己土。勾陳神土 神后將水 卯位木。

占天氣風雲。

其夜主雲氣風行交雜之應。

占出兵。

出軍主營中驚恐亦防勾引小人謹守主吉

占命災福。

此年見虛驚小人不足門戶欠安

占求望。

凡求幹主事難成

占書一卷

明抄彩繪本

一冊

半葉九行二十字，紅格，紅口，四周雙邊。版框 20.5×13.4 厘米

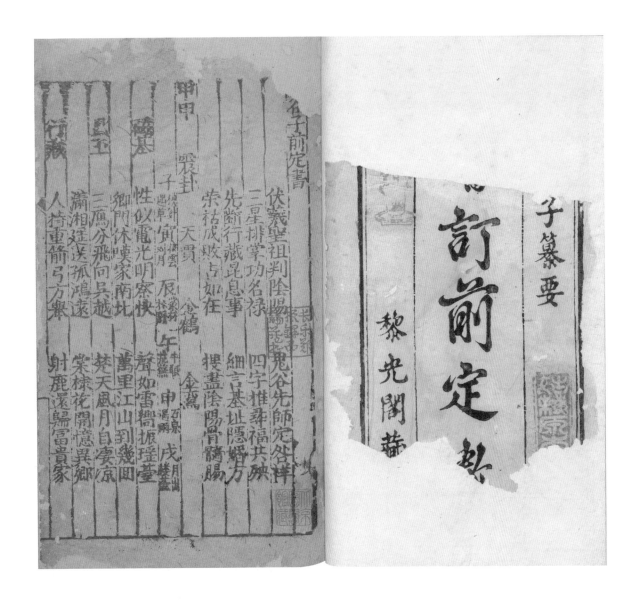

鬼谷子前定書一卷

明黎光閣刻本

二册

半葉十二行二十五字，白口，四周單邊。版框 19.9×12.2 厘米

鬼谷神數

歸隱

桑榆尤有芝蘭茂　荷得蒼穹享樂生

當年遇大正優游　鯤化鵬飛遍九州

此命如松栽歲深　　一犬相逢成一笑　蓬萊山上好開遊

頹竹梃高軒根株固實　操直堅心慈因賦定性

快出天然父母堂前過客終身管頹不全　凡弟雲中秋月清光半

不團圓六親鴻鴈分飛各尋水際江邊　夫妻同林宿為回家不替

冀發親兒女三踈兩負芳心慢惹縈牽莫嬾命裡有啾唧過了風波

鶺鴒馬船

少壯操持力健時　　爭知名利未相依　有根不斷堵前草

葵蒡藋高陰格

天種難栽頻上梅　　花謝莫嬾種紅草　梅開休怨月來遲

生涯若問何時好　　只待龍吟虎嘯時　鬼谷子前定奇

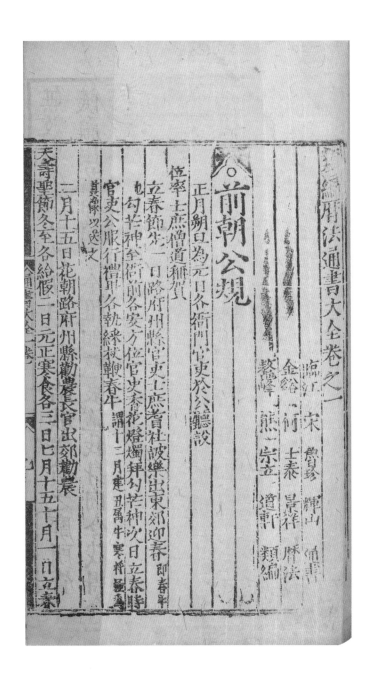

類編曆法通書大全三十卷 〔元〕宋魯珍通書 〔元〕何士泰曆法 〔明〕熊宗立類編 **新增補遺陰陽備要曆法通書大全二卷** 〔明〕蔡彬撰

明嘉靖三十年（1551）劉釪刻遞修本

十一冊 存二十八卷：一至二十八

半葉十四或十五行二十六字，黑口，四周雙邊。版框 19.1×13.3 厘米

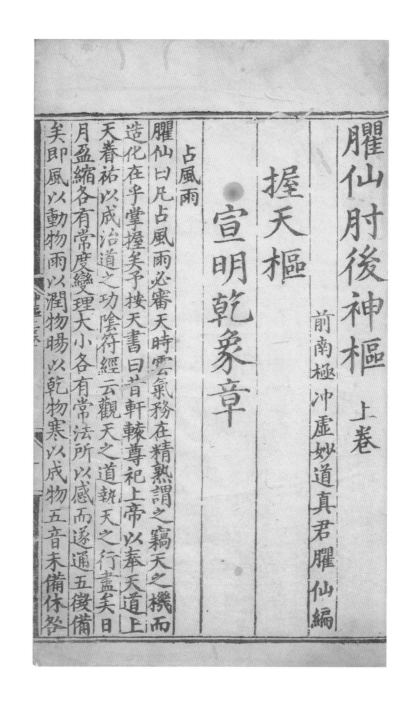

臞仙肘後神樞二卷　〔明〕朱權撰

明刻本

二冊

半葉十三行二十四字，黑口，四周雙邊。版框 28.6×20.1 厘米

太玄月令經不分卷　〔明〕朱權輯

明隆慶五年（1571）楚府刻本

一册

半葉十三行二十六字或二十二字，或十二行二十二字，白口，四周雙邊。版框22.9×15.9厘米

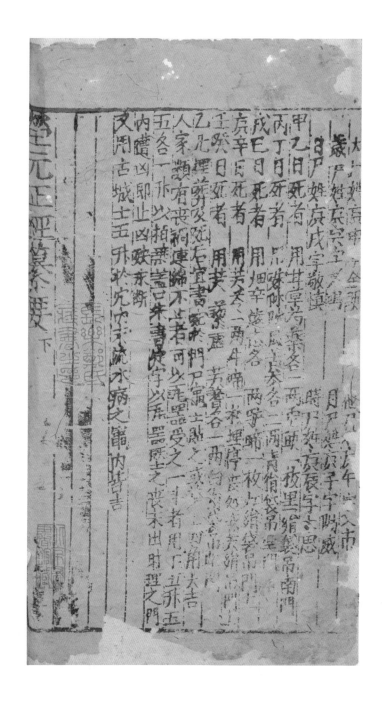

三元正經纂要三卷　〔明〕王弘道撰

明初刻本

一册

半葉行字不等，黑口，四周單邊。版框 18.2×12.0 厘米

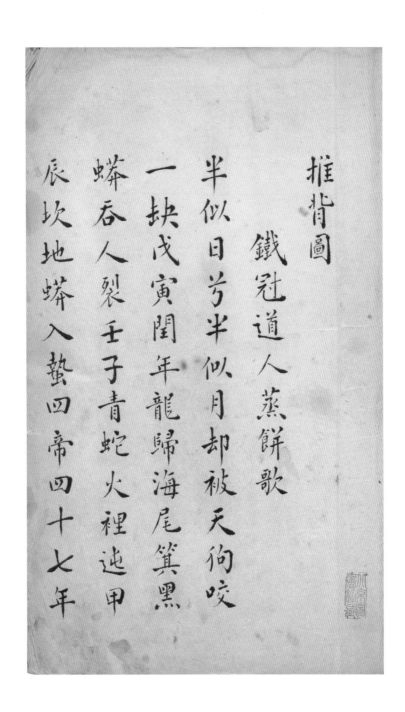

推背圖一卷　〔唐〕袁天罡、李淳風撰

清初抄彩繪本　清張靜如跋

一冊

半葉行字不等。版框 24.0×16.4 厘米

一王者執圭而坐一
王者下拜

十一卜人小下月

兄弟子孫位不絕

兩箇郎君採墓道

騎龍跨蛇上天徹

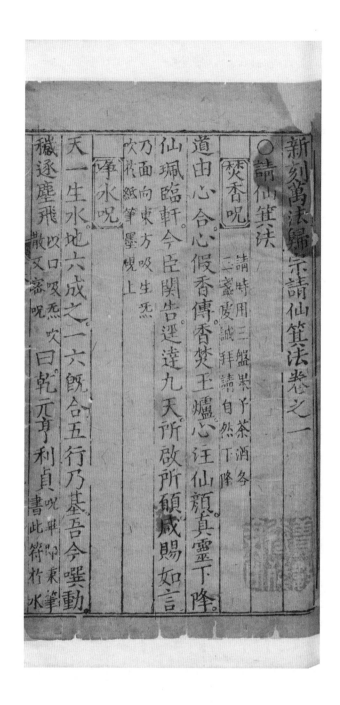

新刻萬法歸宗五卷

明刻本

五冊

半葉九行二十字，白口，四周雙邊。版框 20.1×12.5 厘米

子

子部一 —— 藝術類

000

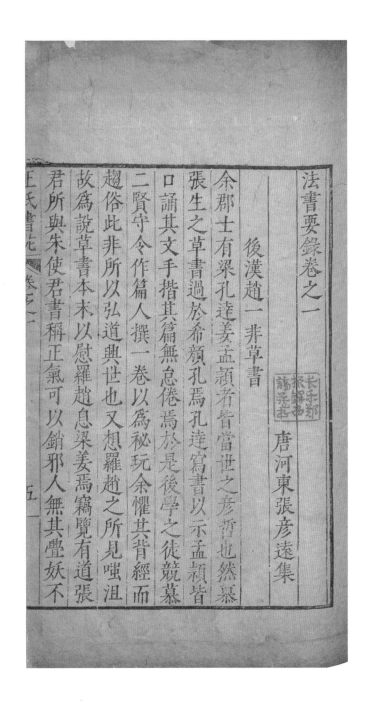

王氏書苑十卷 〔明〕王世貞編　**補益十二卷** 〔明〕詹景鳳編

明萬曆十九年（1591）王元貞刻本

二十冊　存二十卷：王氏書苑十卷，補益一至八、十一至十二

半葉十行二十字，白口，左右雙邊。版框20.2×14.2厘米

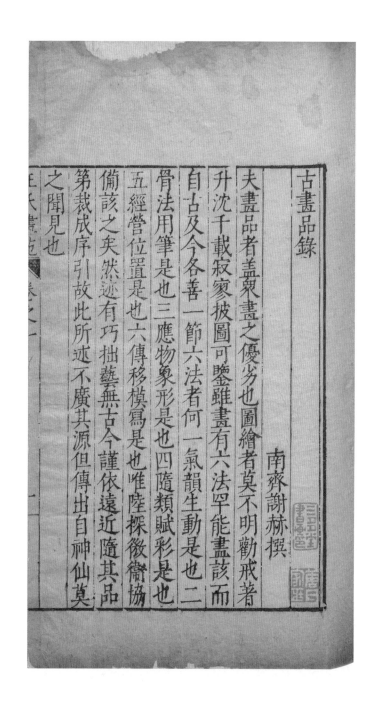

王氏畫苑十卷　〔明〕王世貞編　　**補益四卷**　〔明〕詹景鳳編

明萬曆十八年（1590）王元貞刻本

十六冊

半葉十行二十字，白口，左右雙邊。版框20.1×13.8厘米

古畫品錄

南齊謝赫撰

夫畫品者蓋衆畫之優劣也圖繪者莫不明勸戒著
升沈千載寂寥披圖可鑑鍾畫有六法罕能盡該而
自古及今各善一節六法者何一氣韻生動是也二
骨法用筆是也三應物象形是也四隨類賦彩是也
五經營位置是也六傳移模寫是也唯陸探微衛協
備該之矣然迹有巧拙藝無古今謹依遠近隨其品
第裁成序引故此所述不廣其源但傳出自神仙莫
之聞見也

第一品　五人

王氏畫苑十五種三十七卷

明刻本

十冊

半葉十一行二十字，白口，左右雙邊。版框 19.9×14.4 厘米

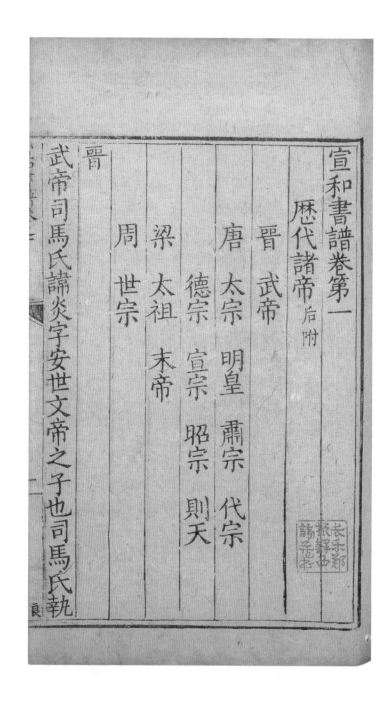

宣和書譜二十卷宣和畫譜二十卷

明刻本（書譜卷十七至二十、畫譜卷五至八配清抄本）

十二册

半葉九行十九字，白口，四周雙邊。版框 20.3×14.2 厘米

宣和畫譜卷第一

道釋敍論

志於道據於德依於仁游於藝藝也者雖志道之
士所不能忘然特游之而已畫亦藝也進乎妙則
不知藝之爲道道之爲藝此梓慶之削鐻輪扁之
斲輪咎人亦有所取焉於是畫道釋像與夫儒冠
之風儀使人瞻之仰之其有造形而悟者豈曰小
補之哉故道釋門因以三教附焉自晉宋以來還

宣和畫譜　卷之一　天台開

宣和畫譜二十卷

明崇禎毛氏汲古閣刻津逮秘書本

四册

半葉八行十九字，白口，左右雙邊。版框 14.1×10.2 厘米

魚以名畫一絹上題蔡攸分之是時恩許分賜

群臣皆斷佩折巾以爭先甫而之笑出與唐太宗

寓三品以上於玄武門親操筆作飛白書恩臣乘

醉競取常侍劉洎登御床引甫手挍後而之云

千古同一嘉語極渾雲毛瑫而淺

宣和畫譜卷第二十　終

宣和畫譜卷第一

道釋敘論

志於道據於德依於仁游於藝藝也者雖志道之
士所不能忘然特游之而已畫亦藝也進乎妙則
不知藝之為道道之為藝此梓慶之削鐻輪扁之
斷輪瑵人亦有所取焉於是畫道釋像與夫儒冠
之風儀使人瞻之仰之其有造形而悟者豈曰小
補之哉故道釋門因以三教附焉自晉宋以來還

宣和畫譜一　卷之一　　汲古閣

宣和畫譜二十卷

明末毛氏汲古閣刻津逮秘書本

四冊

半葉八行十九字，白口，左右雙邊。版框 19.1×13.7 厘米

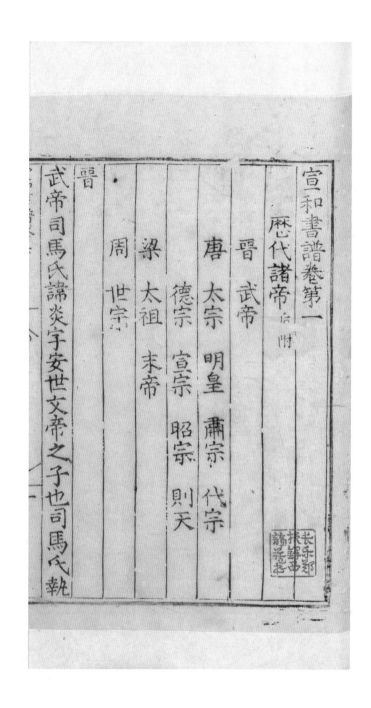

宣和書譜二十卷

明刻本

八冊

半葉九行十九字，白口，四周雙邊。版框 20.4×14.5 厘米

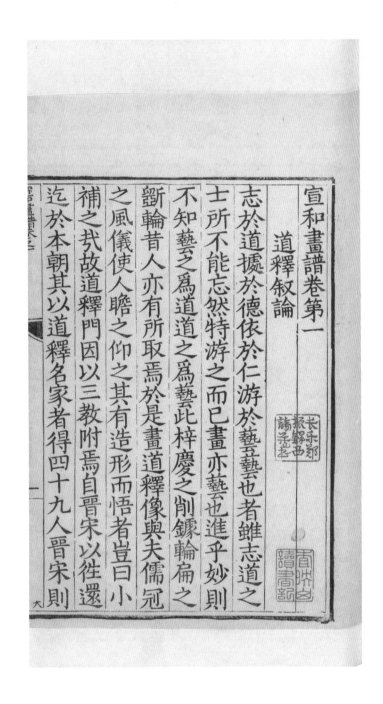

宣和畫譜二十卷

明刻本

十二冊

半葉九行十九字，白口，四周雙邊。版框 20.3×14.5 厘米

宣和畫譜二十卷

明刻本（卷十一至二十配清抄本）

八冊

半葉九行十九字，白口，四周雙邊。版框 20.5×14.4 厘米

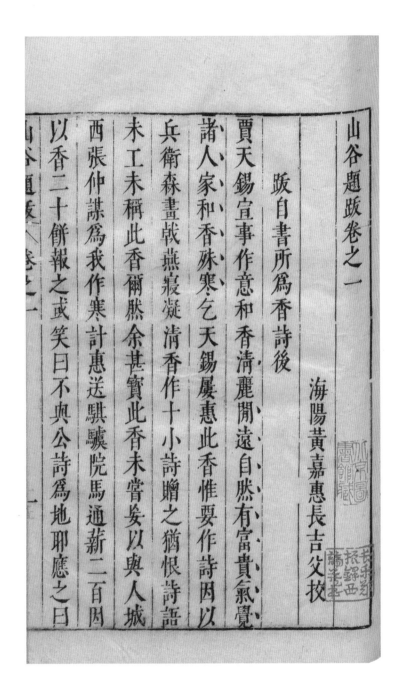

山谷題跋四卷山谷尺牘二卷山谷小詞二卷　〔宋〕黃庭堅撰　〔明〕黃嘉惠編

明刻蘇黃風流小品本

四册　存四卷：山谷題跋四卷

半葉九行二十字，白口，四周單邊。版框 20.8×14.2 厘米

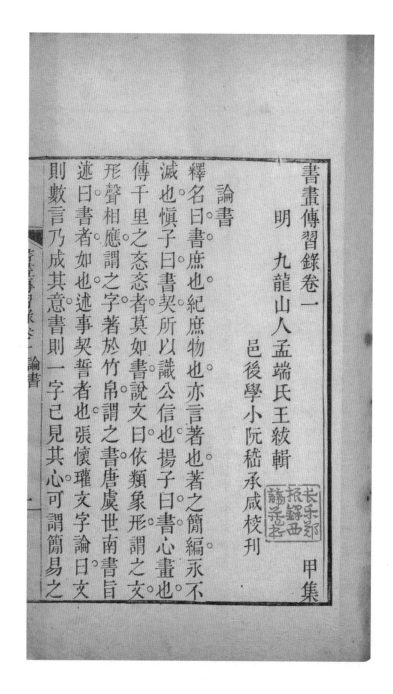

書畫傳習錄四卷　〔明〕王紱輯　〔清〕嵇承咸註　**續錄一卷梁溪書畫徵一卷**　〔清〕嵇承咸撰

清嘉慶十九年（1814）嵇氏層雲閣刻本

十冊

半葉十行二十字，小字雙行同，白口，左右雙邊，無直格。版框16.9×11.8厘米

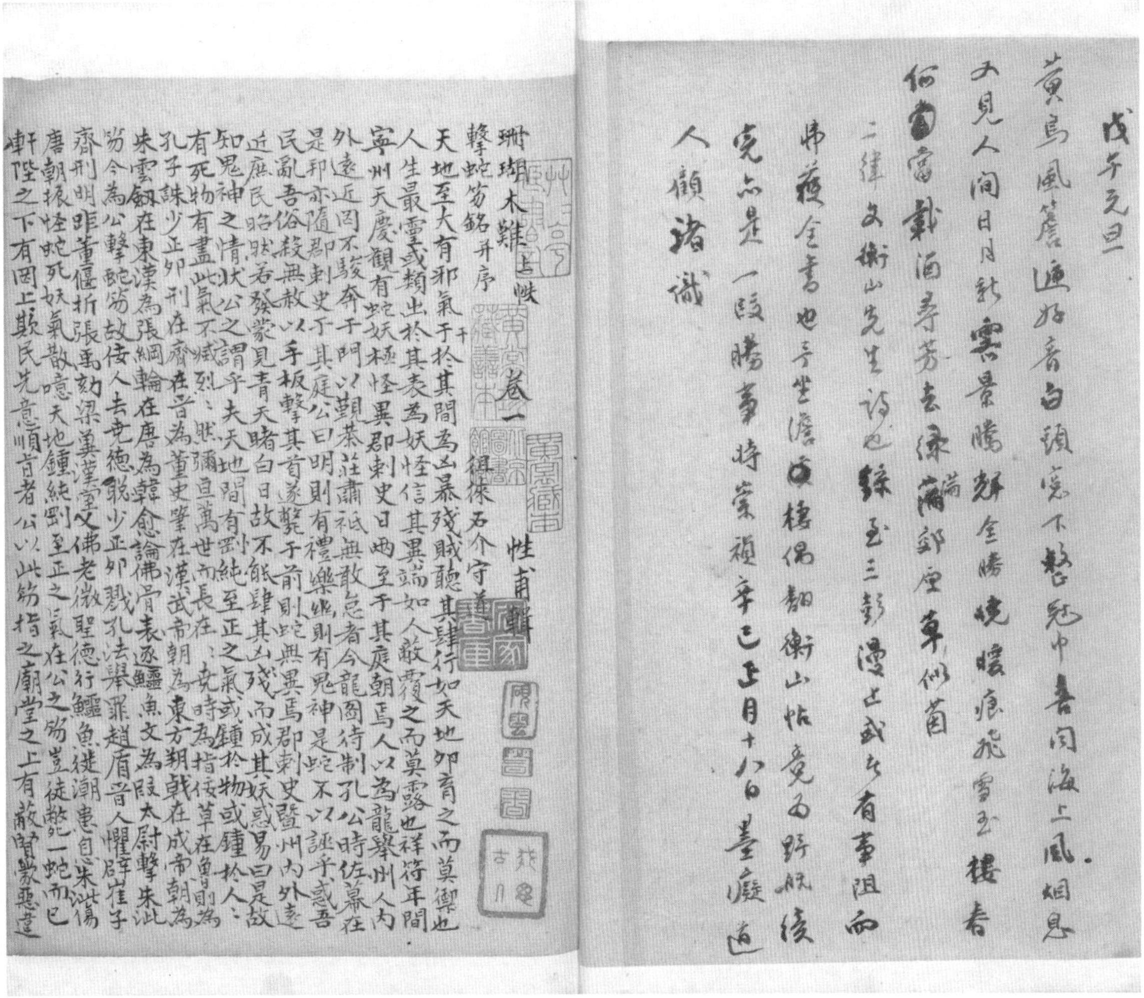

珊瑚木難不分卷　〔明〕朱存理輯

清抄本

四册

半葉十六行三十字，無欄格

閶門舟中戲作呈伯原志東二心契　米南宮

吳王故苑古長洲潮汐池邊一停舟秀蕙芳蘭無處呼亂莞叢葦滿清流

蘋風忽起吹舟悍雨打圖書花子衣亂閶門只尺不妄流何況盟津与江漢非典

輕楫与長棹逆風通水音相遭頃刻風迴水流順星田浮槎閒月娥　上句韵恐　誤

吳閣老見南宮真跡所錄　壬戌六月二日　大雨午窗書

珊瑚木難下帙終、

共百九十三頁　下卷終、

甲子正月四日錄畢　戊辰春暮復以真跡校一遇□□校書

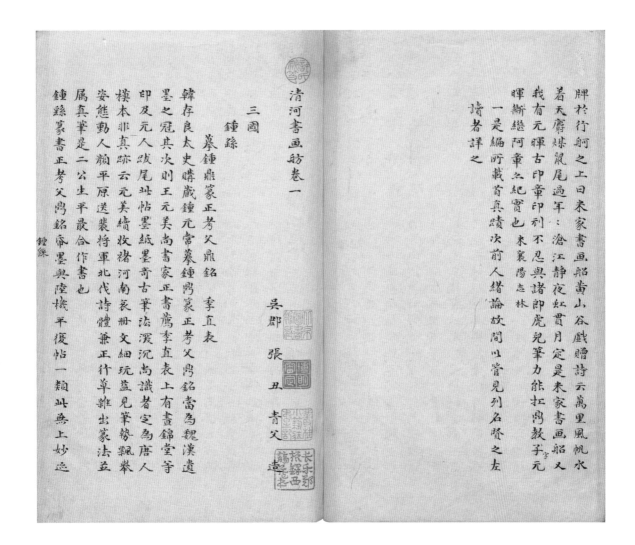

牌於行舸之上曰米家書畫船黃山谷戲贈詩云萬里風帆水
著天虧煤鼠尾過年：滄江靜夜虹貫月定是米家書畫又
我有元暉古印章印刓不忍與諸即虎兒筆力能扛鼎敎子元
暉斷繼阿章之紀實也米襄陽志林

一是編所載首真蹟次前人緒論故間以管見列名賢之左
讀者詳之

清河書畫舫卷一

三國

鍾繇

吳郡　張丑　青父

摹鍾鼎篆正考父鼎銘　季直表
韓存良太史購歲鍾元常摹鍾鼎篆正考父鼎銘當爲魏漢遺
墨之冠其次則王元美尚書家正書薦李直表上有畫錦堂字
印及元人跋尾此帖墨紙墨奇古筆法澄沉尚識者定爲唐人
模本非真蹟云元續收褚河南哀冊文細玩盆見筆勢飄舉
姿態動人顏平原送裴將軍北代詩體兼正行草雜出象法孟
屬真筆是二公生平最合作書也
鍾繇篆書正考父鼎銘帝墨與陸機平復帖一類此無上妙迹

清河書畫舫十一卷　〔明〕張丑輯

清釋就堂抄本　清宋賓王校並跋

四冊

半葉十二行二十四字，無欄格

書画史獨行也昔丙辰中秋三五日志
米元章以能書知名善蓄書画史行立崇寧間為江
淮簽勾揭牌于行舸之上曰米家書画船黃山谷戲
贈詩云萬里風帆水著天黌煤鼠尾過年滄江靜
夜虹貫月定是米家書画船又我有元暉古印章印
利不忍與諸郎席見華力能扛鼎款字元暉繼阿章
亦紀實也　米襄陽志林

清河書画舫引

一是編兩載首真蹟次前人緒論故間以管見列名
賢之左讀者詳之

清河書画舫卷第一

三國

鍾繇

　　　　摹鍾鼎篆正考父鼎銘　季直表

韓存良太史購藏鍾元常摹鍾鼎篆正考父鼎銘當為
漢魏遺墨之冠其次則王元美尚書家正書薦季直表
上有書錦堂等印及元人跋尾此帖紙墨奇古筆法深
沉尚識者定為唐人摸今非真跡云元美續牧褚河南
哀冊文細玩益見筆勢飄舉安態動人顏平原送裴將
軍北伐詩體無正行章雜出篆法並屬真筆是二公生

吳郡　張丑　青父　纂

清河書畫舫十一卷　〔明〕張丑輯

清抄本

十冊

半葉十一行二十或二十一字，無欄格

真蹟日録一卷二集一卷三集一卷　〔明〕張丑撰

清抄本

三冊

半葉十行二十二或二十三字，無欄格

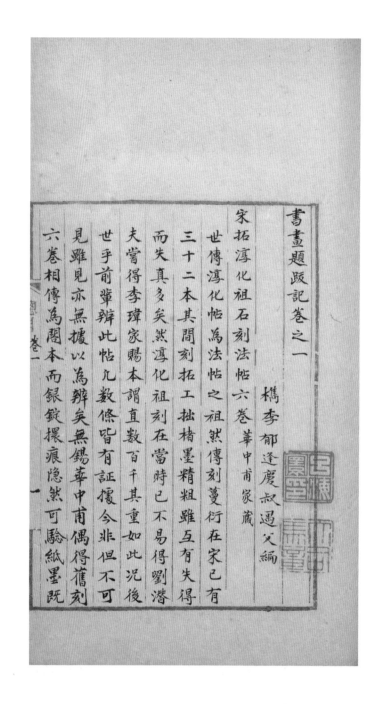

書畫題跋記十二卷續記十二卷　〔明〕郁逢慶輯

清抄本

十四冊

半葉十行二十字，黑口，左右雙邊。版框 18.0×13.0 厘米

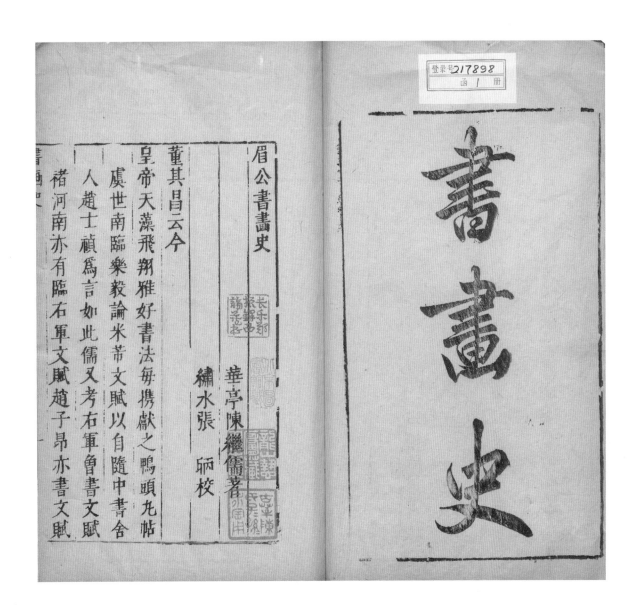

眉公書畫史一卷安得長者言一卷　〔明〕陳繼儒撰

明萬曆刻尚白齋鐫陳眉公寶顏堂秘笈本

一冊

半葉八行十八字，白口，四周單邊或左右雙邊。版框20.2×12.5厘米

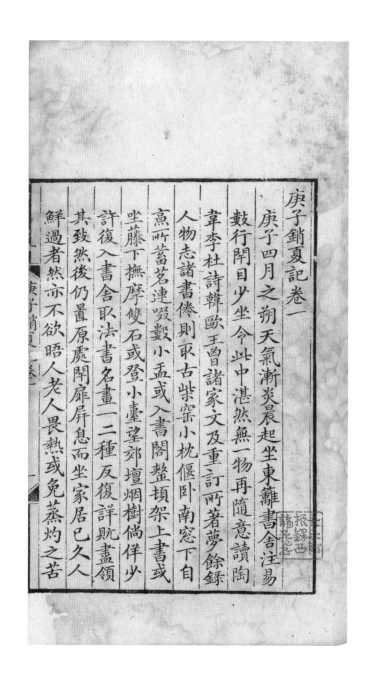

庚子銷夏記八卷 〔清〕孫承澤撰

清乾隆二十五至二十六年（1760−1761）鮑廷博、鄭竺刻本　清葉商跋並録清何焯批註，何焯、朱筠、余集、夏璜、盧文弨題識

二冊

半葉十行二十字，黑口，左右雙邊。版框 18.9×13.5 厘米

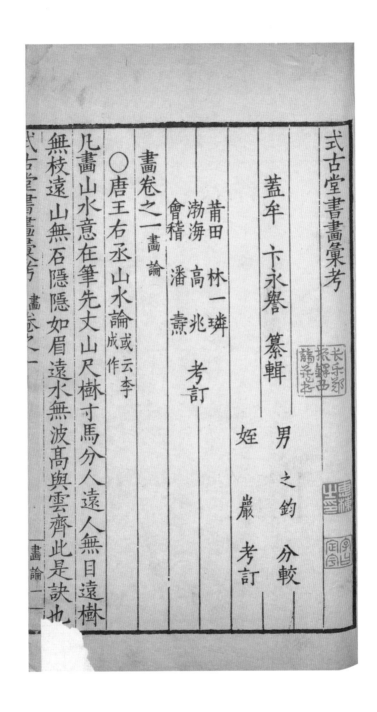

式古堂書畫彙考六十卷目録二卷　〔清〕卞永譽輯

清康熙二十一年（1682）卞永譽刻本

二十七册　存三十二卷：畫考一至三十、目録二卷

半葉十行二十二字，白口，四周單邊。版框 21.6×14.1 厘米

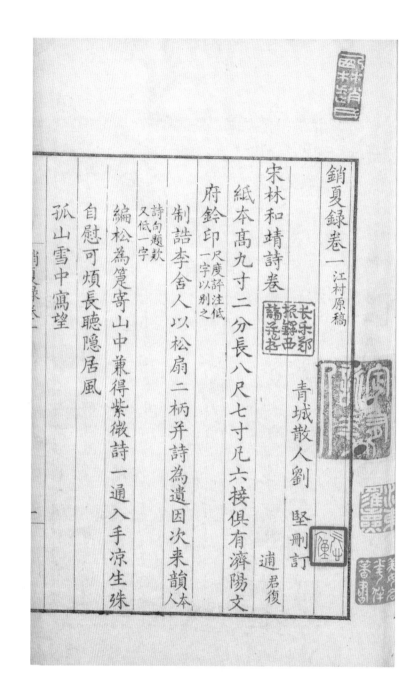

銷夏録卷一 江村原稿

宋林和靖詩卷 青城散人劉 堅刪訂 逷 君復

紙本高九寸二分長八尺七寸凡六接俱有濟陽文
府鈐印 尺度詳注低一字以別之

制誥李舍人以松扇二柄并詩為遺因次来韻本人
詩句題款又低一字

編松為箑寄山中兼得紫微詩一通入手涼生殊

自慰可煩長聽隱居風

孤山雪中寫望

銷夏録卷一

銷夏録六卷　〔清〕高士奇撰　〔清〕劉堅刪訂

清乾隆修潔齋刻本　鄭振鐸跋

二册

半葉十行二十一字，白口，左右雙邊。版框 18.7×13.6 厘米

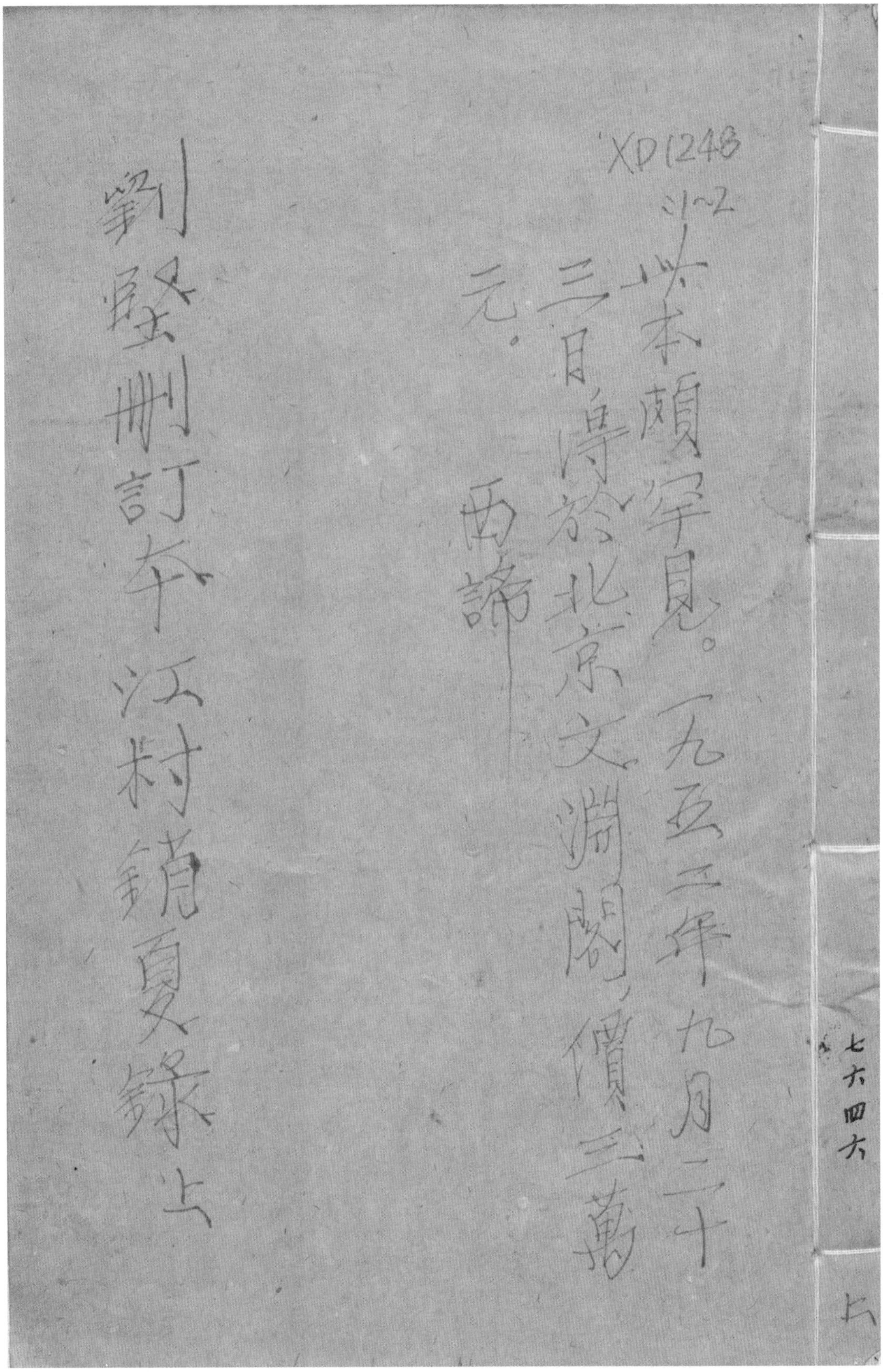

七六四六

上

此本頗罕見。一九五三年九月二十三日得於北京文淵閣，價三萬元。

西諦

劉堅刪訂本　江村銷夏錄　上

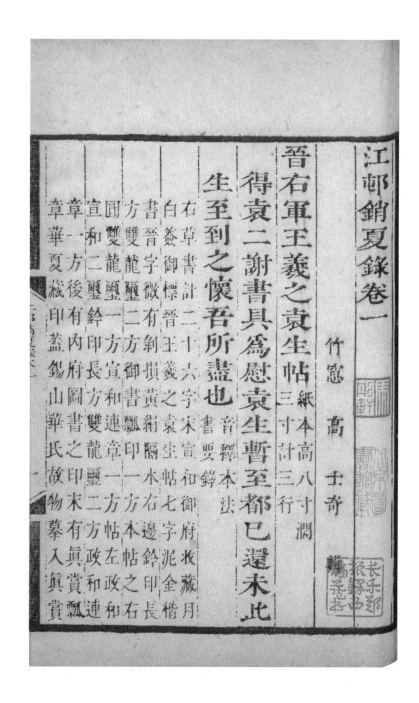

江邨銷夏録三卷　〔清〕高士奇輯

清康熙三十二年（1693）刻本

三冊

半葉九行十八字，小字雙行同，黑口，左右雙邊。版框 18.5×14.3 厘米

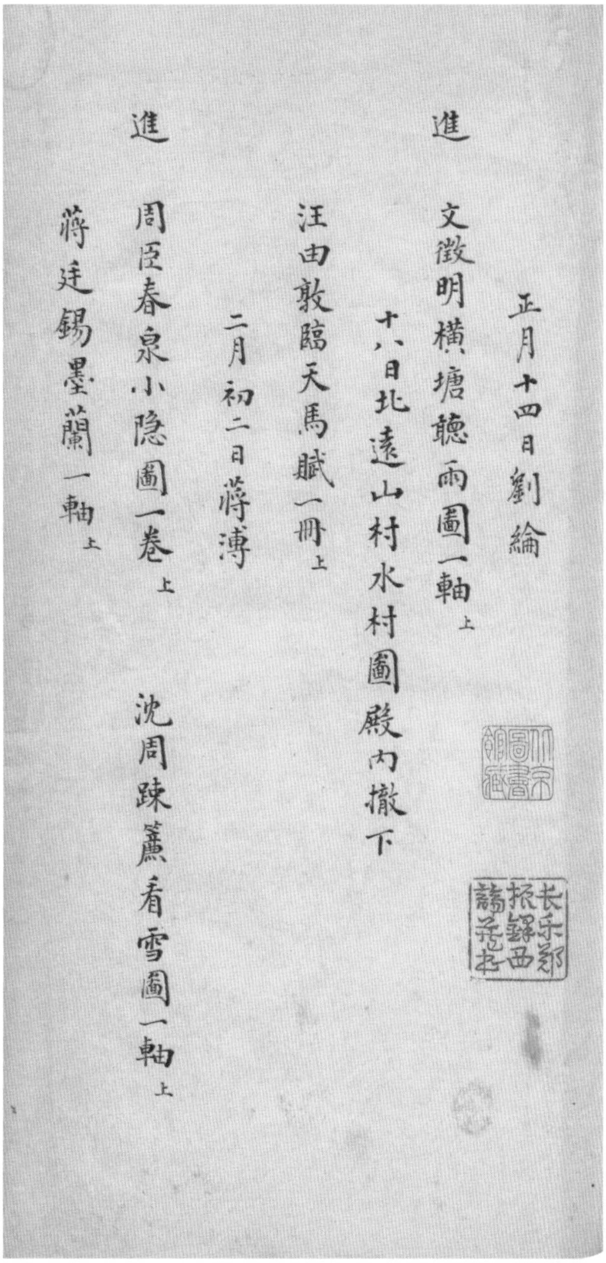

進

正月十四日劉綸

文徵明橫塘聽雨圖一軸 上

十八日北遠山村水村圖殿內撤下

汪由敦臨天馬賦一冊 上

二月初二日蔣溥

進

周臣春泉小隱圖一卷 上

沈周疎簾看雪圖一軸 上

蔣廷錫墨蘭一軸 上

乾隆二十六年至二十七年續入字畫二卷

清內府抄本

一冊

半葉七行字不等，無欄格

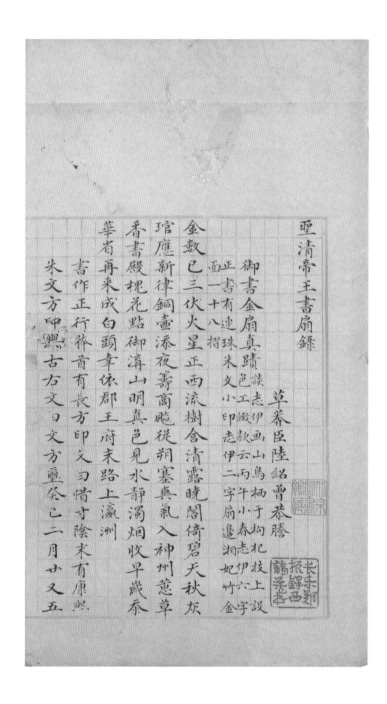

古今名扇録不分卷　〔清〕陸紹曾輯

清抄本

十六册

半葉十行二十一字，小緑格，白口，左右雙邊。版框 17.6×13.7 厘米

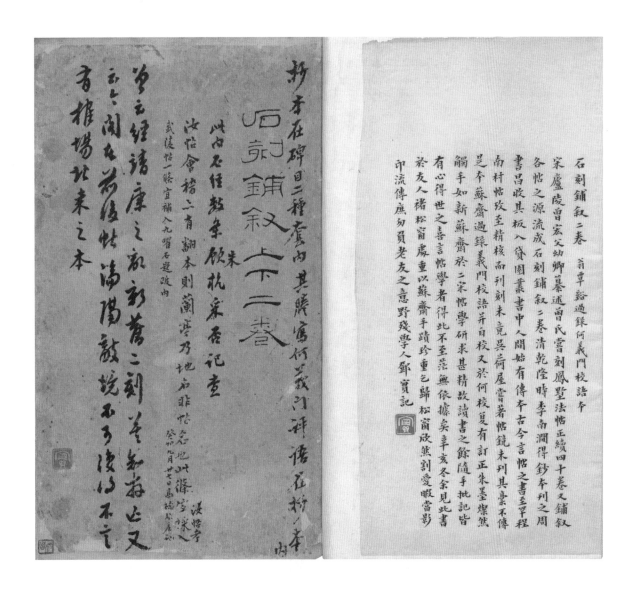

石刻鋪叙二卷　〔宋〕曾宏父撰

清乾隆李文藻刻五十四年（1789）周氏竹西書屋印貸園叢書本　清翁方綱校跋並録清何焯批校題識，褚德
儀、鄧實跋

一册

半葉十一行二十一字，黑口，左右雙邊。版框 19.2×14.1 厘米

曾鳳墅石刻鋪叙二卷翁藥齋過錄義門校語於上方
復勘正何之譌屬於宋法帖譜系剖析入款前韋讀書
精審不啻珠可為法眼當錄福付刊庶幾宋帖流別得所
考證也何翁二先生之志也光緒三十年十月褚德儀記

書中何校語三十一條蘇齋校五十條

曾鳳墅云間東若溪法帖及長沙清江
武岡武陵諸本外若辛頁衡陽曲江
桂三山諸處亦多古帖不妨盡
南安諸州亦於市場取李石本本來
如歐味美
郡易帖於法

何云福建漕法趣禀州
密榜与纷之洞推弘刃重
孝經乃以真卅二季年
宏父皆此未盡見此

祐石經盖宏父未見
光嗣楸是書不載嘉

石刻鋪叙卷上

鳳墅逸客曾　宏父　纂述

紹興御書石經

靖康丁未夏四月皇宋中興高宗卽大位改元建炎至
紹興十三年癸亥通十九年金狄侵凌干戈之日居多
乃能親御翰墨作小楷以書周易尚書毛詩春秋左傳
全帙又節禮記中庸儒行大學經解學記五篇章草語
孟悉送成均九月甲子左僕射秦檜請鑴石以頒四方
卷末皆刊檜跋語

盆郡石經

孝經一冊二卷序四百三十九字正經一千七百九十

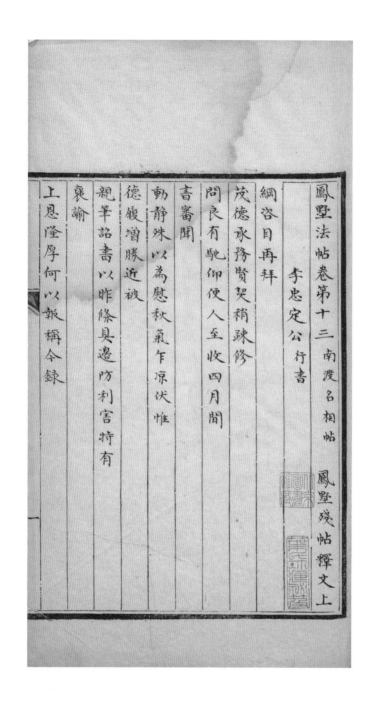

鳳墅殘帖釋文二卷

清抄本

一册

半葉十一行二十一字，白口，四周雙邊。版框 19.9×14.8 厘米

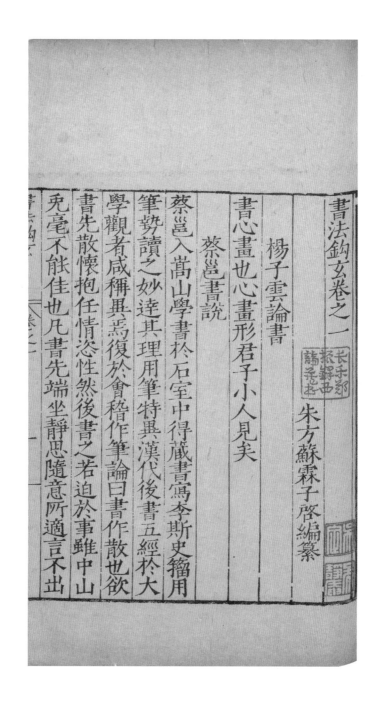

書法鈎玄四卷　〔元〕蘇霖撰

明嘉靖三十六年（1557）嚴嵩刻本

二冊

半葉十行二十字，白口，左右雙邊。版框 17.4×14.4 厘米

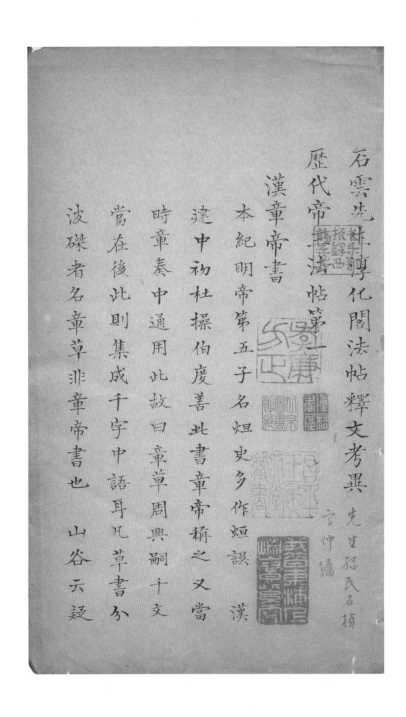

石雲先生淳化閣帖釋文考異十卷校定新安十七帖釋文音義一卷　〔明〕孫鑛撰

清抄本　佚名録清何焯批校題識，清王萱鈴跋

一册

半葉八行十八字，無欄格

古今法書苑卷之一

　　　　吳郡王世貞元美甫編　　雲間王乾昌伯元甫校

一之源

　　漢許慎說文解字序

古者庖犧氏之王天下也仰則觀象於天俯則觀法
於地視鳥獸之文與地之宜近取諸身遠取諸物於
是始作易八卦以垂憲象及神農氏結繩爲治而統
其事庶業其繁飾僞萌生黃帝之史蒼頡見鳥獸蹏
迒之迹知分理之可相別異也初造書契百工以乂
萬品以察蓋取諸夬夬揚于王庭言文者宣教明化

古今法書苑七十六卷　〔明〕王世貞輯

明刻本

四册　存二十卷：一至二十

半葉十行二十字，白口，左右雙邊。版框 21.2×14.9 厘米

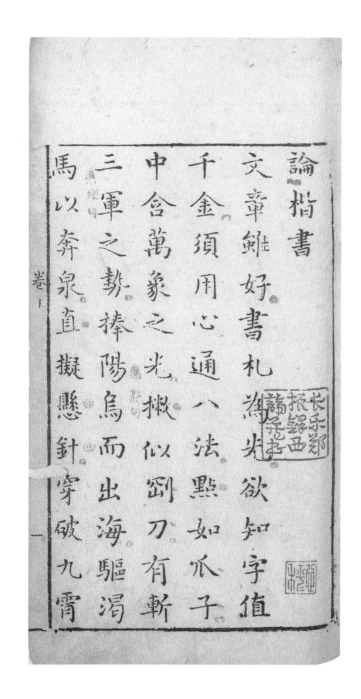

一覽知書二卷 〔明〕董其昌撰

明刻朱墨套印本

二冊

半葉六行十二字，白口，四周單邊。版框 14.9×9.2 厘米

竹雲題跋卷一

金壇王澍虛舟著

茗上錢人龍壽泉訂

比干墓銅盤銘

書云武王克商封比干之墓水經注云朝歌縣

北牧野有比干冢一統志云墓在衛城北十五

里即武王所封玆又云一在偃師唐開元中縣

人畊地得銅盤徑二尺許有銘一十六字篆法

竹雲題跋四卷 〔清〕王澍撰

清乾隆三十二年（1767）錢人龍刻本　清翁方綱批校

四冊

半葉八行十八字，白口，左右雙邊，無直格。版框 19.0×11.0 厘米

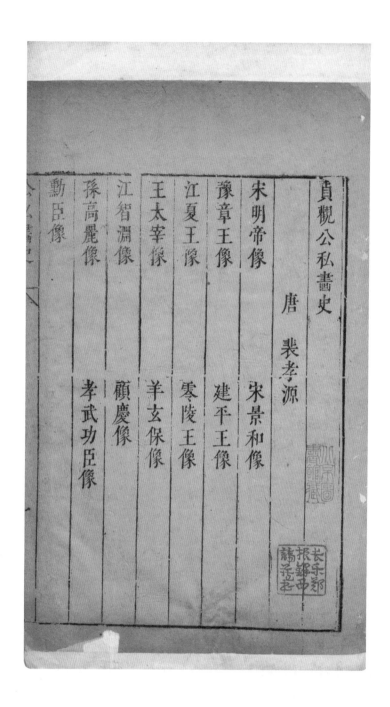

貞觀公私畫史一卷 〔唐〕裴孝源撰

明刻續百川學海本　鄭振鐸跋

一冊

半葉九行二十字，白口，左右雙邊。版框 19.6×14.4 厘米

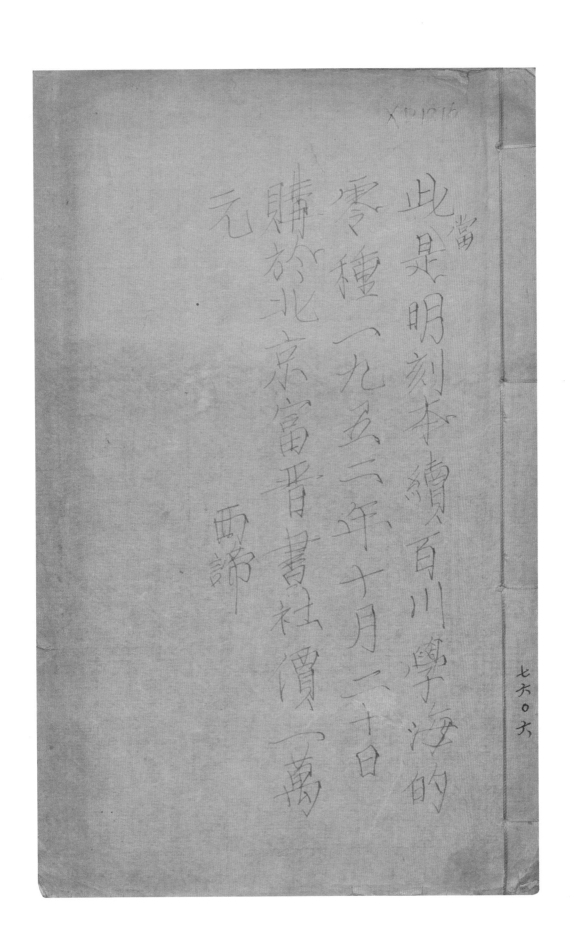

此是明刻本續百川學海的
零種一九五二年十月二十日
購於北京富晉書社價一萬
元

西諦

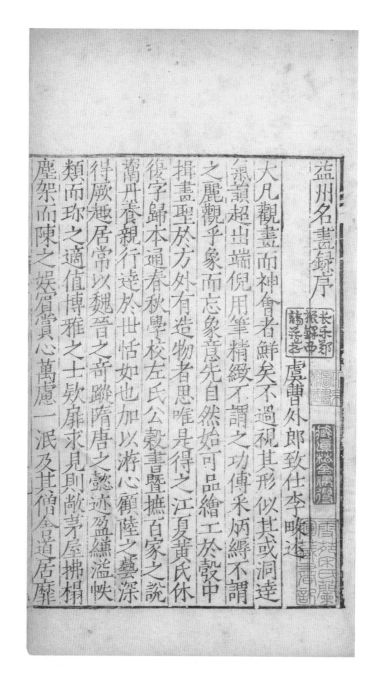

益州名畫録三卷　〔宋〕黄休復撰

明刻本

一册

半葉十一行二十字，白口，左右雙邊。版框 20.0×14.2 厘米

益州名畫錄卷上

逸格一人

孫位

孫位者東越人也僖宗皇帝車駕在蜀自京入蜀號
會稽山人性情踈野襟抱超然雖好飲酒未曾沉酩
禪僧道士常與往還豪貴相請禮有少慢縱贈千金無
難皕一筆唯好事者時得其畫焉光啓年應天寺無
智禪師請畫山石兩堵龍水兩堵寺門東畔畫東方
天王及部從兩堵昭覺寺休夢長老請畫浮漚先生
松石墨竹一堵倣潤州高座寺張僧繇戰勝一堵兩

畫繼卷第一

聖藝

徽宗皇帝

徽宗皇帝天縱將聖藝極於神即位未幾因公宰奉
清間之宴顧謂之曰朕萬幾餘暇別無他好惟好畫
耳故祕府之藏充牣填溢百倍　先朝又取古今名
人所畫上自曹弗興下至黃居寀集為一百秩列十
四門總一千五百件名之曰宣和睿覽集蓋前世圖
籍未有如是之盛者也於是聖鑒周悉筆墨天成妙
體衆形兼備六法獨於翎毛尤為注意多以生漆點
睛隱然豆許高出紙素幾欲活動衆史莫能也政和

畫繼十卷 〔宋〕鄧椿撰

明刻本

一冊

半葉十一行二十字，白口，左右雙邊。版框 19.8×14.4 厘米

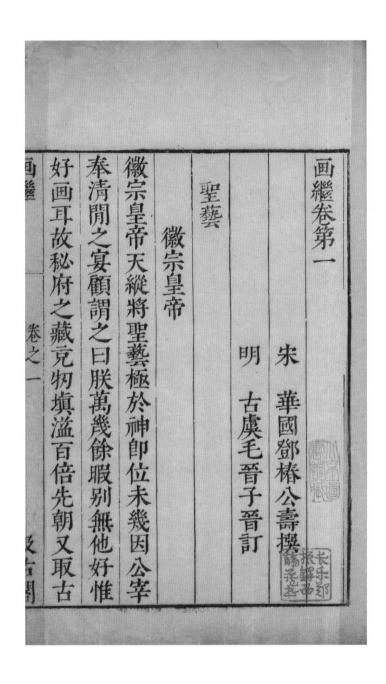

畫繼十卷　〔宋〕鄧椿撰　畫史一卷　〔宋〕米芾撰　後畫録一卷　〔唐〕釋彦悰撰　續畫品

録一卷　〔唐〕李嗣真撰

明崇禎毛氏汲古閣刻津逮秘書本

二册

半葉八行十九字，白口，左右雙邊。版框 19.0×13.6 厘米

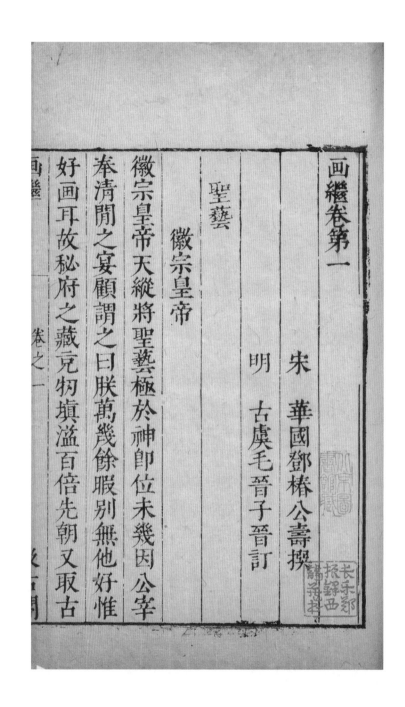

畫繼十卷　〔宋〕鄧椿撰

明崇禎毛氏汲古閣刻津逮秘書本

一册

半葉八行十九字，白口，左右雙邊。版框 18.9×13.7 厘米

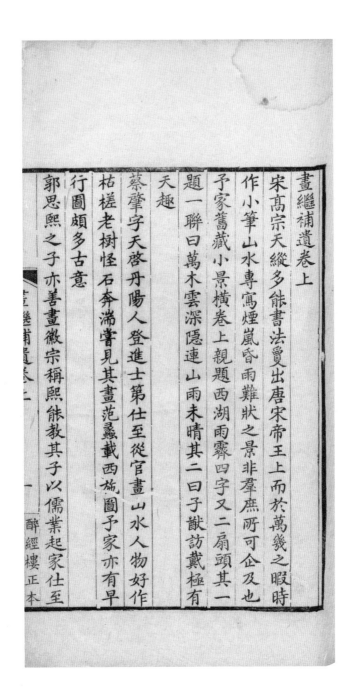

畫繼補遺二卷 〔元〕莊肅撰　**英石硯山圖記一卷** 〔清〕黃錫蕃輯

清乾隆五十四年（1789）、嘉慶十五年（1810）黃氏醉經樓刻本

一冊

半葉十行二十三字，白口，左右雙邊。版框 19.0×13.3 厘米

圖畫見聞誌六卷　〔宋〕郭若虛撰

明崇禎毛氏汲古閣刻津逮秘書本

二册

半葉八行十九字，白口，左右雙邊。版框 18.7×13.7 厘米

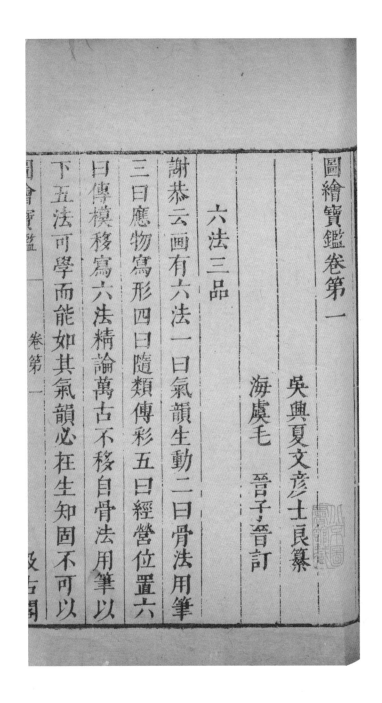

圖繪寶鑒六卷補遺一卷 〔元〕夏文彥纂 〔明〕韓昂續

明崇禎毛氏汲古閣刻津逮秘書本

四册

半葉八行十九字，白口，左右雙邊。版框 18.9×13.5 厘米

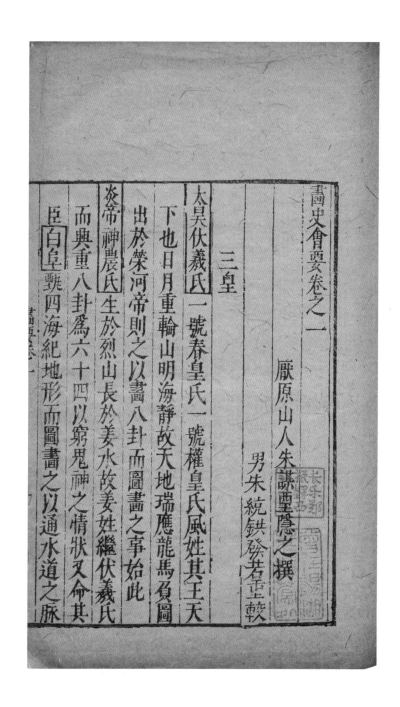

畫史會要五卷　〔明〕朱謀垔撰

明崇禎刻清初朱統鉽重修本

八冊

半葉十行二十字，黑口，左右雙邊。版框 19.3×13.7 厘米

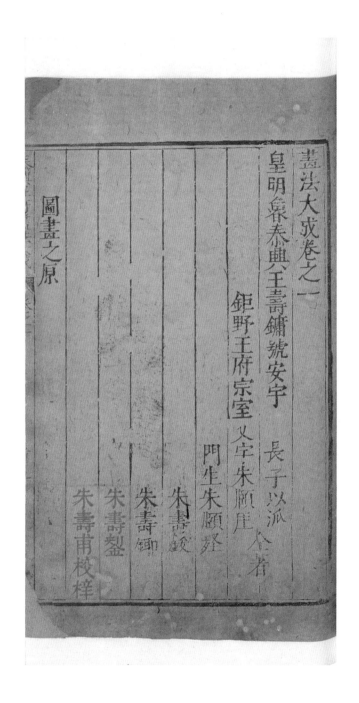

畫法大成八卷 〔明〕朱壽鏞、朱頤厓撰

明萬曆四十三年（1615）朱頤堅、朱壽鋑等刻藍印本

八冊

半葉九行二十字，白口，四周雙邊。版框 21.9×14.7 厘米

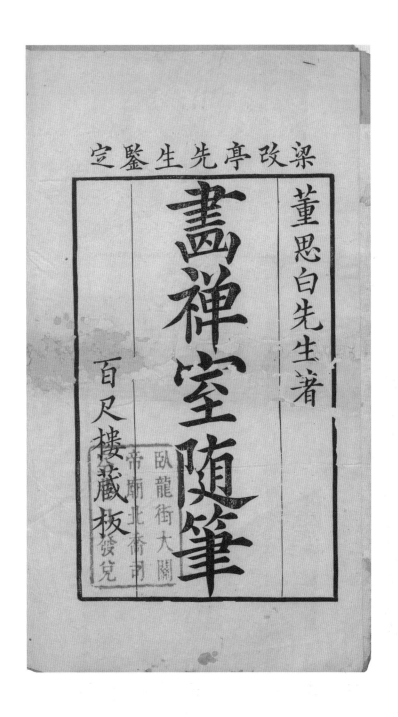

畫禪室隨筆四卷　〔明〕董其昌撰　〔清〕楊補撰

清康熙刻本

一冊

半葉八行十八字，白口，左右雙邊。版框 16.7×11.3 厘米

畫禪室隨筆卷之一

華亭董其昌著　　　　　　　吳趨陳王賓校訂

長洲楊　補緝

論用筆

米海嶽書無垂不縮無往不收此八字真言無

等之呪也然須結字得勢海嶽自謂集右字

蓋於結字最留意比其晚年始自出新意耳

學米畫者惟吳琚絕肖黃華樗寮一支半節

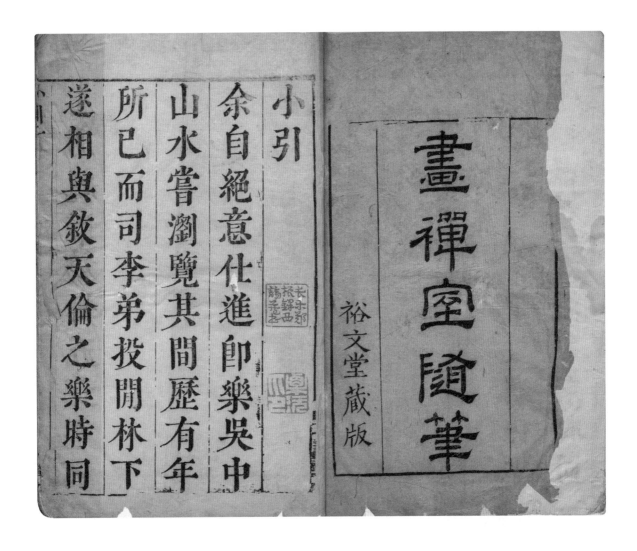

董文敏公畫禪室隨筆四卷 〔明〕董其昌撰 〔清〕汪汝禄輯

清康熙十七年（1678）汪汝禄刻本 李少微校並跋

二冊

半葉八行十九字，白口，四周單邊。版框 20.6×14.0 厘米

文敏公畫禪隨筆卷之一

〔天都汪汝禄耐公女編次〕　華亭董其昌著　長洲楊補編次　吳〔...〕陳〔...〕王宵校訂

論用筆

書海嶽書無垂不縮無往不收此八字真言無等
等之呪也然須結字得勢海嶽自謂集古字蓋於
結字寂留意比其晚年始自出新意耳學米書
者惟吳琚絕肖黃華樗寮一支半節雖虎兒亦
不似也

禪室隨筆　卷一　　　用筆

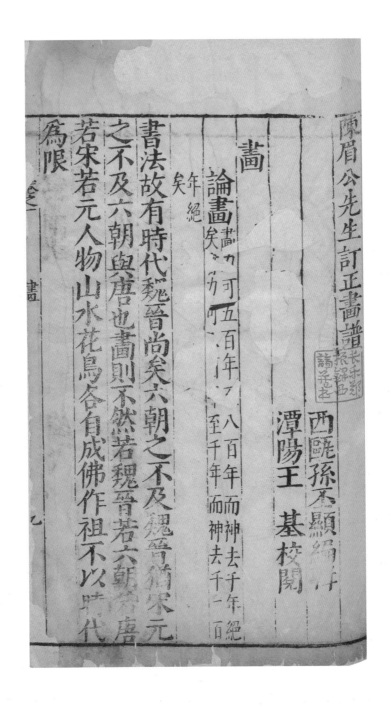

陳眉公先生訂正畫譜八卷　〔明〕孫丕顯撰

明寶鼎齋刻本

二册

半葉十行二十字，白口，四周單邊。版框 22.1×14.5 厘米

劉雪湖梅譜

山陰王思任季重甫編輯

像讚

瀛曙姚會嘉
辛丑進士會
稽人

昔也曳裾今爲釣叟四大逍遙時開笑口肖公之形
犁然且黟眉宇稜層鵠舉趕趕儼公之神誰縛誰垢
睟芳盎芳明珠媚藪興來促筆一掃如尋巧奪化工
厥謀貽後公也之壽已臻九九顧而攝之尨符黄考

小蒙曹問禮龍游庠生

公壽及顧公神則王髮髯顏丹儼如可像公性愽雅
詩陶翰虞攻者寫梅曰賈其餘生綃半幅江南尺金

劉明梅譜　卷之二

劉雪湖梅譜二卷　〔明〕劉世儒撰　**像贊評林贈言二卷**　〔明〕王思任輯

明萬曆二十三年（1595）刻清初墨妙山房印本

二冊

半葉十一行二十字，白口，四周雙邊。版框 23.6×16.2 厘米

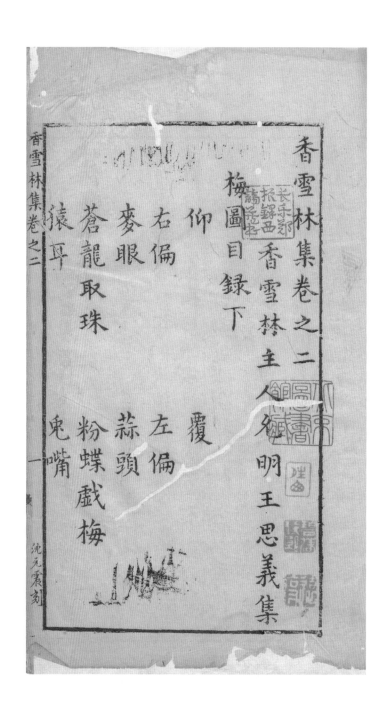

香雪林集二十六卷 〔明〕王思義輯

明萬曆三十一年（1603）王思義刻本

一册　存一卷：二

半葉行字不等，白口，四周單邊，無直格。版框 20.4×12.3 厘米

汪虞卿梅史一卷　〔明〕汪懋孝撰

明汪躍龍、汪棟刻本

一册

半葉八行十六字，白口，四周雙邊。版框 18.9×13.9 厘米

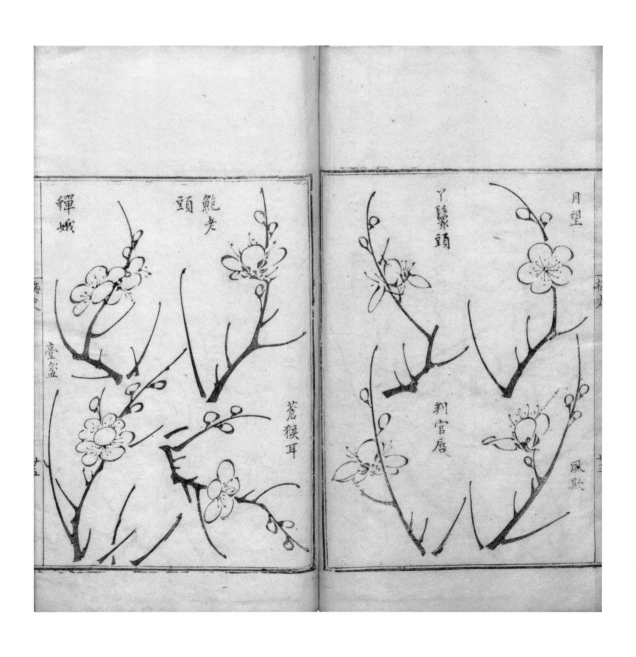

繪事微言卷之一

海陵玄生　唐志契　著

畫尊山水

畫中惟山水最高雖人物花鳥草蟲未始不可稱絕然終不及山水之氣味風流瀟灑昔元章題摩詰畫云雲峯石迹迥出天成筆意縱橫參乎造化至題韓幹畫則曰肖象而已無大物色東坡一時見吳道子佛像摩詰輞川圖喟然嘆曰於維也無間然其有所重哉

繪事微言一元

繪事微言四卷 〔明〕唐志契撰

明崇禎十一年（1638）刻本

一冊　存二卷：一至二

半葉九行二十字，白口，四周單邊，無直格。版框 21.0×13.9 厘米

15592（7564）

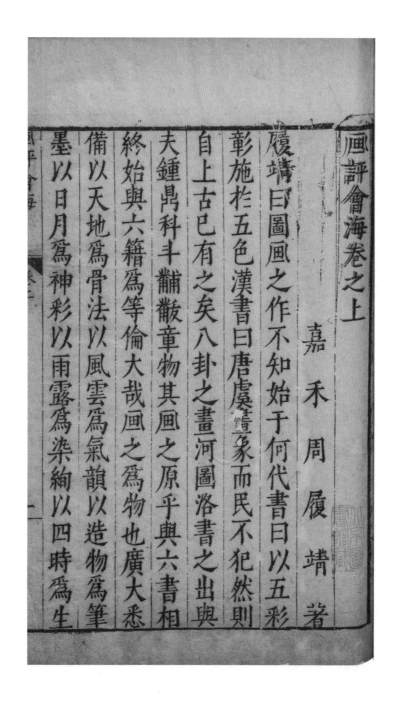

畫評會海二卷天形道貌一卷　〔明〕周履靖撰

明刻本

一册

半葉九行十八字，白口，四周單邊。版框 20.0×14.0 厘米

觀書

傳杯

汪氏珊瑚網名畫題跋卷一

晉顧愷之洛神賦圖

長康畫安妃卷重著色人物衣折秀媚樹石奇古絹
素破裂尚是宋裱世稱虎頭三絕允為繪事珍秘

劉宋陸探微姜后免冠圖

右免冠進諫圖周宣王姜后次寢也劉宋時吳人陸
探微所作其法道勁傳色清潤人品端莊神氣超越
六法具備出乎天成蓋世傳探微乃畫中之聖者也
此卷希世之珍畫入神品其故寔誠有補於風教觀
之者使齊家治國咸有助焉駙馬都尉公當以十龍衣

汪氏珊瑚網名畫題跋二十四卷　〔明〕汪砢玉輯

清初抄本

二十四册

半葉十行二十字，無欄格

讀畫録卷之一

樂下周亮工減齋撰　男在浚編次

李君實

李君實太僕日華一字九疑別字竹懶于向未

見先生畫讀先生恬致堂集紫桃軒雜綴及畫

滕始知先生精繪事遍覓其手跡不可得後見

先生與董獻可札子云項在貢院中偸讀古人

書意味淶心有欲起舞者大都古人不可及處

全在靈明灑脱不掛一絲而義理融通備有萬

讀畫録卷之一　一烟雲過眼堂

讀畫録四卷　〔清〕周亮工撰

清康熙十二年（1673）周氏煙雲過眼堂刻本

一册

半葉九行十八字，白口，四周單邊。版框 16.9×13.4 厘米

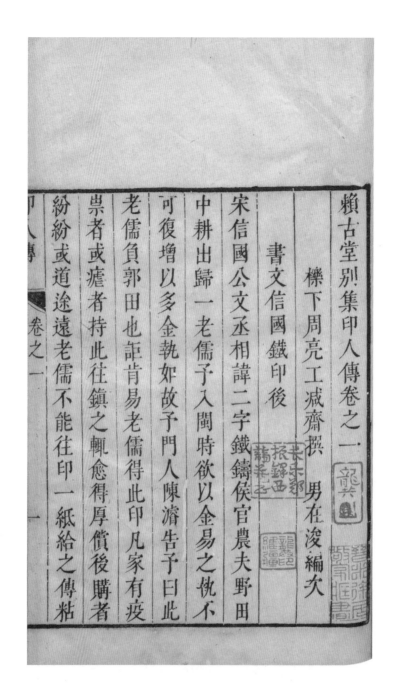

賴古堂別集印人傳三卷　〔清〕周亮工撰

清康熙十二年（1673）周在浚等刻本

一册

半葉九行十八字，白口，四周單邊。版框 17.0×13.3 厘米

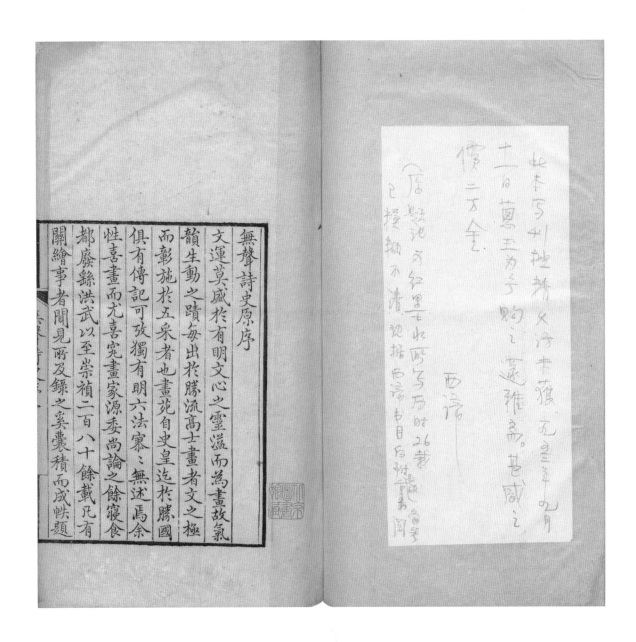

無聲詩史七卷　〔明〕姜紹書撰

清康熙五十九年（1720）李光暎觀妙齋刻本　鄭振鐸跋

二冊

半葉八行十七字，黑口，左右雙邊。版框 13.8×10.2 厘米

無聲詩史卷一

宣宗

宣宗章皇帝諱瞻基仁宗長子建元宣德帝
天藻飛翔雅尚詞翰尤精於繪事凡山水人
物花竹翎毛無不臻妙上書年月及賜臣姓
名用廣運之寶武英殿寶及雍熙世人等圖
印

憲宗

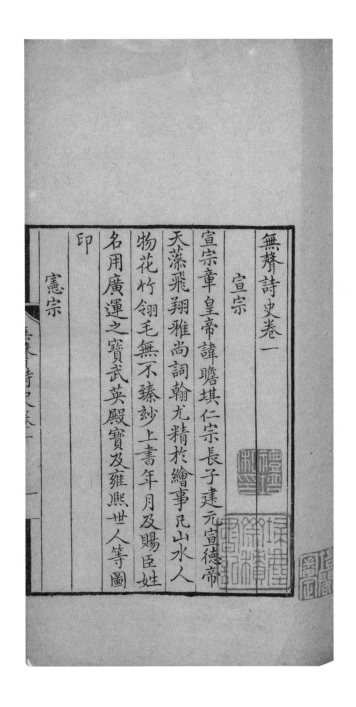

無聲詩史七卷 〔明〕姜紹書撰

清康熙五十九年（1720）李光暎觀妙齋刻本

四册

半葉八行十七字，黑口，左右雙邊。版框 13.8×10.2 厘米

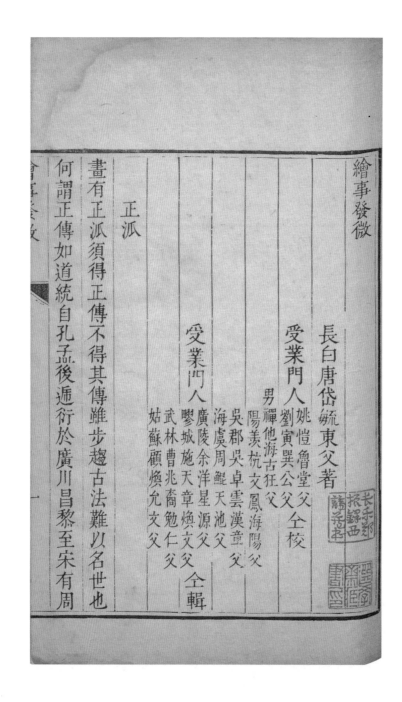

繪事發微

　　長白唐岱毓東父著
　　受業門人劉寅巽公父仝校
　　　　　　姚愷魯堂父
　　　　男禪他海古狂父
　　　　陽美杭文鳳海陽父
　　　　吳郡吳卓雲漢章父
　　　　海虞周鯤天池父
　　　　廣陵余洋星源父
　　　　繆城施天章煥文父
　　受業門人
　　　　武林曹兆裔勉仁父
　　　　姑蘇顧煥允文父
　　　　　　　　　　仝輯

正派

畫有正派須得正傳不得其傳難步趨古法難以名世也

何謂正傳如道統自孔孟後遞衍於廣川昌黎至宋有周

繪事發微

一

繪事發微一卷　〔清〕唐岱撰

清康熙刻本　鄭振鐸跋

一册

半葉十行二十二字，白口，四周雙邊。版框 20.2×15.5 厘米

繪事發微　唐岱箸

附唐宋元明四朝人論畫

此書原刊本甚罕見。一九五二年十二月二十三
日得於京肆，殊為得意。晴日滿窗殘雪
未消，閒有鳥雀，於窗外覓食。披卷一過，
心曠神怡。　西諦

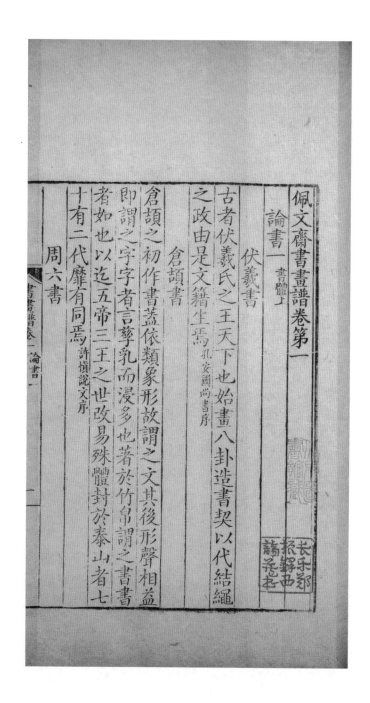

佩文齋書畫譜一百卷 〔清〕孫岳頒等輯

清康熙內府刻乾隆宋銑靜永堂印本

六十四冊

半葉十一行二十一字，白口，左右雙邊。版框 16.7×11.7 厘米

御定歷代題畫詩類卷第一

翰林院編修　臣　陳邦彥奉
旨校刊

天文類

觀慶雲圖

唐　李行敏

縑素傳休社丹青狀慶雲非煙凝漠漠似蓋乍紛紛尚駐從
龍意全舒捧日文光因五色起影向九霄分裂素觀嘉瑞披
圖賀聖君寧同窺汗漫方此觀氛氲

觀慶雲圖

唐　柳宗元

設色初成象卿雲示國都九天開祕社百辟贊嘉謨抱日依
龍衮非煙近御爐高標連汗漫向望接虛無裂素縈光發舒

御定歷代題畫詩類一百二十卷　〔清〕陳邦彥輯

清康熙四十六年（1707）內府刻本

二十四冊

半葉十一行二十三字，黑口，左右雙邊。版框 18.2×12.8 厘米

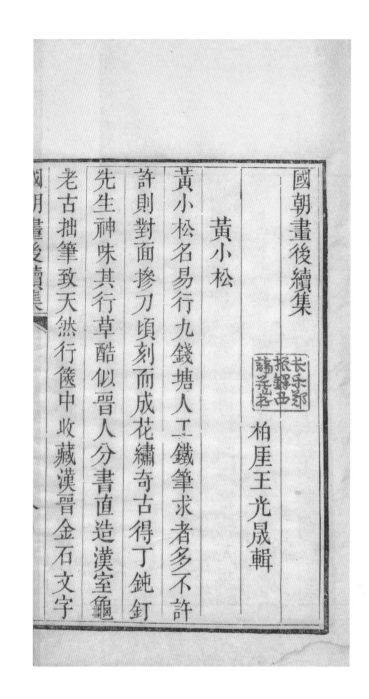

國朝畫後續集一卷　〔清〕王光晟撰

清嘉慶十五年（1810）秦維巖刻本

一冊

半葉七行十八字，白口，四周雙邊。版框 17.9×11.4 厘米

讀畫記五卷 〔清〕沈銓撰

稿本

三册

半葉九行二十一字，白口，四周單邊。版框 17.7×12.7 厘米

讀畫齋偶輯十一卷　〔清〕鮑廷博等輯

清嘉慶十四年（1809）顧氏讀畫齋刻本

二冊

半葉十行十九字，白口，左右雙邊。版框 16.0×12.4 厘米

載書圖　　　　黃元治

萬象雕琢遠皇古滾、江河誰砥柱惟有泰山萬
仞高卓立東滇帶齊魯層峰疊岫瞻嶽雲崇朝霖
雨消塵氛觸石方舒倏復卷元氣厚蓄增氤氳昭
代道隆不封禪憑茲雲氣敷禹甸靉靆湏臾飛出
山滃沱深慰重瞳眷　聖眷專注今何人漁洋夫
子經術醇天將斗柄為喉舌　帝待秋卿秉軸鈞
渥恩豈念林泉好莽、松楸久未掃仰遵　聖孝
苦陳情　九重聳聽怐懷抱覽表翻然重躊躇知

王漁洋先生載書圖

三　　　　　　　讀畫齋

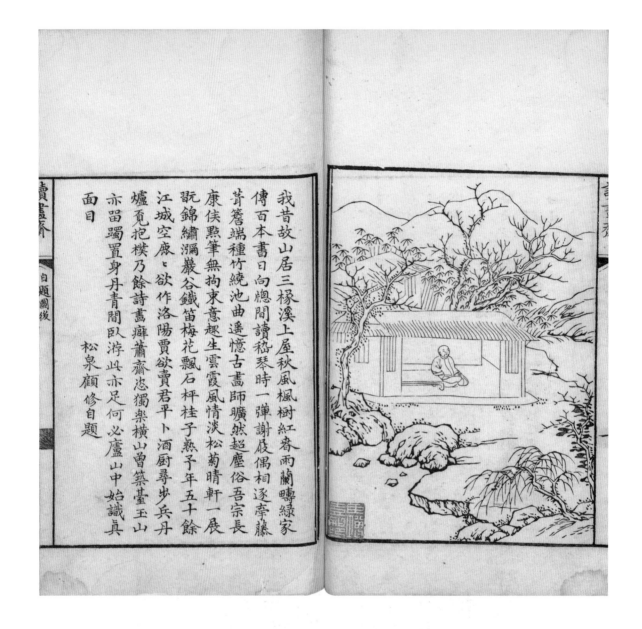

我昔故山居三椽溪上屋秋風楓樹紅春雨蘭疇綠家
傳百本書日向惣間讀稔琴時一彈謝屐偶相逐牽藤
菁簀端種竹繞池曲遙憶古畫師曠然超塵俗吾宗長
康侯黚筆無拘束意趣生雲霞風情淡松菊晴軒一展
翫錦繡澗巖谷鐵笛梅花飄石枰桂子熟予年五十餘
江城空廐卜欲作洛陽賈賣君平卜酒廚尋步兵丹
爐頁抱樸乃餘詩畫癖蕭齋恣獨樂橫山曾築臺玉山
亦留蹰置身丹青間臥游此亦足何必廬山中始識真
面目

松泉顧修自題

讀畫齋　自題圖後

讀畫齋題畫詩十九卷　〔清〕顧修輯

清嘉慶元年（1796）讀畫齋顧修刻本

四冊

半葉九行十九字，白口，左右雙邊。版框 16.4×12.6 厘米

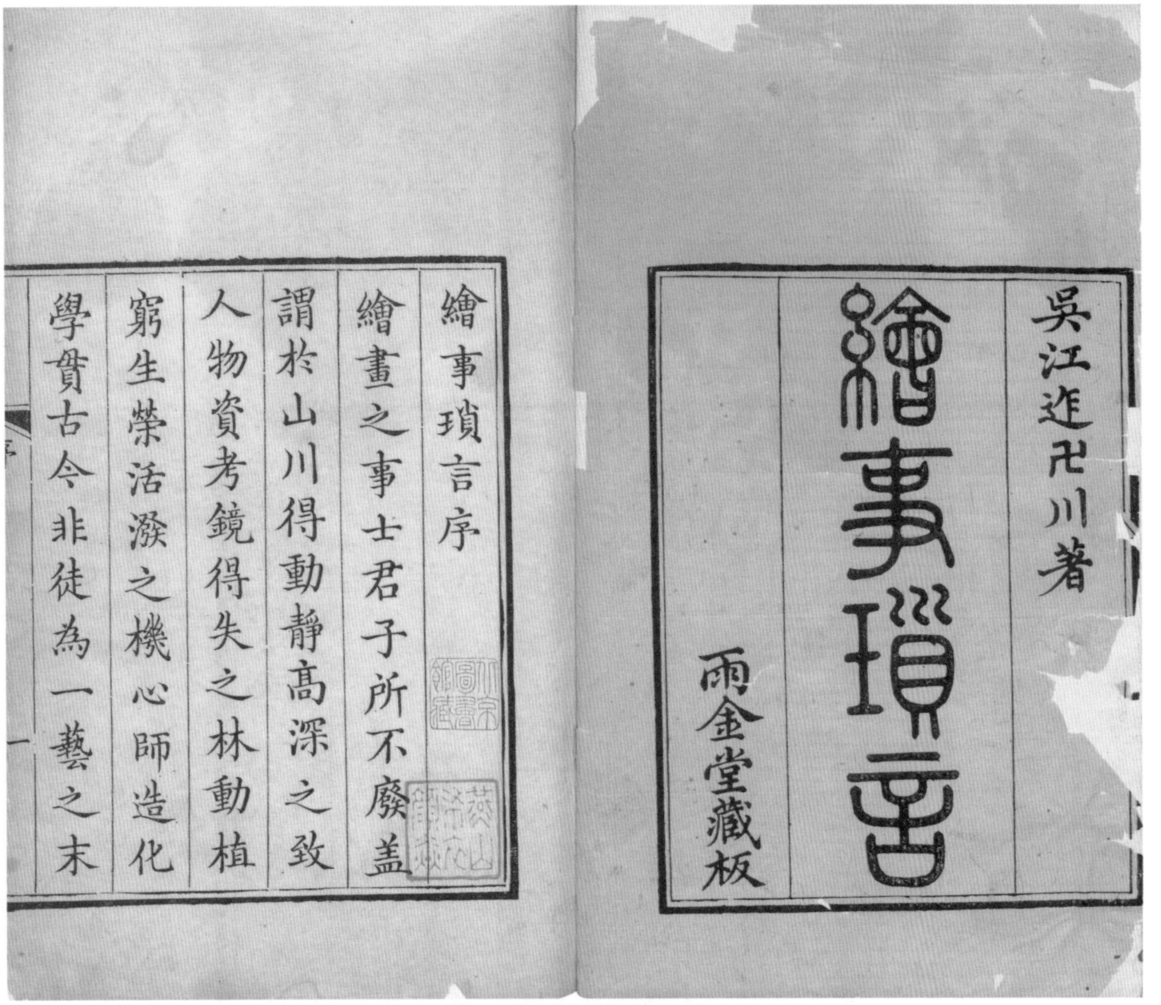

繪事瑣言序

繪畫之事士君子所不廢盖

謂於山川得動靜高深之致

人物資考鏡得失之林動植

窮生榮活潑之機心師造化

學貫古今非徒為一藝之末

吳江迮卍川著

雨金堂藏板

繪事瑣言

繪事瑣言八卷 〔清〕迮朗撰

清嘉慶雨金堂刻本

四册

半葉八行十八字，白口，四周雙邊。版框 14.7×11.3 厘米

繪事瑣言卷一

吳江迮朗巳川著

水

水無當於五色五色弗得不章水之爲用大矣
哉天一生水地六成之故水有天水有地水有
天地相合之水天水者雨水露水明水冬霜膰
雪夏冰大雹有陰陽燥溼之殊地水者流水山
泉井泉醴泉玉井溫泉碧海行潦有清濁死生

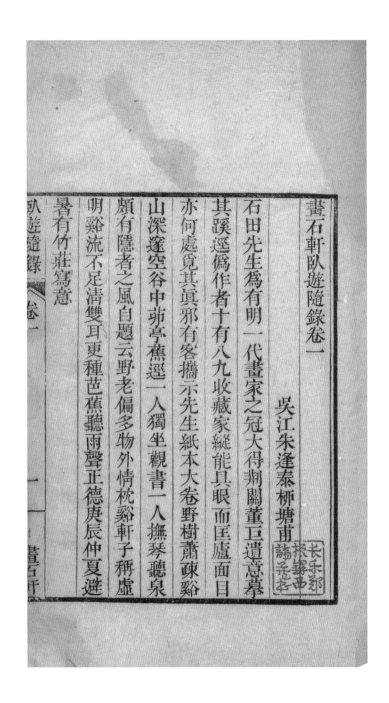

畫石軒臥遊隨錄卷一

吳江朱逢泰柳塘甫

石田先生爲有明一代畫家之冠大得荊關董巨遺意摹
其谿逕僞作者十有八九收藏家縱能具眼而匡廬面目
亦何處覓其眞邪有客攜示先生紙本大卷野樹蕭疎谿
山深蓬空谷中茆亭蕉逕一人獨坐書一人撫琴聽泉
頗有隱者之風自題云野老偏多物外情枕谿軒子稱盧
明谿流不足清雙耳更種芭蕉聽雨聲正德庚辰仲夏避
暑有竹莊寫意

畫石軒臥遊隨錄四卷　〔清〕朱逢泰撰

清嘉慶三年（1798）朱氏畫石軒刻本　鄭振鐸跋

一冊

半葉九行二十二字，白口，左右雙邊。版框 16.4×12.8 厘米

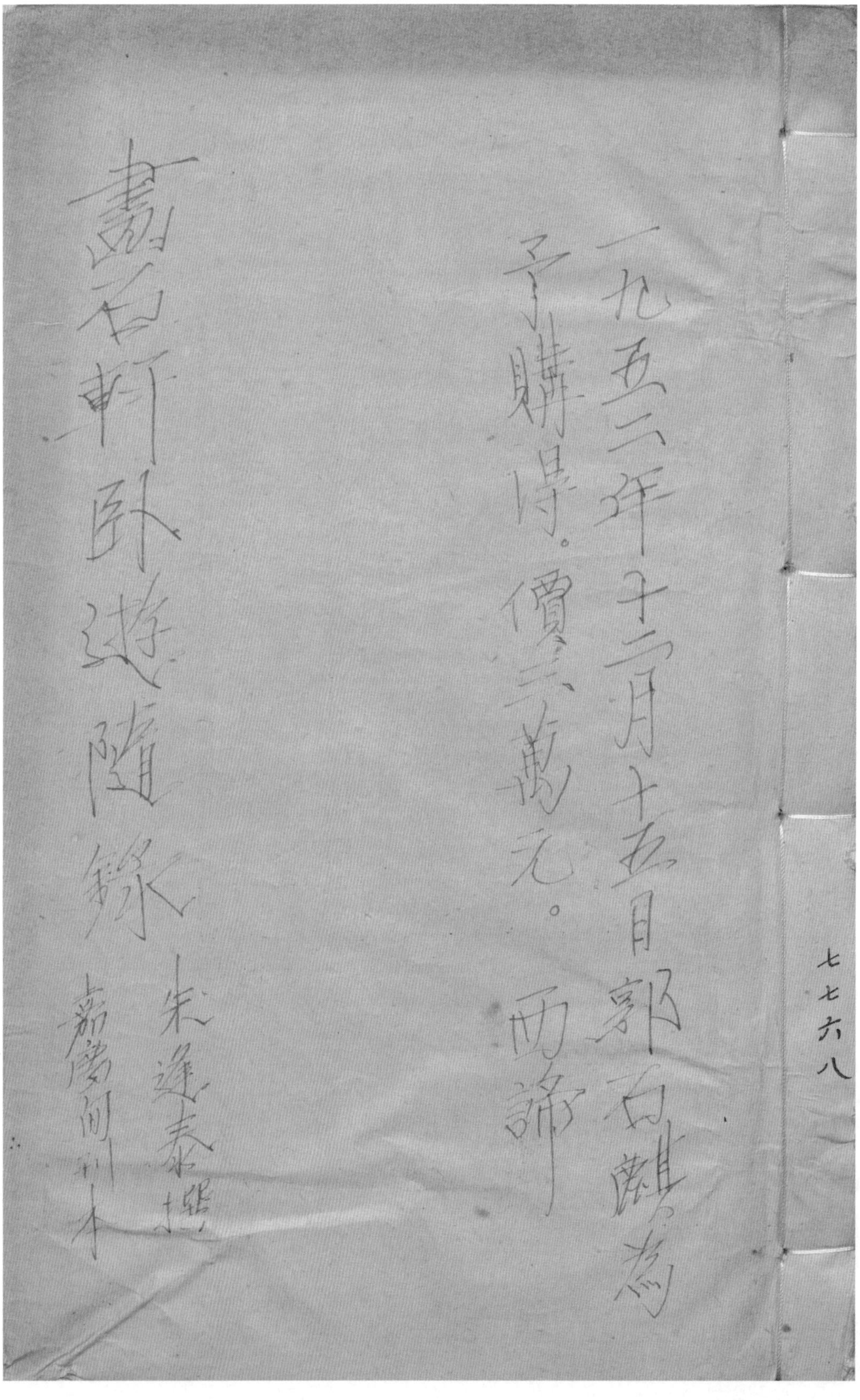

一九五三年十二月十五日郭石離為
予購得。價六萬元。兩諦

七七六八

畫石軒臥遊隨錄　宋遜秦撰　嘉慶間刊本

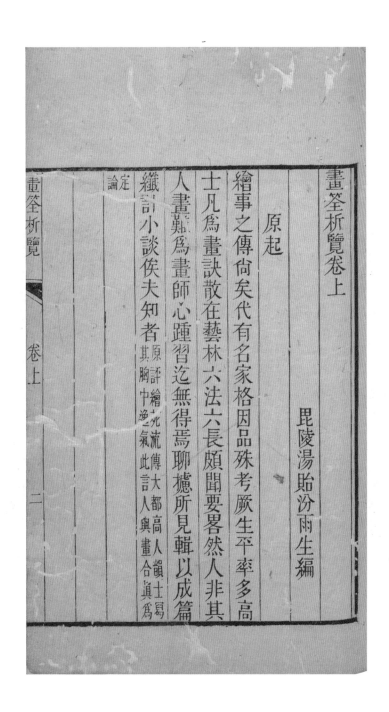

畫筌析覽二卷　〔清〕湯貽汾撰

清嘉慶十九年（1814）湯貽浚刻本

一冊

半葉十行二十一字，白口，左右雙邊。版框 17.7×13.1 厘米

16976（7829）

夢幻居畫學簡明五卷首一卷 〔清〕鄭績撰

清同治三年（1864）聚賢堂刻本

三冊

半葉八行十七字，白口，四周單邊。版框 18.3×13.7 厘米

樹譜

夢幻居

又卷一

四

吾唯枯梢法法
少枝葉又要旁
梢或搭宜加多
葉以足其勢

懸崖雜樹法枝主空上
枝葉重下別神意照於
下矢畫中眉目當得六
作示

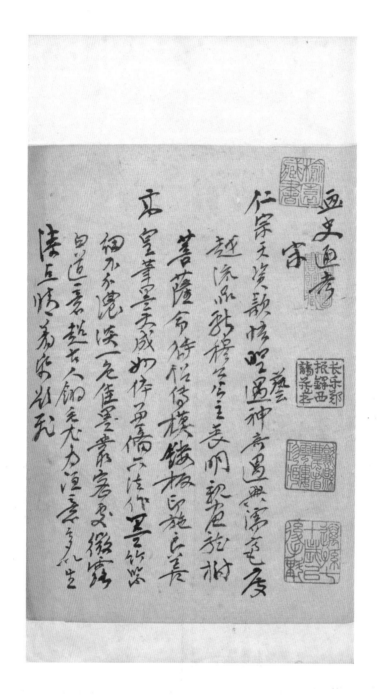

畫史通考不分卷　〔清〕許增撰

稿本

二册

無欄格

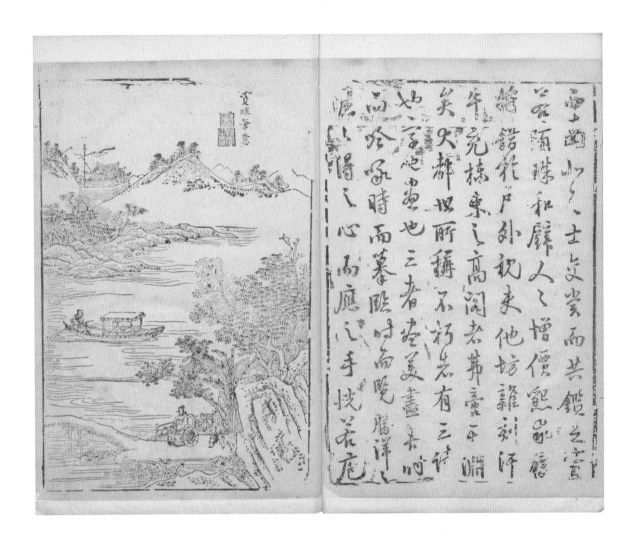

黃氏畫譜八種八卷 〔明〕黃鳳池輯

明萬曆天啓間集雅齋清繪齋刻本

八冊

版框 26.9×18.9 厘米

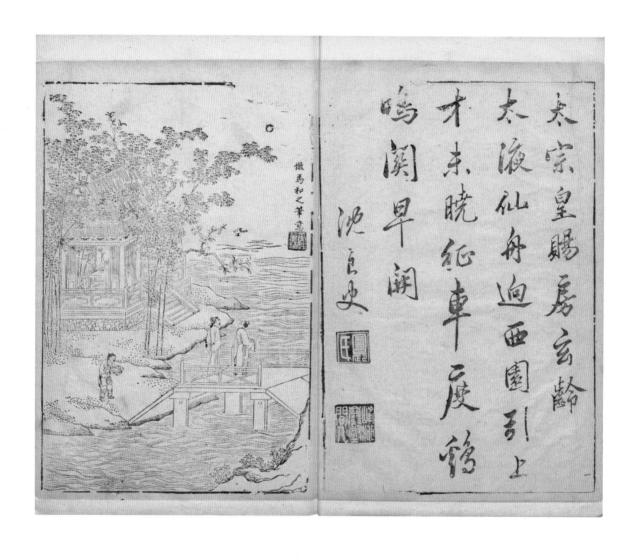

太宗皇賜房玄齡

太液仙舟迴西園引上

才未曉絍車度鶴

鳴關早朝

沈貞史

倣馬和之筆意

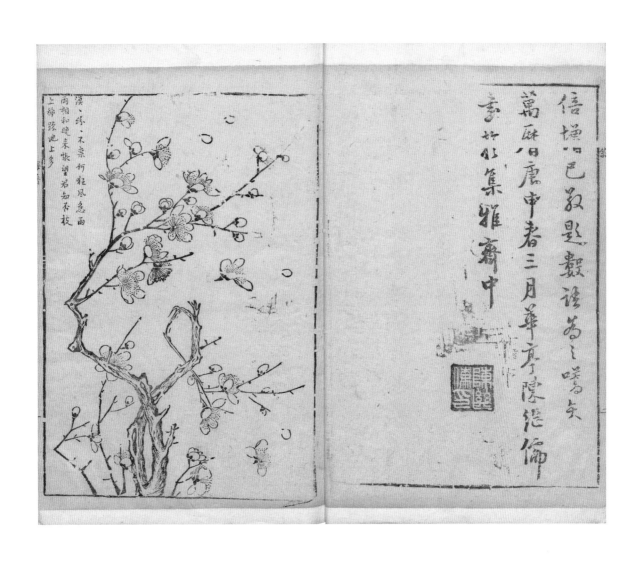

漢練不柰柳狂風急雨
兩相和曉來惆悵望若如否枝
上稀蹂池上多

倍槁已故墅蘩謹爲之嘆爲矣
萬曆日庚申春三月華亭陳德儒
尋於北集雅齋中

新鐫六言唐詩畫譜一卷　〔明〕黃鳳池輯

明萬曆天啓間集雅齋清繪齋刻本

三冊

版框 26.2×18.5 厘米

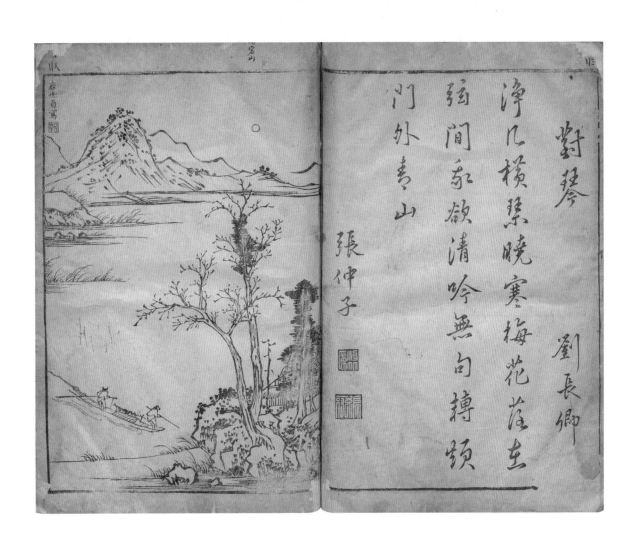

對琴　　劉長卿

淨几橫琴曉寒梅花落盡

弦間永續清吟無句轉頭

門外青山

張仲子

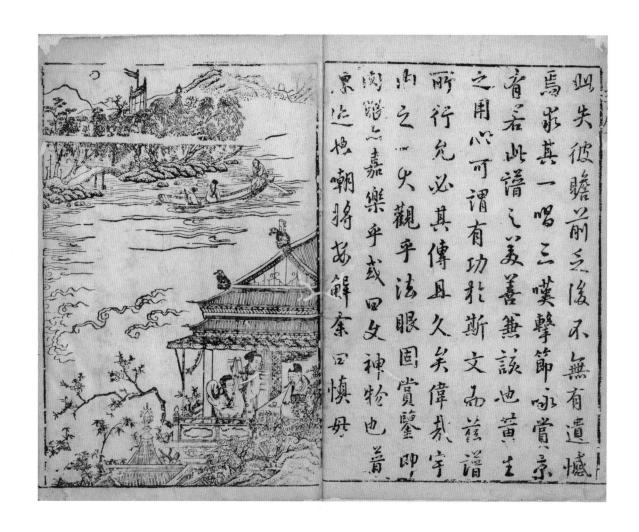

新鐫六言唐詩畫譜一卷　〔明〕黃鳳池輯

明萬曆天啓間集雅齋清繪齋刻本

一册

版框 27.5×18.5 厘米

獄籠雲松

弘治樓前歌舞

綠楊柳影裏鞦韆玉女

畫舫晚歸情畫何物

　　寛谿老人沈文憲書

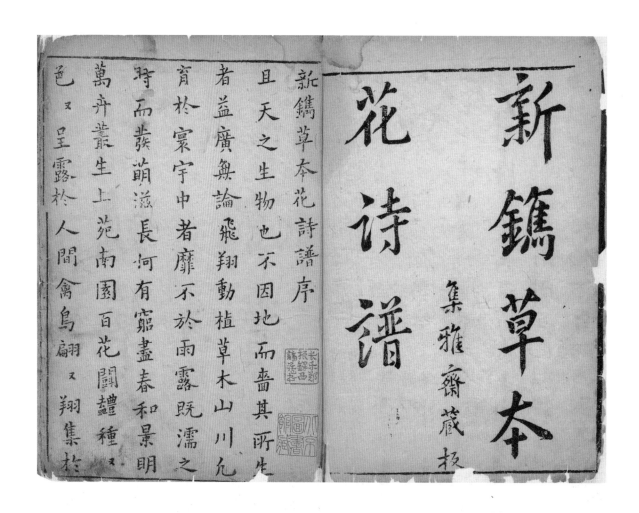

新鐫草本花詩譜一卷　〔明〕黄鳳池輯

明萬曆天啓間集雅齋清繪齋刻本

一册

版框 25.9×18.6 厘米

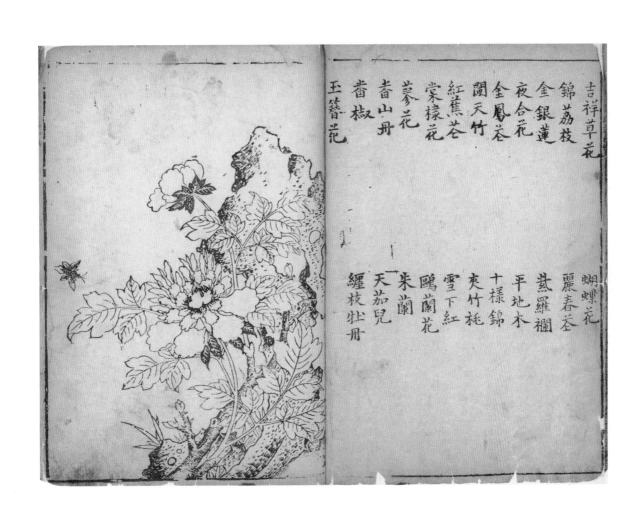

吉祥草花

錦荔枝　　　　　　　蝴蝶花

金銀蓮　　　　　　　麗春荅

夜合花　　　　　　　蕎羅襴

金鳳荅　　　　　　　平地木

鬧天竹　　　　　　　十樣錦

紅蕉荅　　　　　　　夾竹桃

棠樣花　　　　　　　雪下紅

蓼花　　　　　　　　鷗蘭花

青山丹　　　　　　　朱蘭

醬椒　　　　　　　　天茄兒

玉簪花　　　　　　　纏枝牡丹

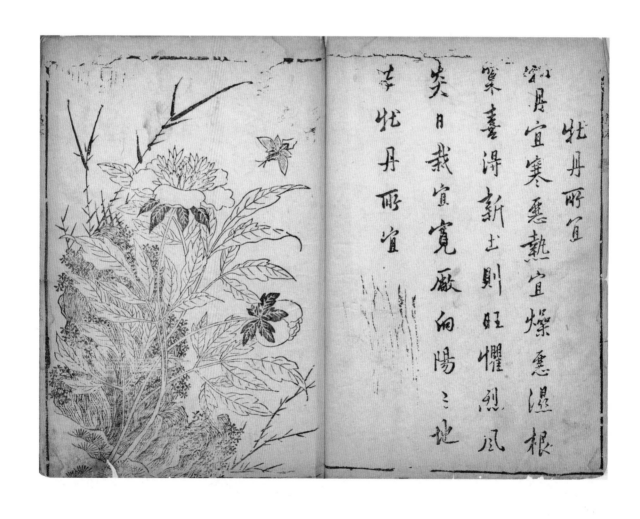

牡丹所宜

愛月宜寒惡熱宜燥惡濕根

繁喜得新土則旺懼烈風

炎日栽宜寬廠向陽之地

右牡丹所宜

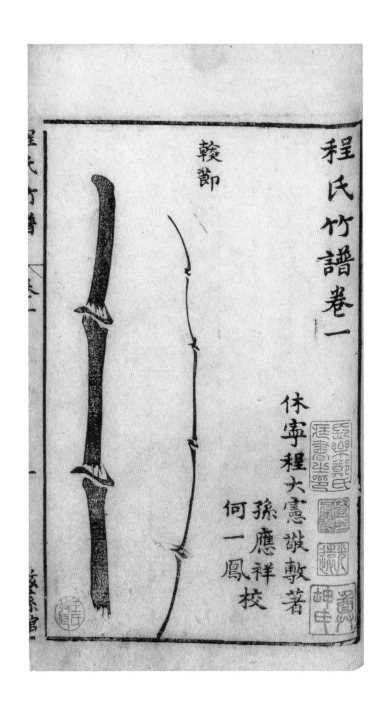

程氏竹譜二卷　〔明〕程大憲撰

明萬曆三十六年（1608）程氏滋蘐館刻本

二冊

版框 21.4×14.1 厘米

息影軒畫譜一卷　〔明〕崔子忠繪

清康熙十二年（1673）梁清標刻本

一冊

版框 18.8×11.9 厘米

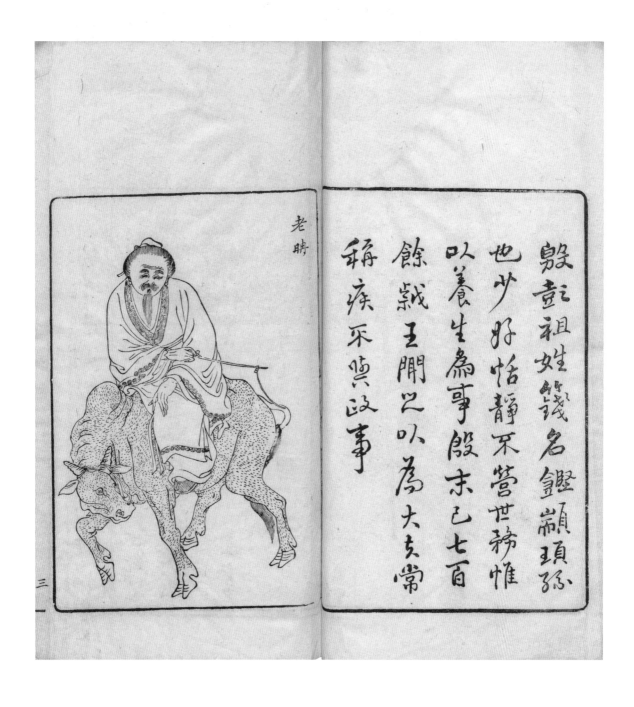

老聃

毂壹祖姓錢名鏗顓頊孫
也少好恬靜不營世務惟
以養生為事殷末已七百
餘歲武王聞已以為大夫常
稱疾不與政事

太平山水圖畫一卷　〔清〕蕭雲從繪

清順治五年（1648）裏古堂刻本

一册

版框 20.0×14.0 厘米

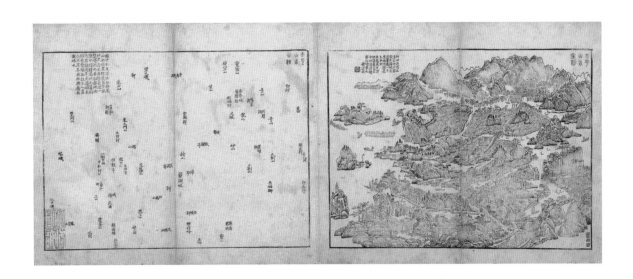

太平山水圖畫一卷 〔清〕蕭雲從繪

清順治五年（1648）裹古堂刻本

一冊

版框 20.4×14.0 厘米

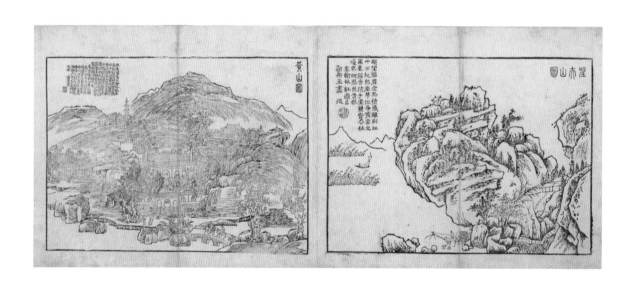

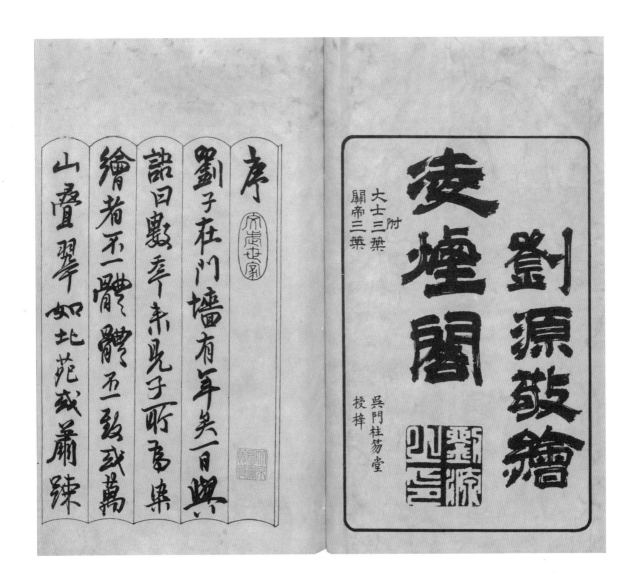

凌煙閣 劉源敬繪

附
大士三藥
關帝三藥

吳門柱笏堂
授梓

序

劉子在門墻有年矣一日與

談曰繪季未見子昕爲樂

繪者不一體體不一致或萬

山疊翠如此苑或蕭辣

凌煙閣圖功臣一卷 〔清〕劉源繪

清康熙七年（1668）柱笏堂刻本

一冊

無欄格

司徒趙國公最孫無忌

司空河間王王孝恭

司空萊國公杜如晦

司空太子太師鄭國公魏徵

司空梁國公房玄齡

司徒并州都督申國公高士廉

開府儀同三司鄂國公尉遲敬德

戶部尚書莒國公唐儉

兵部尚書英國公李勣

左武衛大將軍胡國公秦叔寶

大士三尊

關帝三尊

司徒趙國公最孫無忌 字輔機為竹軍典籤從征討有功封上黨
縣公隱太子以功進趙國公員觀十二年為趙州刺史圖子趙辭不就進司徒加太子
太師遙領揚州牧

中州源

豈惟高衞霍

曾是接應徐

倣顏魯公

司空河間王韋恭

西平懷妻次子也以擊朱粲蕭銑有功封趙郡王擒輔公祏平江南以功進左僕射楊州都督貞觀十一年命為視州剌史王河間辭不就年五十贈司空揚州都督及諡

又原

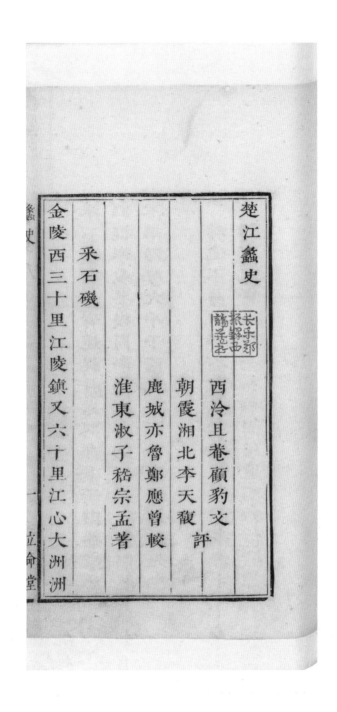

楚江蠡史不分卷 〔清〕嵇宗孟撰 〔清〕顧豹文、李天馥等評

清康熙十年（1671）嵇氏立命堂刻本

二冊

半葉七行十八字，白口，四周雙邊。版框 19.2×11.8 厘米

耕織圖一卷 〔清〕焦秉貞繪

清康熙三十五年（1696）刻後印本

一冊

版框 23.9×23.9 厘米

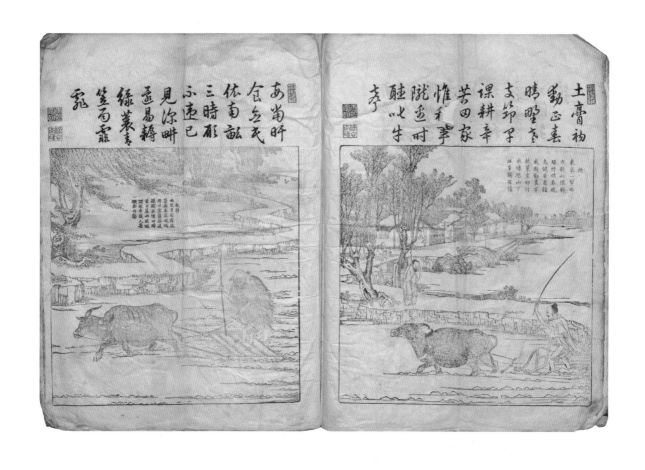

土膏初
勤正春
晴暖垂
支節天
課耕辛
惟和家
隴垂時
駐此牛
孝

而崗昨
食冬氓
休南畝
不連已
見涼畎
逶暘耦
緑叢書
笠而霜
雲

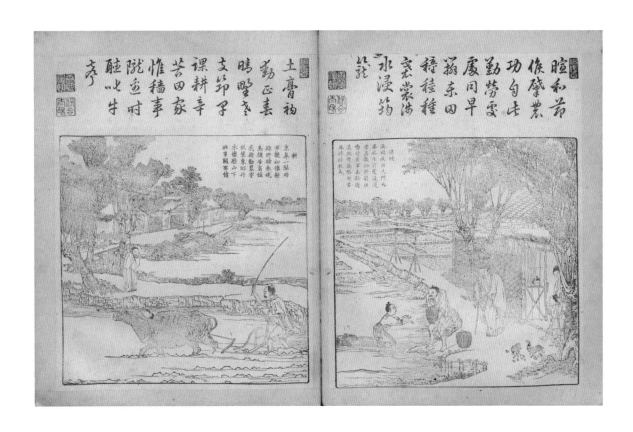

耕織圖一卷　〔清〕焦秉貞繪

清康熙三十五年（1696）刻後印本

一冊

版框 23.9×23.9 厘米

東皋舉
趾祝年
豐宜見
奏寧百
室回糚
我亟武
遺混遠
歐豳擎
鼓報雜
窮

幽風多
著搜衣
蔫簝多
而奧轂
市奧轂
而夭更
考公衆
傳禮制
先宜汾
種向晴
川

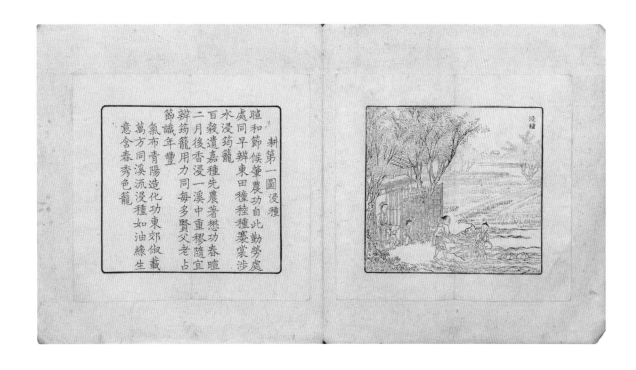

節識年豐　　　　　水浸筠籠　　　暄和節候肇農功自此勤勞處
意含春秀色籠　　百穀遺嘉種先農著懋功春暄　處同早辨東田種稑種裹裳涉
萬方同溪流浸種如油綠生　　　　二月後香浸一溪中重穋隨宜辨　耕第一圖浸種
氣布青陽造化功東郊倣載　　　　筠籠用力同每多賢父老占

御製耕織圖詩一卷　〔清〕清聖祖玄燁、世宗胤禛、高宗弘曆撰

清乾隆廣仁義學黃履昊刻本

一冊

版框 9.3×10.2 厘米

T04279（9181）

織第一圖浴蠶

幽風曾著授衣篇蠶事初興穀
雨天更考公桑傳禮制先宜浴
種向晴川風溪漲桃花水村酒
門多楊柳閘浴蠶子纖纖美翠
醒羊羔春
盆載載蠣香紙雪繭與氷絲婦
功從此始
魯讀幽風七月篇遲遲日景
麗光天新蠶未起先宜浴盆
滿明波人滿川

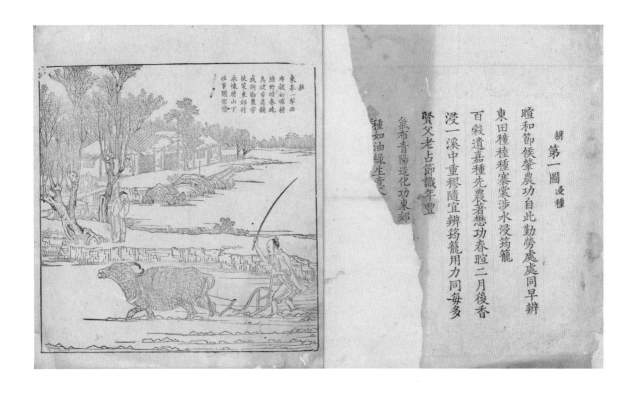

耕

東臯一犂雨
布穀初催耕
綠野暗春曉
烏犍苦肩頳
戒彼勤農字
扶筞東郊行
永懷歷山下
虞帝開躬耕

耕　第一圖　浸種

暄和節候肇農功自此勤勞處處同早辦
東田穜稑種寒裳涉水浸筥籠
百穀遺嘉種先農者懋功春暄二月後香
浸一溪中重穋隨宜辨筥籠用力同每多
賢父老占節識年豐
氣布青陽造化功東郊
種如油綠生意

御製耕織圖詩一卷　〔清〕清聖祖玄燁、世宗胤禛、高宗弘曆撰

清乾隆刻本

一冊

半葉八行十六字，白口，四周單邊。版框 24.7×24.0 厘米

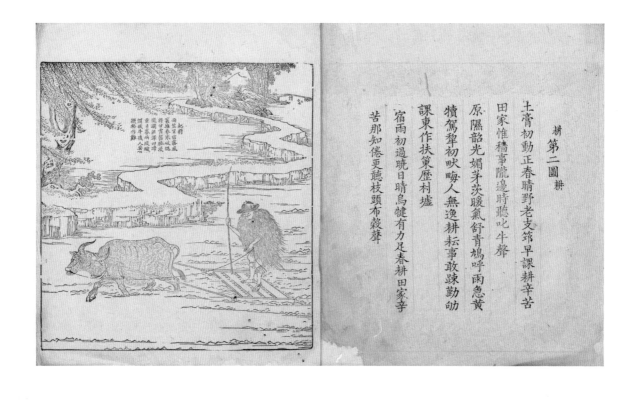

耕

第二圖　耕

土膏初動正春晴野老支笻早課耕辛苦

田家惟穡事隴邊時聽叱牛聲

原隰韶光媚芊茨暖氣舒青鳩呼雨急黃

犢駕犂初吷嗄人無逸耕耘事敢踈勤劬

課東作扶策歷村墟

宿雨初過曉日晴烏犍有力足春耕田家辛

苦那知倦更聽枝頭布穀聲

天下有山堂畫藝

白嶽汪之元體齋父述
及門方外普華樸安
梅谿姪　鈞雲奏父全較

墨竹指三十二則

寫竹之法先習用筆如書法之用中鋒既
熟復以全體之力行筆雖千枝萬葉偃仰敧斜
無不中聲理若使一筆不中則桃葉柳葉百病
俱集學者欲驅此病必須握筆時心在中鋒
行筆時念念著全力久習而後能佳
凡筆未著紙之先必須懸起臂自肩至肘曰臑
腕掌後緊握筆管端然盡力而爲之正如鈞
腕節中也須竟筆尖與腕力
鐄挌抵非一身之全力不可更須
俱到其梢葉足長五寸秀健活撥生氣盡浮紙
上迎風聽之若有聲然令人寫竹其病全是臂
腕無力只將平將去中指也足以大指爲將
指手以中指爲將指皆用力

天下有山堂畫藝二卷　〔清〕汪之元撰

清樵石山房刻藍墨套印本

二冊

半葉八行十八字，四周雙邊。版框 23.6×17.9 厘米

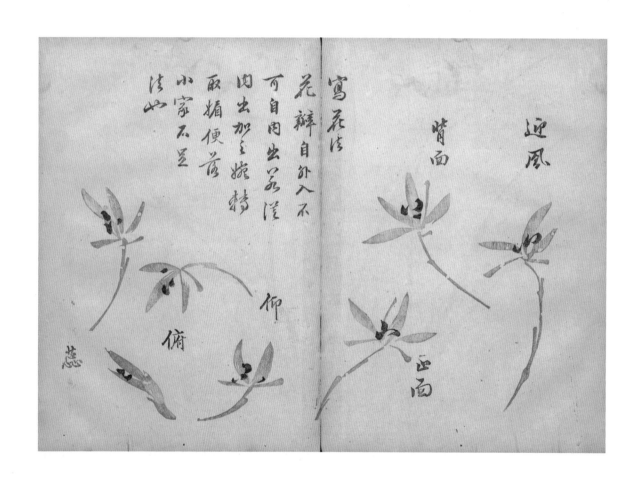

寫花法

花辮自外入不
可自肉出品潔
肉出加主嫩梢
取媚便萱
小家不足
清山
迎風
背面
正面
仰
俯
蕊

折葉

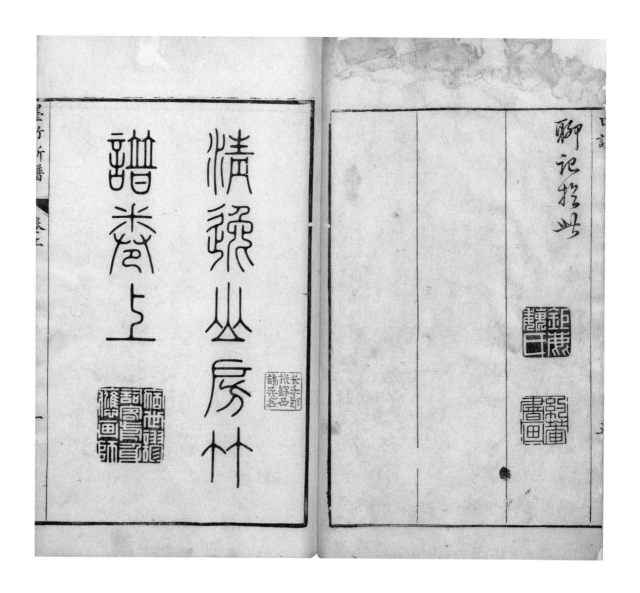

清逸山房竹譜二卷 〔清〕魏容撰

清嘉慶刻本

一册

半葉行字不等，白口，四周單邊，無直格。版框 24.2×16.1 厘米

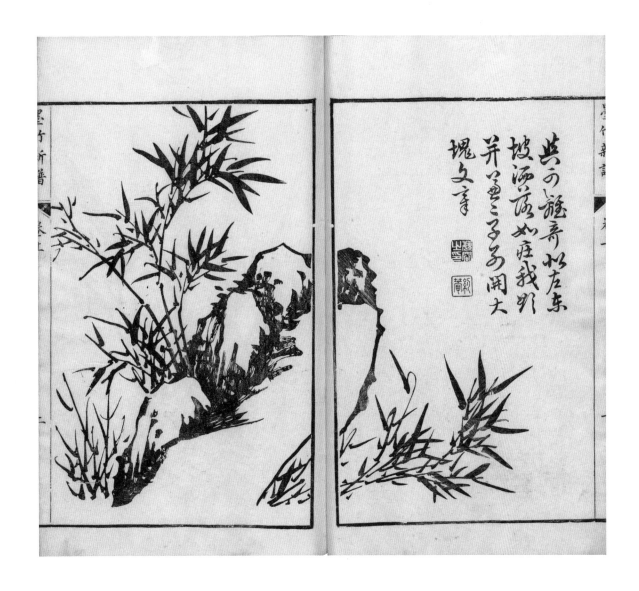

其の餘奇奇怪怪
坡漁廋如拄我那
并寫之子多用大
塊文章

悟香亭畫稿二卷六法管見一卷　〔清〕劉恬繪

清道光十八至二十年（1838－1840）梅鍾澍募刻本

二册

版框 20.7×14.4 厘米

府州衡

廻雁峯

閒窗論畫

作畫只可專習一家不可專習一家可得
偏長習一派則染習氣古人如趙大年李唐王叔
明倪雲林均自各成一家如論畫派則荊關一派
李范郭繼之董元一派巨然惠崇繼之此皆不可
得其眞跡矣學者於北宋以郭熙爲準南宋以劉
松年爲準元以黃子久爲準若專入其習氣中爲
市俗畫矣神而明之存乎其人也
用筆之妙當以古拙爲第一望之得神精麗次之
觀之得體秀潤又次之視之得情此三品也如醬
吐絲如蟲蠹木畫法之妙訣也始於王維李思訓
極於二米
神妙之趣全在不著筆墨處山水林木之神總在
天光雲影烟靄嵐氣隱顯之間如相人之貌不先
觀其五官四肢而先觀其精神風度耳
二米雲山無妙不臻無巧不備卽其古拙平淡處
人亦不易學也
近人習米畫每用橫點者未知畫法故耳名家畫

盼雲軒畫傳四卷　〔清〕李若昌繪　　**閒窗論畫一卷**　〔清〕李若昌撰

清同治三年（1864）李若昌刻本

四册

版框 23.4×15.3 厘米

畫樹起手法

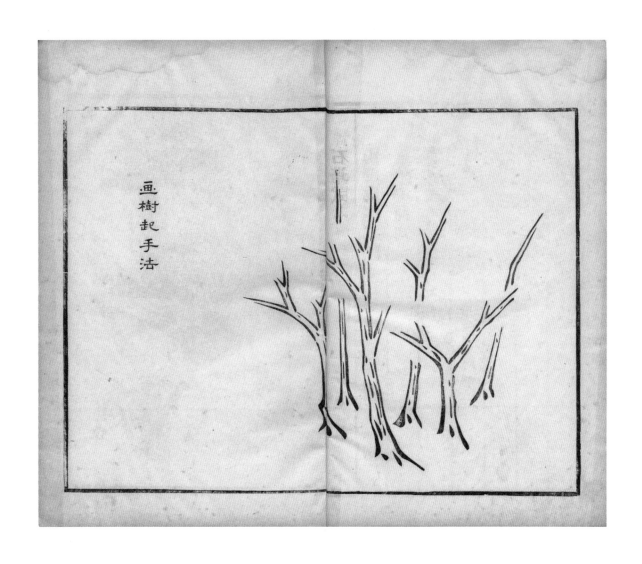

紉齋畫賸不分卷　〔清〕陳允升繪

清光緒二年（1876）陳氏得古歡室刻本

四册

半葉行字不等，白口，四周單邊，無直格。版框 22.0×12.3 厘米

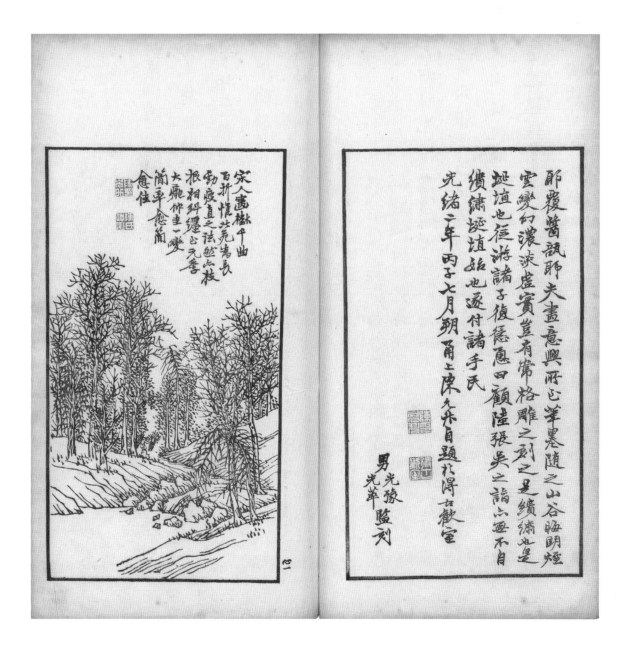

耶霞醬韻耶天畫意興耶已筆墨隨之山谷臨明煙
雲變幻濃淡虛實豈有常格雕之刻之是續繡也豈
延埴也徑游諸子復慇懃四顧陸張吳之詩小無不自
續繡延埴始也逐付諸手民
先緒二年丙子七月朔甬上陳允升自題於得古歡室

男光豫先羋監刻

宋人畫樹千曲
百折惟此先寺長
勁痩直之法然六枝
根相斜纏以元季
大瓢仰主一變
簡率愈簡
愈佳

釀土

春二月間將灘肉泥取出晒乾先上
黃沙一半稠糞水拌勻曬乾另用一
鑪鑪中鋪草一層以拌過糞土一層
層相間中通一孔以火燒之再加
稀糞拌勻晒乾照前法燒之如是三
兩次乂矣然後將草節撿出置于
風日中過伏雨後曬乾碾細末再

無不茂矣

蓄水

夏日遇大雨時先擇一隙地作一小
池四圍少用灰礦之另用大竹筒于
擔前積水通此池內一兩即滿終
年用此水澆灌根葉無不蔥茂
若無雨水用河水冰水代之切不可

藝蘭一卷蘭譜一卷 〔清〕黃葆謙撰

清光緒二十年（1894）黃葆謙刻本

一冊

半葉八行十二至十四字，白口，四周單邊，無直格。版框 30.9×25.5 厘米

幽香
清遠
睡竹生
悲搖
药夢
齋之
雨意

○朱端字克正、精工人物山水舉腕即曲盡其態

度、可稱名手、墨竹師夏昶、菁花木翎毛、

欽賜一樵圖書、

甲辰季夏南郡劉戢之書

歷代名公畫譜四卷 〔明〕顧炳輯

明刻本

四冊

版框 26.8×19.0 厘米

16408（12375）

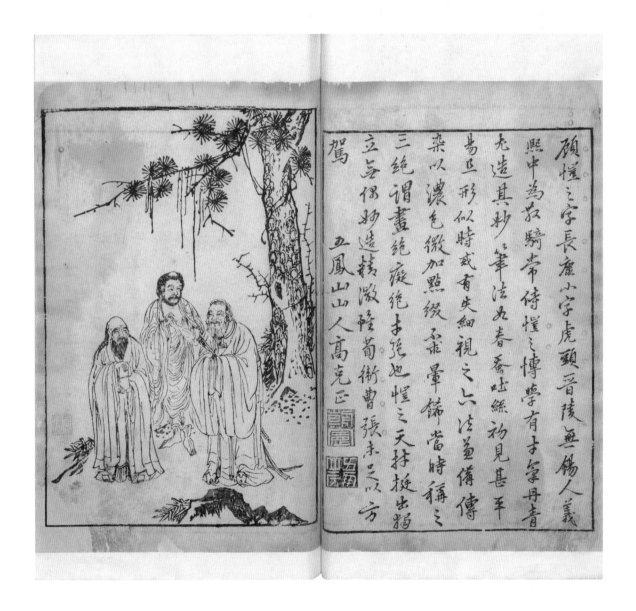

顧愷之字長康小字虎頭晉陵無錫人義
熙中為散騎常侍愷之博學有才氣丹青
尤造其妙筆法如春蠶吐絲初見甚平
易且形似時截有失細視之六法畫備傳
染以濃色微加點綴朱暈䀋當時稱之
三絕謂畫絕癡絕才絕也愷之天挺挺出蹕
立每得妙造精徽蜀葡衞曹張未之以方
駕

五鳳山山人高克正

顧愷之字長康小字虎頭晉陵無錫人義
熙中為散騎常侍愷之博學有才字丹青
尤造其妙筆法如春蠶吐綟初見甚平
易且形似時或有失細視之六法董備傳
染以濃色微加點綴柔暈篩當時稱之
三絕謂畫絕癡絕才隱也愷之天材挺出摘
立無偶物造精微隆蜀衛曹張未之以方
駕

五鳳山山人高克正

歷代名公畫譜四卷　〔明〕顧炳輯

明萬曆三十一年（1603）顧三聘、顧三錫刻本

四册

版框 26.8×19.2 厘米

閻立本毗之子毗在隋時以畫馳名
立本與兄立德家傳並造其物嘗
寫十八學士圖及凌煙閣切臣輝暎
前古為世所珍時稱其有文學薰善
應世務揔章元年以司平太常伯拜
右相不獨以畫名也
四明陳之龍

圖繪宗彝八卷　〔明〕楊爾曾輯

明萬曆三十五年（1607）刻本

六冊

半葉十行二十四字，白口，四周單邊。版框 22.2×14.9 厘米

詩餘畫譜不分卷

明萬曆四十年（1612）汪□刻本

二冊

版框 23.4×16.8 厘米

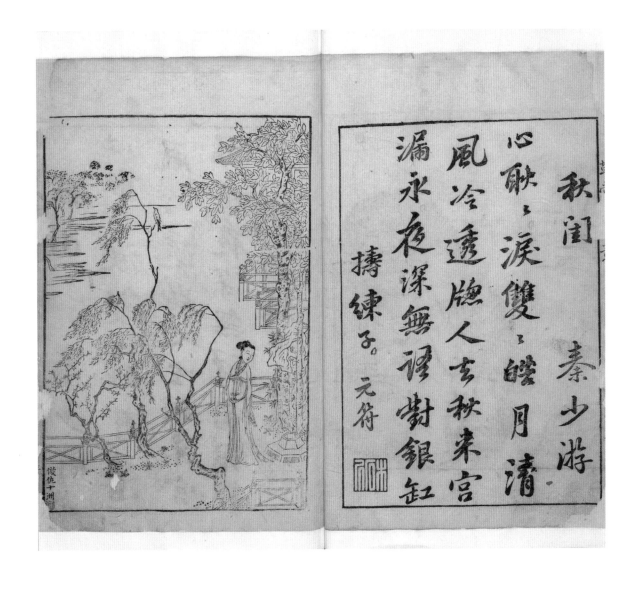

秋閨 秦少游

心耿耿，淚雙雙，曉月清

風冷透牕人去秋來宮

漏永夜深無寐對銀缸

擣練子。元符

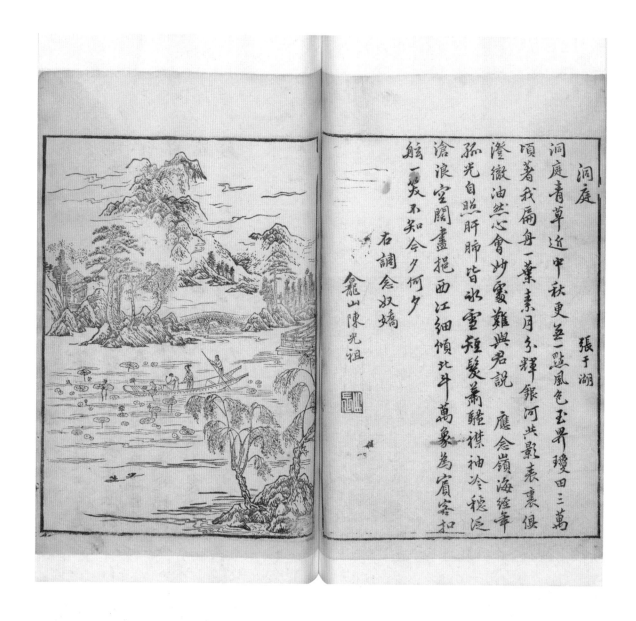

洞庭

張于湖

洞庭青草近中秋更無一點風色玉界瓊田三萬
頃著我扁舟一葉素月分輝銀河共影表裏俱
澄徹油然心會妙處難與君說　應念嶺海經年
孫光自照肝肺皆冰雪短髮蕭騷襟袖冷穩泛
滄浪空闊畫挹西江細傾北斗萬象為賓客扣
舷一笑不知今夕何夕

　右調念奴嬌

龍山陳光祖

詩餘畫譜不分卷

明萬曆四十年（1612）汪□刻本

二冊

版框 23.2×16.9 厘米

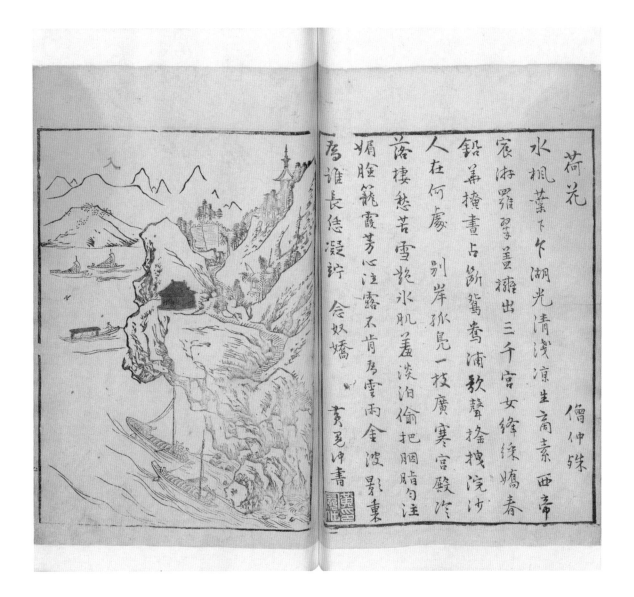

荷花　　僧仲殊

水楓葉下乍湖光清淺涼生菰素西帝
宸游罷翠葺攏出三千宮女絳綃嬌春
鉛華擁畫占斷鴛鴦浦欹聲搖拽浣沙
人在何處　別岸孤峰一枝廣寒宮殿冷
落樓慈苦雪艷冰肌羞淡泊偷把胭脂句注
媚臉籠霞芳心注露不肯為雲雨金波影裏
為誰長恁凝佇　念奴嬌　　賈邑冲書

疊書石銘　高秋文眠巖水墨

異藏玉笥璞蘊嫺孅不

從外討而獨中含結為

綺石霞堆百函靈矢瑶

錄詛苔塊於鍊而吞之

脈望并鮮二酉歸空

李贄五籖

西泠梅臣何偉然

十竹齋石譜一卷　〔明〕胡正言輯

明崇禎胡氏十竹齋刻彩色套印本

二冊

無欄格

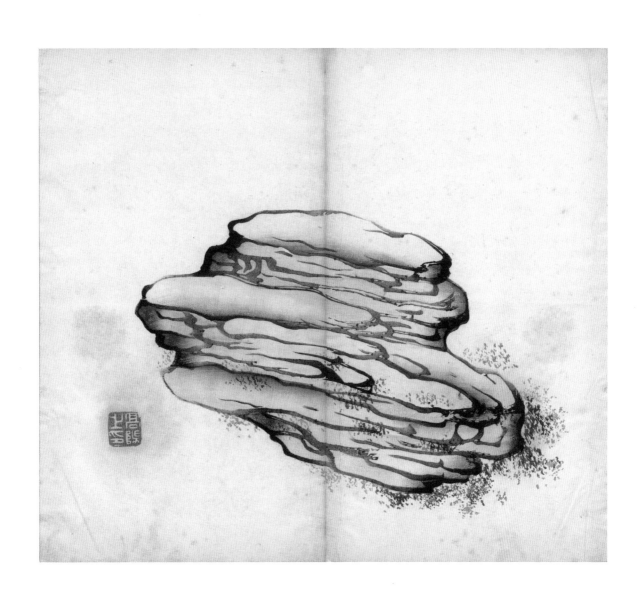

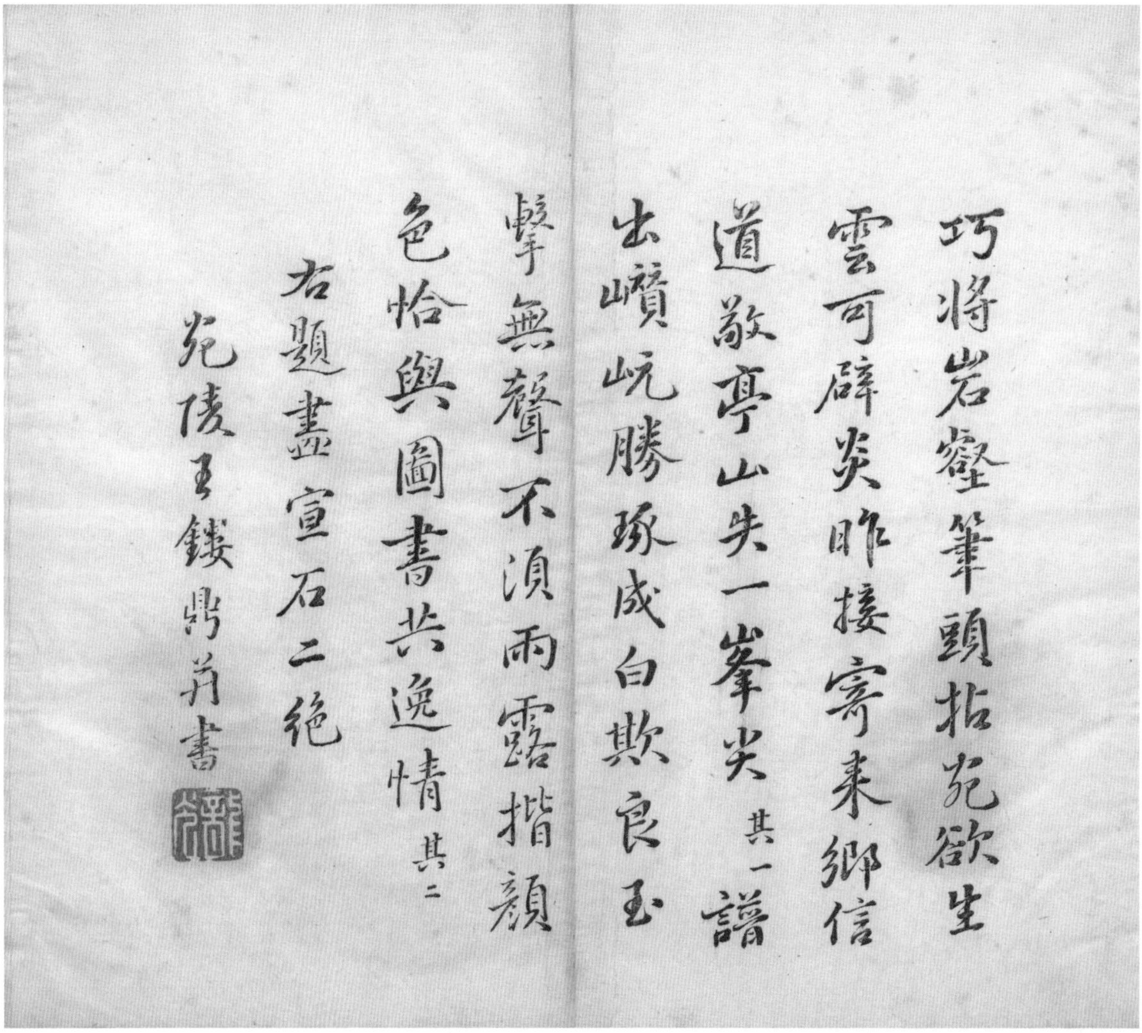

巧將岩壑筆頭拈宛欲生

雲可辟炎昨接寄來鄉信

道敬亭山失一峯尖 其一 譜

出巉岏勝琢成白欺良玉

色恰與圖書共逸情 其二

聲無聲不須兩露揩顏

右題畫宣石二絕

宛陵王鑅鼎荊書

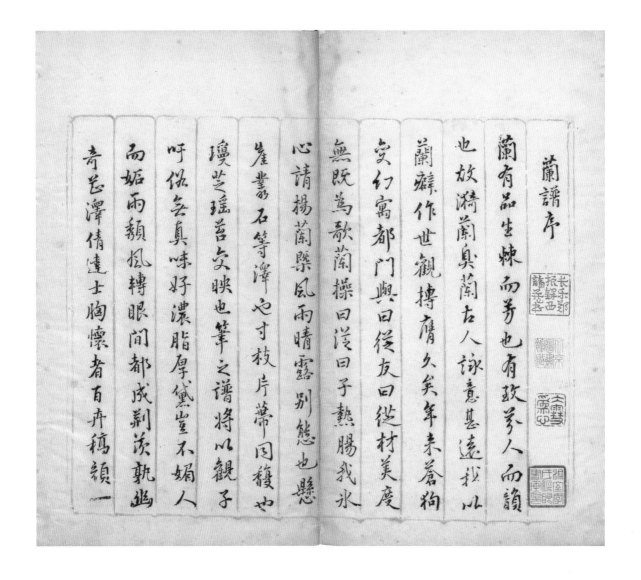

蘭譜序

蘭有品生棟而芳也有玫芳人而讚
也故瀟灑蘭真藹蘭右人詠意基遠我以
蘭癖作世觀搏廣久矣年来蒼狗
突幻寓都門與日從友曰継材美慶
無既為歇蘭操曰淡曰子熱腸我冰
心請揚蘭檠風雨晴露別態也懸
崖叢石等澤也寸枝片帶同馥也
瓊芝瑤莒突映也筆之譜將以觀子
呼偶若真味好濃脂厚黛豈不媚人
而姬雨頰風轉眼間都成剝淡軱幽
奇芒澤倩達士胸懷者百卉稿頴一

十竹齋蘭譜一卷　〔明〕胡正言輯

明崇禎胡氏十竹齋刻彩色套印本

二册

無欄格

臨唐寅叢生晴蘭

十竹齋畫譜八卷　〔明〕胡正言輯

明崇禎胡氏十竹齋刻彩色套印本

十六册

無欄格

快雪
峨眉如泰

十竹齋書畫譜八卷　〔明〕胡正言輯

明崇禎胡氏十竹齋刻彩色套印本

十六冊

無欄格

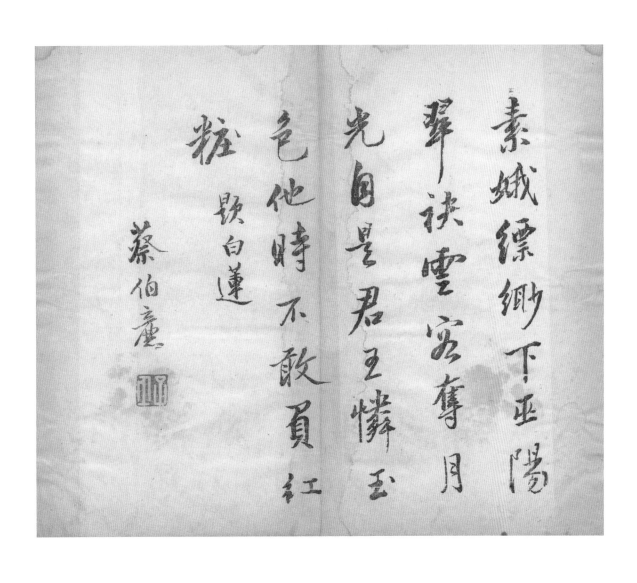

素娥縹緲下丘陽

翠袂雲衾奪月

光自是君王憐玉

色他時不敢頁紅

粧顆白蓮

蔡伯䖏

何物雲煙作古居
黝天地長春風素有
揮塵尾藏久都長
龍轄亭直特淩
漢矯不屑對秦
贈松一首
玉山保生書

十竹齋書畫譜八卷　〔明〕胡正言輯

明崇禎胡氏十竹齋刻彩色套印本

三册　存三卷：書畫册一卷、墨華册一卷、梅譜一卷

無欄格

十竹齋書畫譜八卷　〔明〕胡正言輯

明崇禎胡氏十竹齋刻彩色套印本

八冊

無欄格

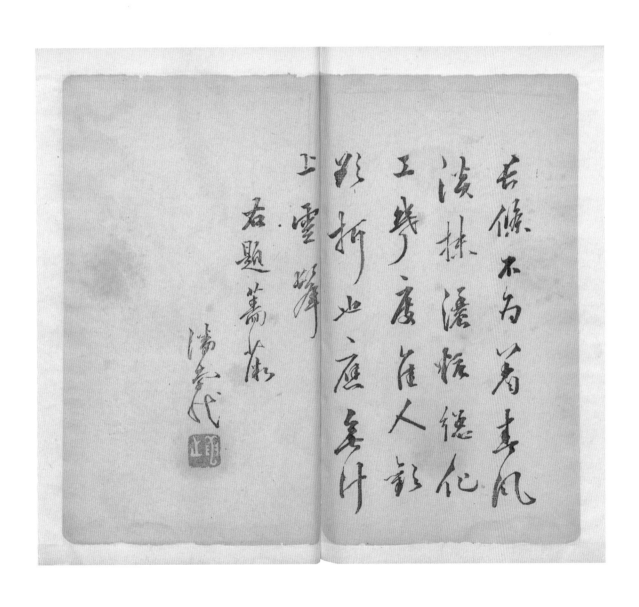

古條不為著春風
淺林灕怳總化
工摹廣崔人記
影折此庭多什
工雪峰
右題蕭林
潘夤代

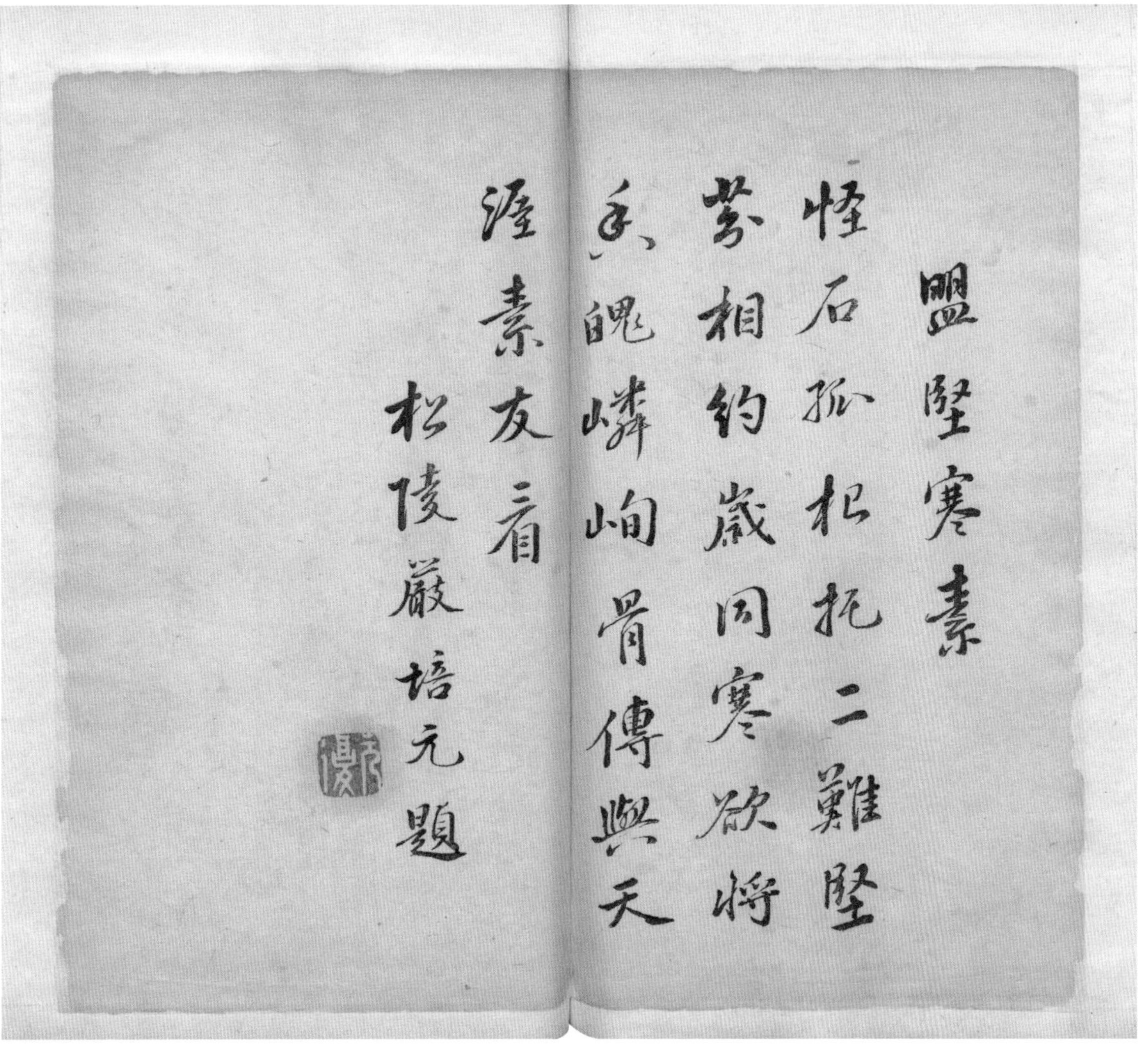

盟堅寒素

怪石孤松托二難堅

莫相約嵗同寒欲將

丹鬽嶙峋骨傳與天

涯素友看

松陵嚴培元題

十竹齋箋譜初集四卷 〔明〕胡正言輯

明崇禎十七年（1644）胡氏十竹齋刻彩色套印本

四册

版框 21.1×13.8 厘米

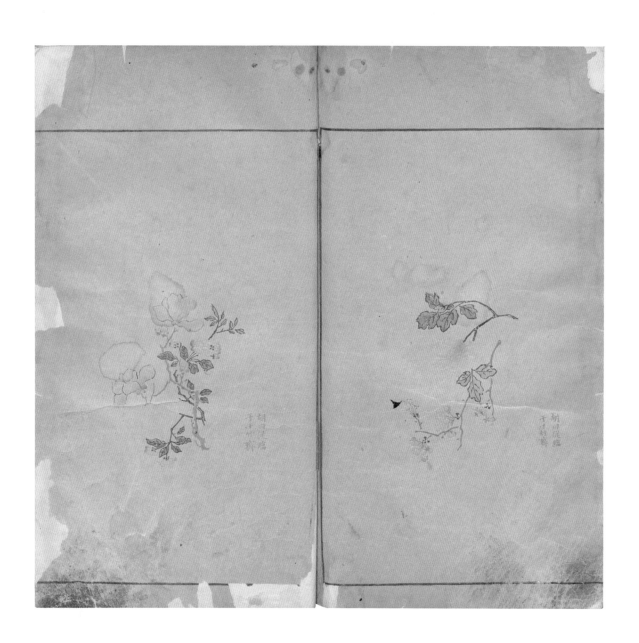

十竹齋箋譜初集四卷　〔明〕胡正言輯

明崇禎十七年（1644）胡氏十竹齋刻彩色套印本

四册

版框 21.1×14.4 厘米

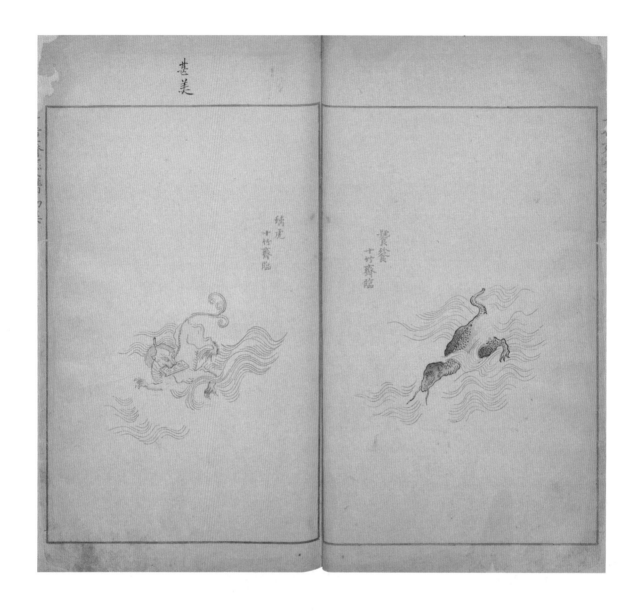

十竹齋箋譜初集四卷　〔明〕胡正言輯

明崇禎胡氏十竹齋刻彩色套印本

二冊　存二卷：二至三

版框 21.1×14.2 厘米

梨雲館竹譜　　海陽胡正言曰從氏輯選

寫竹要語

握筆之際澄心凝神意在筆先然後
落紙須要圓健快利仍不可太速速
則失勢不可太緩緩則癡濁復不可

太肥則俗惡不可太瘦瘦則枯弱起
落有準的來去有順逆不可不察也
葉則勁利中求柔和餘則婉媚中求
斷正節則分斷處要連續枝則堅韌
中要骨力詳審四時榮枯濃淡老嫩
隨意下筆自然枝葉活動生意具呈

梨雲館竹譜一卷　〔明〕胡正言輯

明末刻彩色套印本

一册

無欄格

印月
魏克

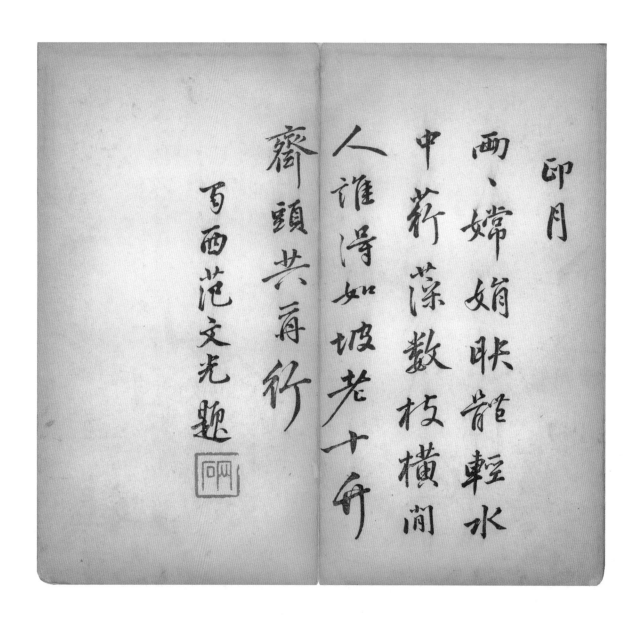

印月

兩、嬋娟映龍輕水

中薪藻數枝橫間

人誰浮如坡老十斤

齋頭共肓行

百西范文光題

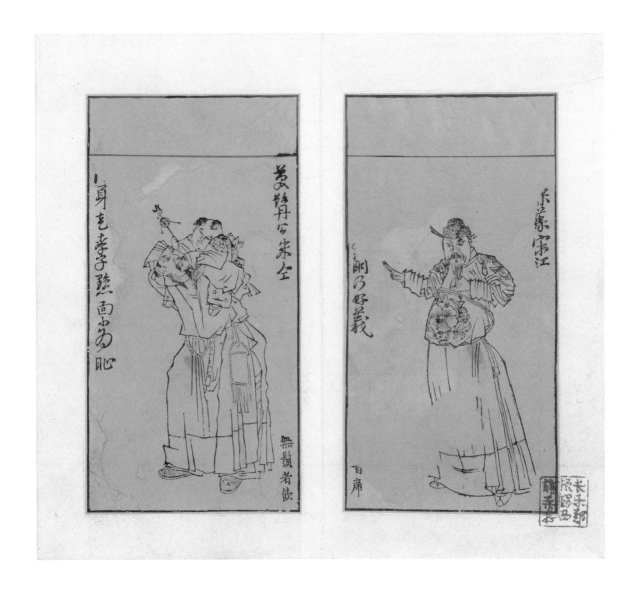

水滸葉子不分卷 〔明〕陳洪綬繪

清初刻本

一册

版框 17.9×9.4 厘米

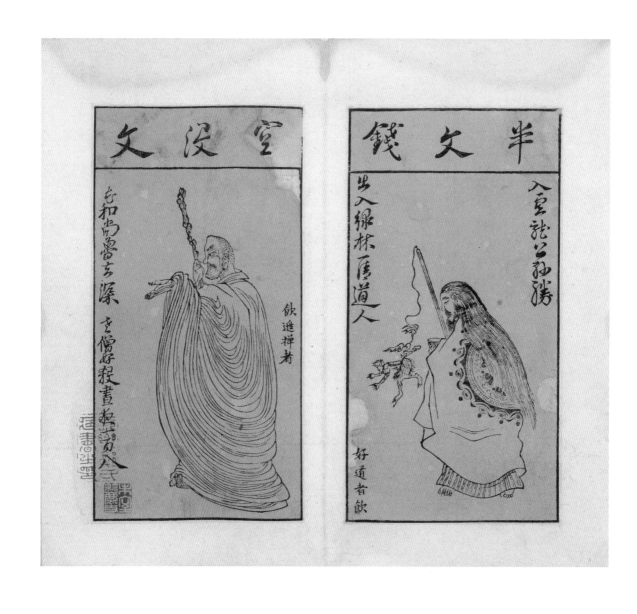

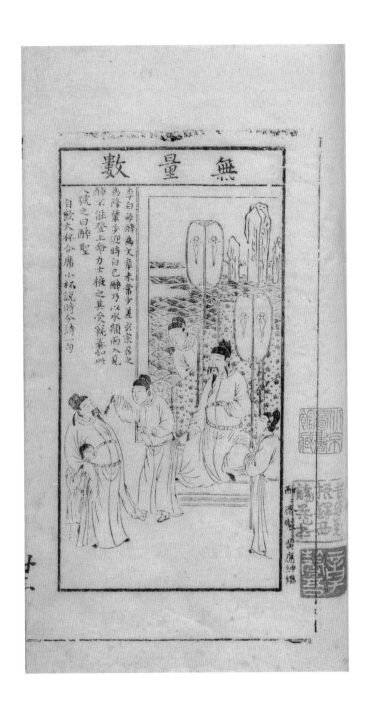

酣酣齋酒牌不分卷

明刻本　鄭振鐸跋

一冊

版框 17.7×10.5 厘米

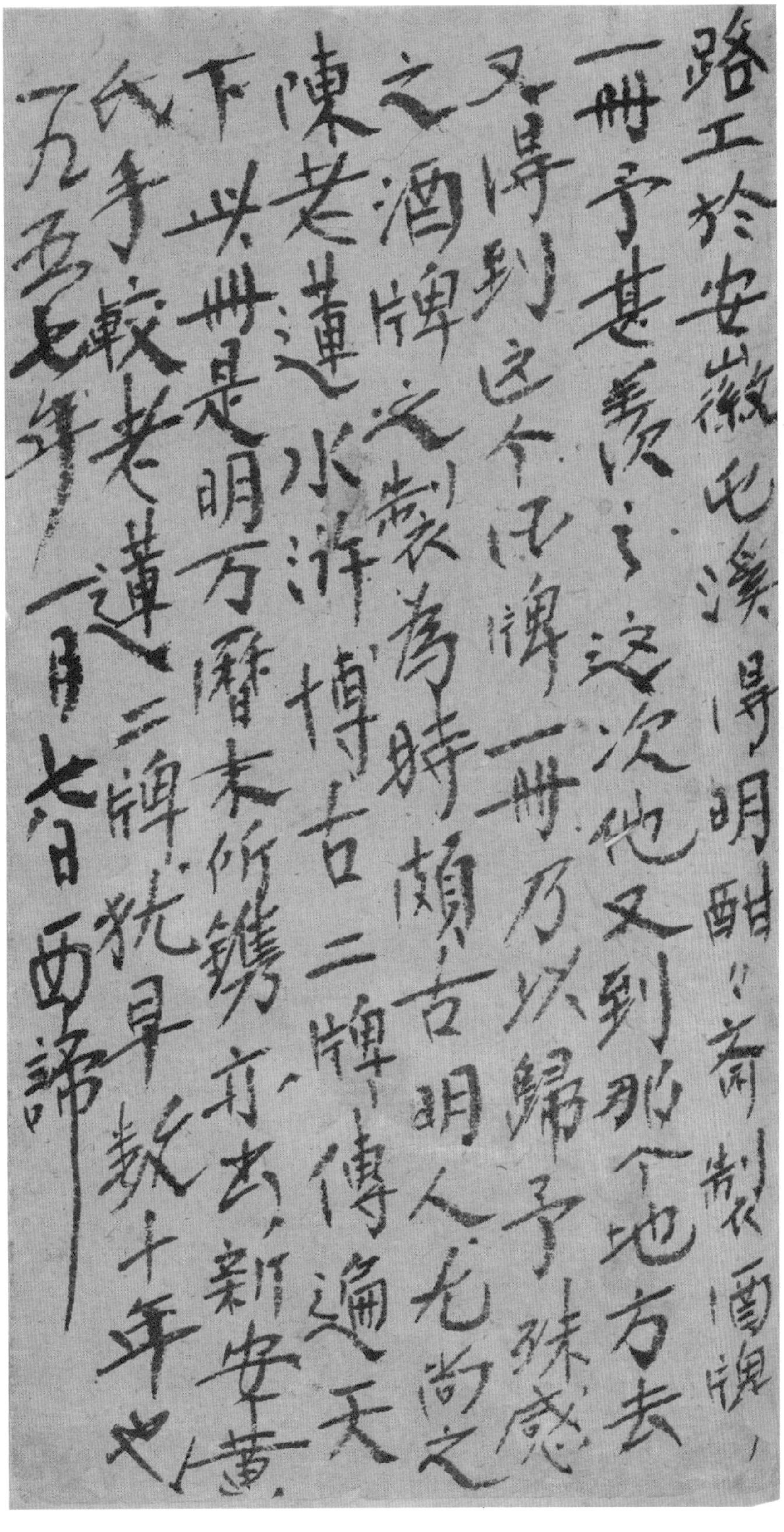

路工於安徽屯溪得明酣酣齋制衣酒牌，
一冊予甚喜之。這次他又到那個地方去，
又得到這個牙牌一冊，乃以歸予殊感
之。酒牌之制裝為時頗古明人尚之，
陳老蓮水滸博古二牌傳遍天
下以册是明万歷末所鏤于古新安黄
氏手較老蓮二牌猶早數十年也。
乃乙巳年一月七日西諦

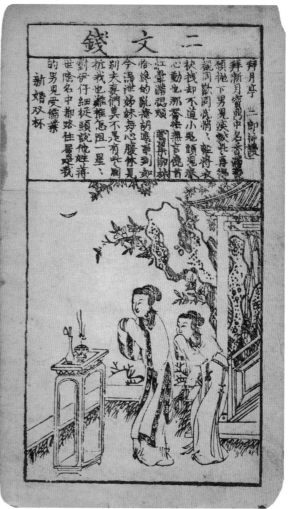

酒牌不分卷

明刻本

六十九張

版框 15.5×8.2 厘米

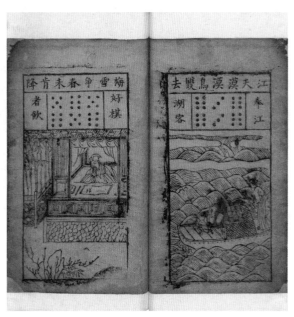

牙牌酒令一卷

明刻本

一册

版框 15.4×8.0 厘米

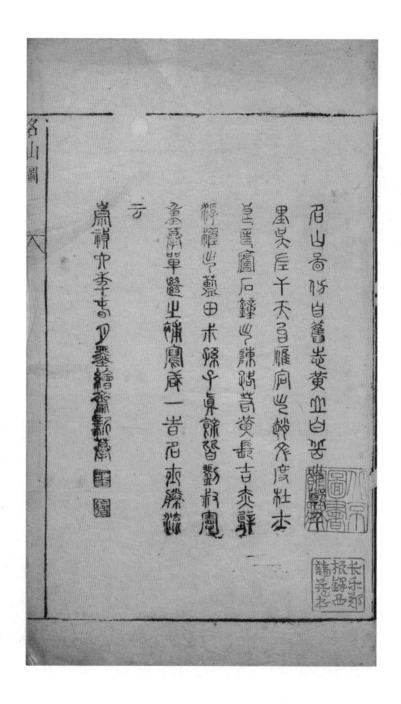

名山勝概記四十八卷圖一卷附錄一卷

明崇禎六年（1633）墨繪齋刻本

一冊　存一卷：圖一卷

版框 20.4×14.7 厘米

芥子園畫傳五卷 〔清〕王槩輯

清康熙十八年（1679）芥子園甥館刻彩色套印後印本

五冊

半葉九行二十字，白口，四周單邊。版框 21.7×14.7 厘米

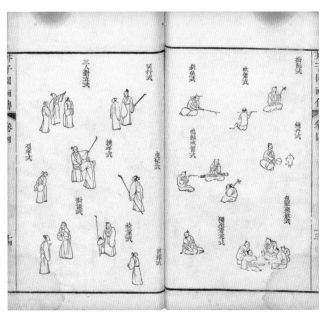

芥子園畫傳五卷　〔清〕王槩輯

清金閶趙氏書業堂刻彩色套印本〔據清康熙十八年（1679）芥子園甥館刻彩色套印本翻刻〕

五冊

半葉九行二十字，白口，四周單邊。版框 21.3×14.4 厘米

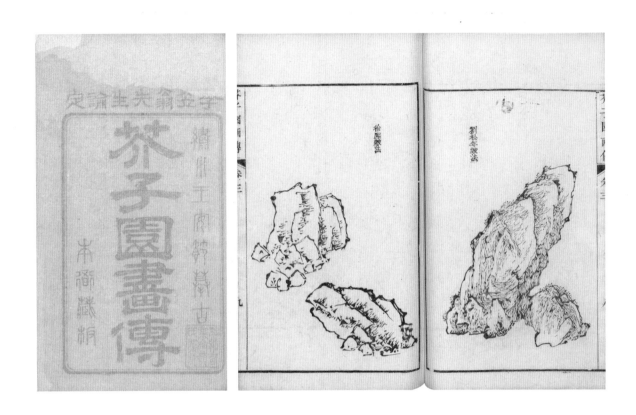

芥子園畫傳五卷　〔清〕王槩輯

清金閶趙氏書業堂刻彩色套印本〔據清康熙十八年（1679）芥子園甥館刻彩色套印本翻刻〕

五冊

半葉九行二十字，白口，四周單邊。版框 21.4×14.8 厘米

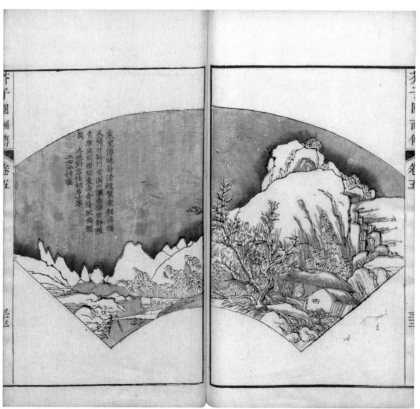

芥子園畫傳二集八卷 〔清〕王槩、王蓍、王臬輯

清康熙四十年（1701）芥子園甥館刻彩色套印本

一冊 存四卷：梅譜二卷、菊譜二卷

半葉九行二十字，白口，四周單邊。版框 21.7×14.5 厘米

竹葉俘寒翠
霜花冷素心

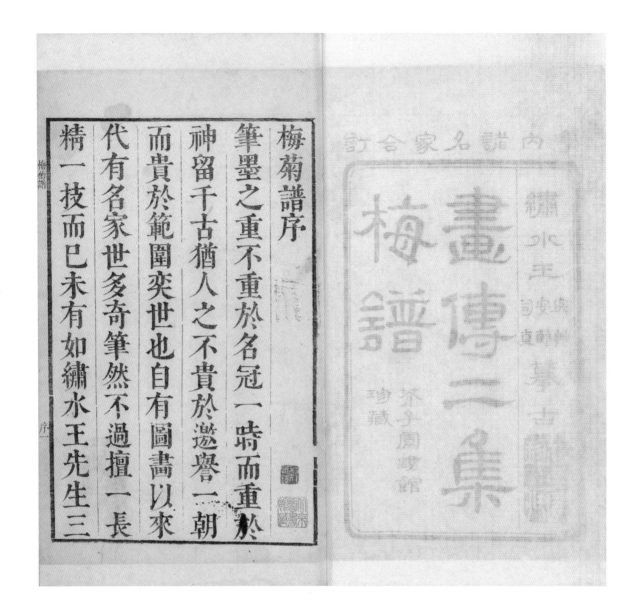

芥子園畫傳二集八卷　〔清〕王槩、王著、王臬輯

清康熙四十年（1701）芥子園甥館刻彩色套印本

四册

半葉九行二十字，白口，四周單邊。版框 22.1×15.0 厘米

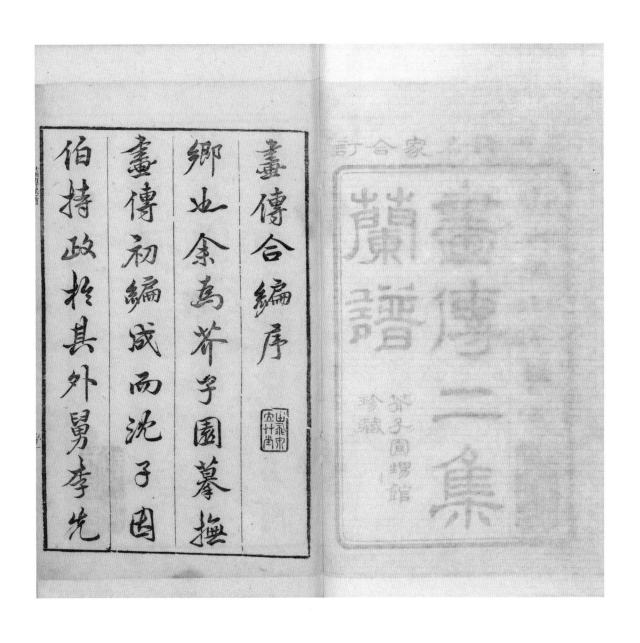

畫傳合編序

鄉也余爲芥子園摹撫

畫傳初編咸而沈子因

伯持政於其外舅李先

仿徐文長
法王質

康熙辛巳清和月芥子園甥舘鑴藏

芥子園畫傳二集八卷 〔清〕王槩、王蓍、王臬輯

清康熙四十年（1701）芥子園甥館刻彩色套印本

三冊　存六卷：蘭譜二卷，竹譜二卷，梅譜二卷

半葉九行二十字，白口，四周單邊。版框 22.5×14.9 厘米

T02445（10283）

湘江遺怨

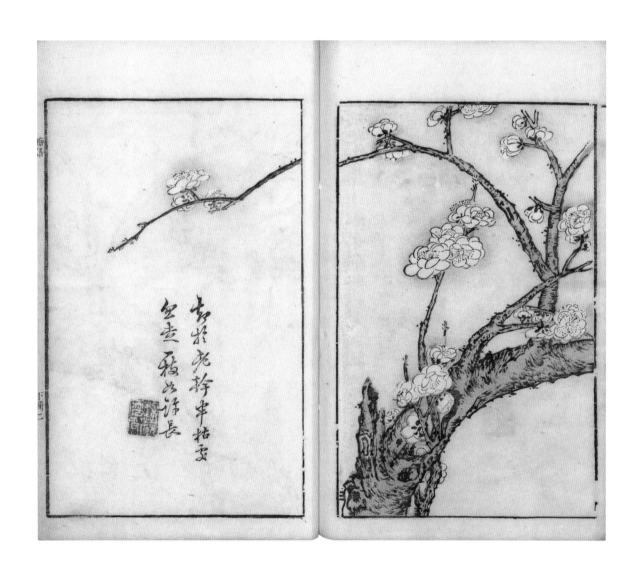

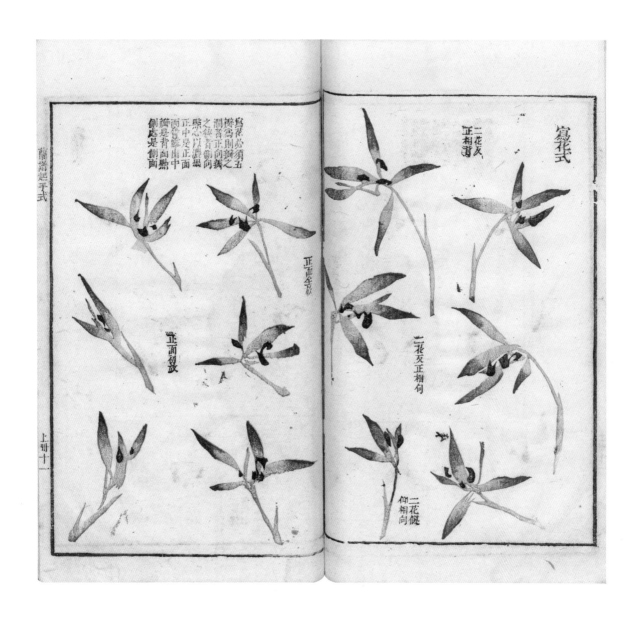

芥子園畫傳二集八卷　〔清〕王槩、王蓍、王臬輯

清康熙刻乾隆四十七年（1782）重修彩色套印本

二冊　存四卷：蘭譜二卷，竹譜二卷

半葉九行二十字，白口，四周單邊。版框 21.7×14.8 厘米

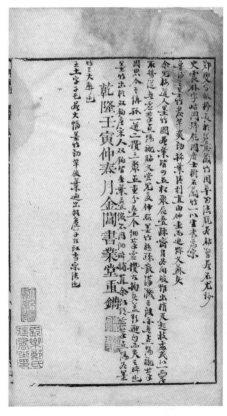

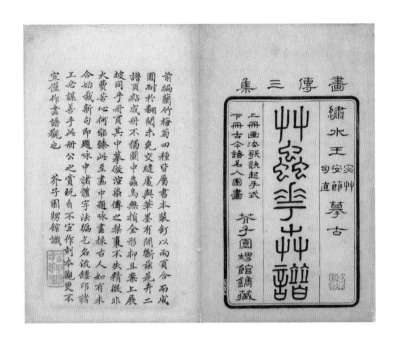

芥子園畫傳三集四卷　〔清〕王槩、王蓍、王臬輯

清康熙四十年（1701）芥子園甥館刻套印本　鄭振鐸跋

四冊

版框 22.4×14.9 厘米

余於劫中先後得彩印本程氏墨苑十竹
齋箋譜畫譜今又收得此本共足四種
二十餘年間求其一而不躲不意於此二
三載中乃並獲之不可謂非奇緣之收矣
書於兵荒馬乱之世守文獻於秦火魯壁之
際其責至重郊亦書生至樂之事也彩
印版畫尚有風流絶暢圖殷氏箋譜蘿

軒妥古箋譜諸書均流落扶桑何時躺
獲一覩歎大地黑暗圭月孤懸蟄居斗
室一燈如豆坡卷吟賞斗酒自勞人间
何世斯憂何地均姑不聞問矣

　　　　　幽芳居士書

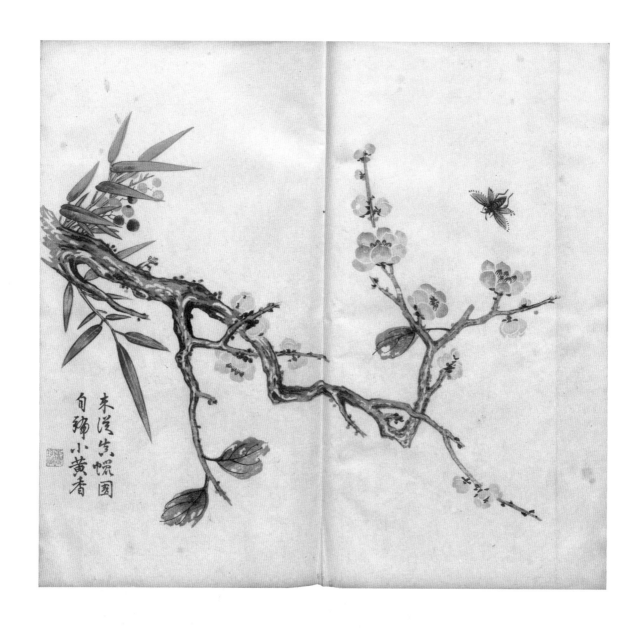

芥子園畫譜三集四卷 〔清〕王槩輯

清康熙四十年（1701）芥子園甥館刻彩色套印本

一冊　存一卷：翎毛花菓譜（下）

無欄格

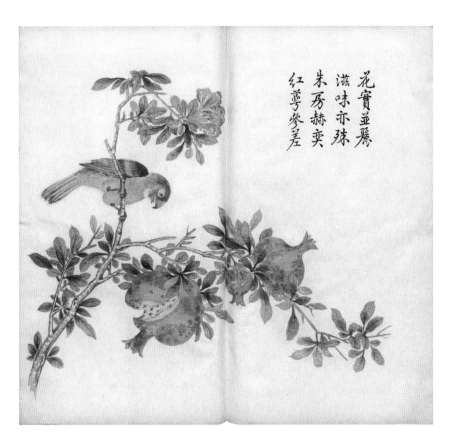

花實並麗
滋味亦殊
朱房赫奕
紅萼參差

魚蝦聚處
吞清影
鴻雁來時
對白頭

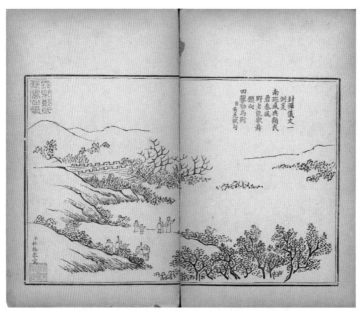

省耕詩圖一卷　〔清〕曹秀先撰

清乾隆三十一年（1766）曹秀先刻本

一冊

版框 17.8×13.8 厘米

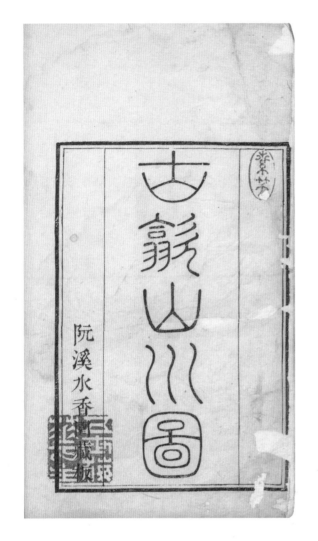

古歙山川圖一卷　〔清〕吳逸繪

清乾隆阮溪水香園刻本

一册

版框 19.9×14.6 厘米

春午坡

蓮花池引一畝泉實城而入泉南注為潁沿長
渠屈潏古木清游為會城勝與舊置蓮池書院
諸生誦習其中今列令萬卷樓後門徑以別春
午坡入門秀障也錦亭斜透叠石通
紆坡陀掩映高下離植牡丹數百本每春日花
開暖香延袖真如坡詩所謂午景發穠艷一笑
當及時之循廊左別出小院植立豐碑二有亭
覆之曰閬職亭中刻明呂新吾先生訓守令語
休寧太守汪文端公謹堂書之坡前循廊右出
為灘錦亭抵池北岸

保定名勝圖詠不分卷

清刻本

一冊

版框 23.9×26.9 厘米

藍幢精舍

並池西南特闢梵宇紺宮碧殿遠樹花臺備諸

尊勝內奉大雄教典七十餘卷曰藏經樓傍為

幽樓之所曰十誦禪房曰煖芊室曰蕆衆盖華

嚴義衆花藏世界海云九州之外香海環之其

中為藍香幢諸佛之所託也爰總其名譜云

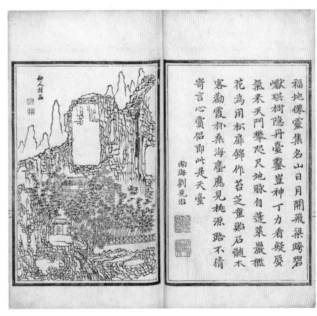

白嶽凝煙一卷 〔清〕吳鎔繪

清康熙五十三年（1714）刻本

一册

版框 19.3×13.7 厘米

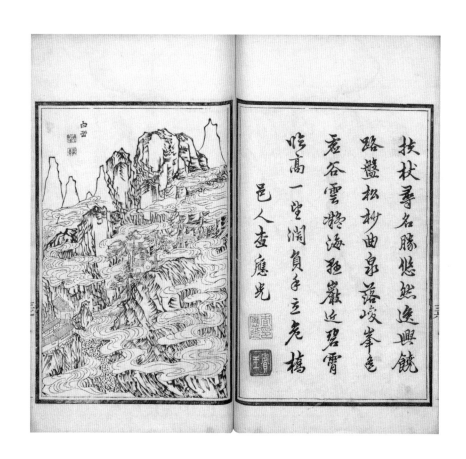

扶杖尋名勝悠然逸興饒
路盤松杪曲泉落峻峯邊
壑谷雲瀠海孤巖近碧霄
峥高一坐澗負手立危橋
　　　　　　邑人查應光

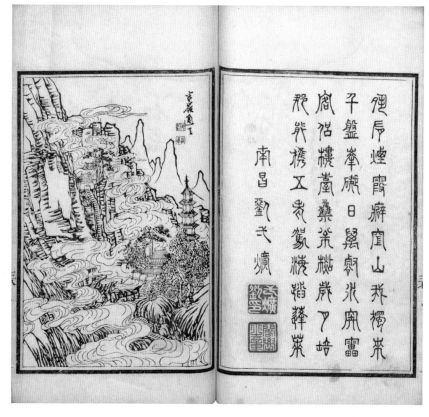

狸房煙霞癖宜山飛橡米
千盤峯礙日曇郭氷庖雷
窟沼樓崗藥荒糊歲丫垮
飛能橋五老篆樓諧釋粱
　　　　　　南昌劉尤煟

列仙酒牌一卷　〔清〕任熊繪

清咸豐四年（1854）蔡照初刻本

一冊

版框 17.3×7.3 厘米

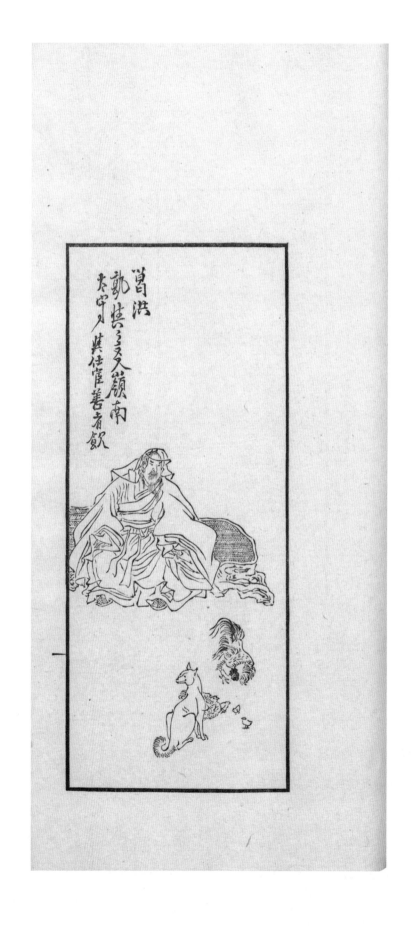

文美齋百華詩箋譜不分卷

清宣統三年（1911）文美齋刻彩色套印本

二冊

版框 23.8×15.0 厘米

文美齋百華詩箋譜不分卷

清宣統三年（1911）文美齋刻彩色套印本

二冊

版框 24.3×15.1 厘米

16219（10571）

書畫之妙嘗以神會難以形迹坡翁之

評畫者以神韻為上迹象次之然神韻

迹象缺一不可古今工花卉者不可勝數

玉我

朝惲南田先生出以工筆寫生花之精神

與花之姿態皆棚入欲活可謂極瓶林之

能事矣自昆兩後求如惲先生之生香活

宣統三年歲次
辛亥五月刊成

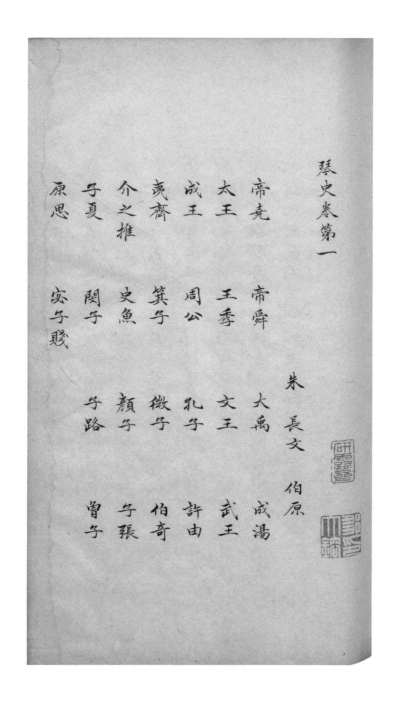

琴史卷第一　　　　朱長文　伯原

帝堯　　帝舜　　大禹　　成湯
太王　　王季　　文王　　武王
成王　　周公　　孔子　　許由
堯齊　　箕子　　微子　　伯奇
介之推　史魚　　顏子　　子張
子夏　　閔子　　子路　　曾子
原思　　宓子賤

琴史六卷 〔宋〕朱長文撰

清抄本

二冊

半葉九行二十字，無欄格

帝堯

帝堯定天下其聖神之妙用則蕩蕩乎民無能名者
也其事業之餘迹則巍巍乎其有成功者也楊子嘗
云法始乎伏戲成乎堯匪伏戲堯禮義焉焉夫琴者之
法一也當大章之作也琴聲固已和矣舊傳堯有神
人暢古之琴曲和樂而作之者命之曰暢達則兼濟
天下之謂也憂愁而作者命之曰操窮則獨善其身
之謂也夫聖而不可知之為神非堯孰能當之

帝舜

舜繼堯位刑政日以明禮樂日以備孔子叙書斷自
唐虞言天下之治前此則未備後此則無以加也帝
之在側微也以琴自樂益乎曰舜在牀琴蓋雖更瞍
象之難而絃歌不絕所以能不動其心孝益然此舊
傳有思親操此之謂乎及有天下彈五絃之琴以歌
南風而天下治其辭曰南風之薰兮可以解吾民之
慍兮南風之時兮可以阜吾民之財兮當是時至和
之氣充塞上下覆被動植書曰簫韶九成鳳凰來儀
和之極也

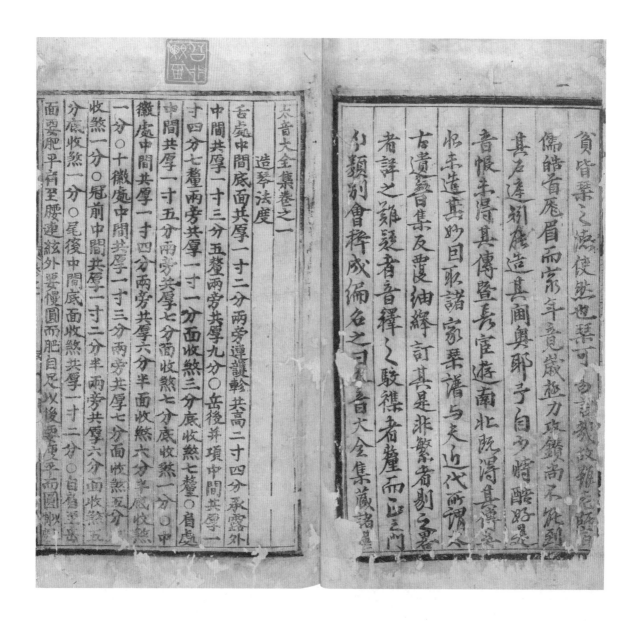

太音大全集五卷

明刻本

三冊

半葉十一行二十六字，黑口，四周雙邊。版框 23.1×13.8 厘米

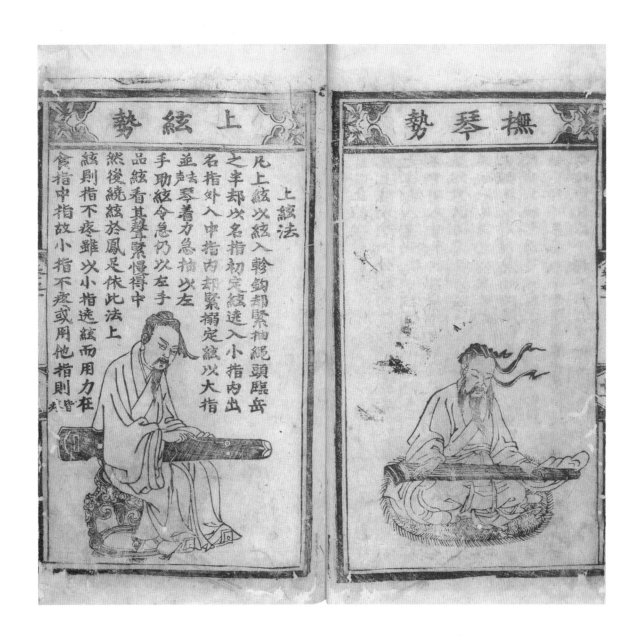

上絃勢

撫琴勢

上絃法

凡上絃以絃入軫鈎都緊抽繩頭臨岳
之半都以名指初定絃遶入小指內出
名指外入中指內都緊摘定絃以大指
並法琴著力急摘以左
手助絃令急仍以左手
然後繞絃於鳳足
品絃看其聲雖是依此法上
絃則指不疼雖以小指遶絃而用力在
食指中指故小指不疼或用他指則皆

風驚鶴舞勢

興曰
萬毅忽號
有鶴往梁
竦體孤立
將翺將翔、
忽一鳴而驚人、
聲淒厲以彌長

右手大指

擘　譜作尸
托　譜作乇
甲肉相半向外出絃曰擘
向內入絃曰托
凡用指向身曰內入
向徽曰外曰出餘做此

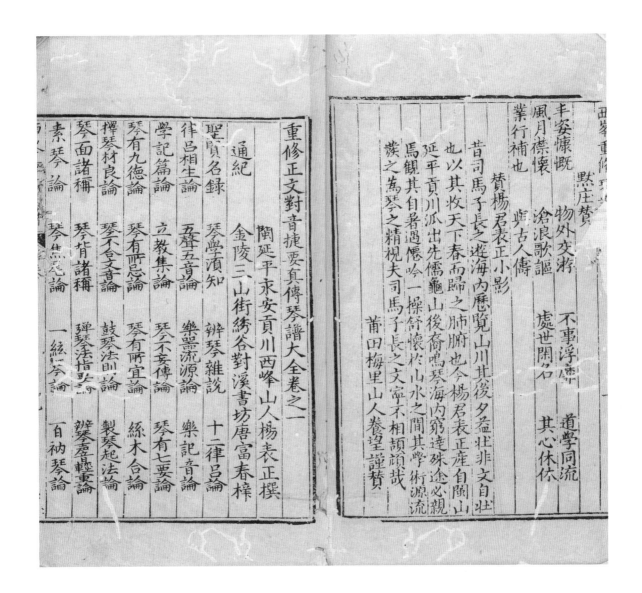

黙庄贊

物外交游　不事浮華　道學同流

處世開口　其心休依

滄浪歌謳　與古人傳

丰姿懷慨

風月襟懷

業行補也

贊楊君表正小影

昔司馬子長之遊海內應覽山川其後夕益壯非文自壯也以其收天下春而歸之肺腑也今楊君表正產自閩山延平貢川派出先儒龜山後裔鳴琴海內窮達殊途必親馬觀其自著過懷吟一操舒懷於山水之間其學術源流蕤之為琴之精祝夫司馬子長之文寧不相頡頏哉

莆田梅里山人養望謹贊

重修正文對音捷要真傳琴譜大全十卷　〔明〕楊表正撰

明萬曆十三年（1585）金陵富春堂刻本

十冊

半葉十行二十四字，白口，四周雙邊。版框 20.4×14.1 厘米

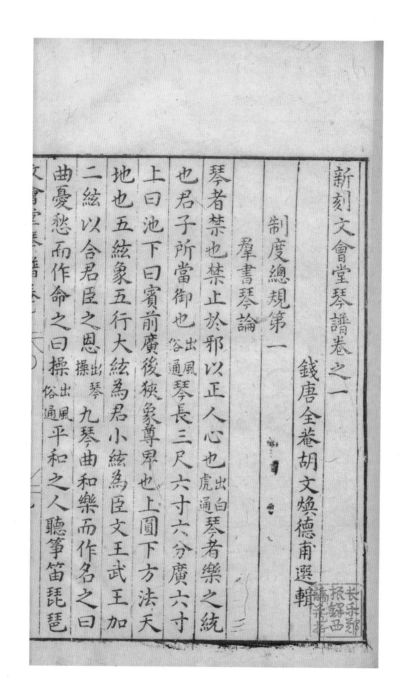

新刻文會堂琴譜六卷 〔明〕胡文煥撰

明萬曆二十五年（1597）胡氏文會堂刻本

六冊

半葉十行二十字，白口，左右雙邊。版框 19.4×13.8 厘米

太音堂琴譜卷三

大指向內曰擘向外曰托食指向內曰抹向外曰
挑中指向內曰勾向外曰剔名指向內曰打向外
曰摘

勾琴總字母

揾拂歷勇　　大間勾㪉　小間勾㪉
全扶夊　　　長鏁長吾　短鏁㤥吾
脊鏁㤥　　　少息省　　　推出扯
勾剔寫　　　圓㚀圖　　　打圓囯
滾拂弟　　　撥剌夅　　　雙彈聱
撉起㔾　　　撨起㔾　　　按吟字

往來徠　　不動㓖　　帶合彗
揾合㗉　　盧卷膏　　雙綽督
揾撮章　　撞立　　　輪合
歷厂　　　換角　　　挑乚
抹汆　　　細行幻爫　勾乚
剔弓　　　打丁　　　飛飞
擘尸　　　扥毛　　　散廿
撮早　　　泛八　　　至亓
罨內　　　孫才　　　注氵
綽　　　　　　　引弓　連車

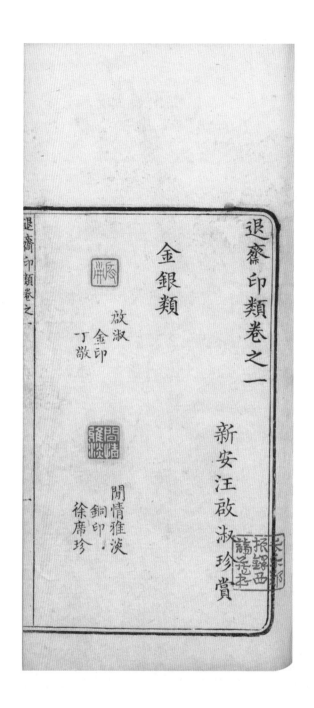

退齋印類十卷　〔清〕汪啓淑輯

清乾隆三十二年（1767）汪啓淑刻鈐印本

六册

版框 16.7×10.3 厘米

退齋印類卷之二　　新安汪啟淑珍賞

寶石類

四字歸帥時亦賦山堂博

思歸時亦賦

登樓

新山石

朱長泰

天定印記祖高山嵏

亦之以順神而

保年　者把石

　　　陳鍊

退齋印類卷之二

醉愛居印賞二卷 〔清〕王睿章篆刻 〔清〕徐遠照考訂　**又一卷**

清乾隆五年（1735）王祖昚刻鈐印本（又一卷：清乾隆王祖昚刻本）

三冊

版框 22.6×13.7 厘米

篆文未易辨識因於每幅後以正書依次全列
印文以便閱者吟賞其字義並同及轉注假借
之不易明者輒為箋釋於下并注古文出處以
誌詳慎

曾麓　巖五仝識

醉愛居印賞

王睿章曾麓氏鐵筆
徐達照卜田氏考訂
王祖崟巖五氏校對

醉愛居

鳥代切惠也從心无聲別作㥍行見俗作愛乃

非斤於切處也從尸得几而止也俗用居乃
去聲即俗踞字

修竹鄉雪蕉鑑賞

息流切飾也從彡攸聲別作俊脩也許
良切從脩臭聲踉古巷字㫚古香字相絕切
从雨彗聲隸作雪

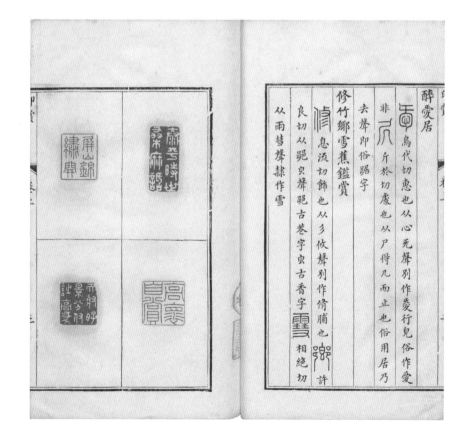

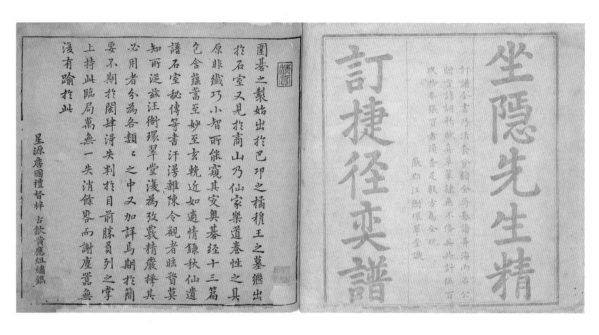

坐隱先生訂碁譜二卷　〔明〕汪廷訥撰

明萬曆三十七年（1609）汪氏環翠堂刻本

二冊　存一卷：上

版框 25.4×27.6 厘米

16827（10325）

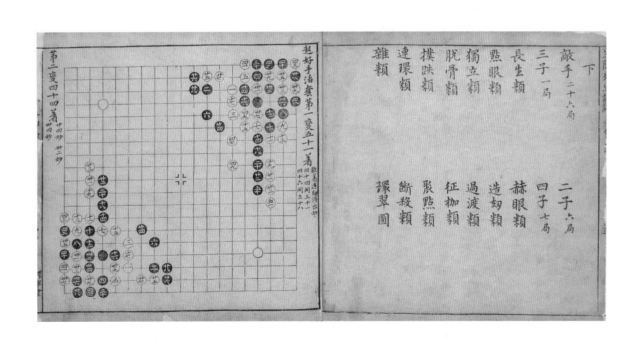

趙好手活棊第一變五十一著

第二變四十四著

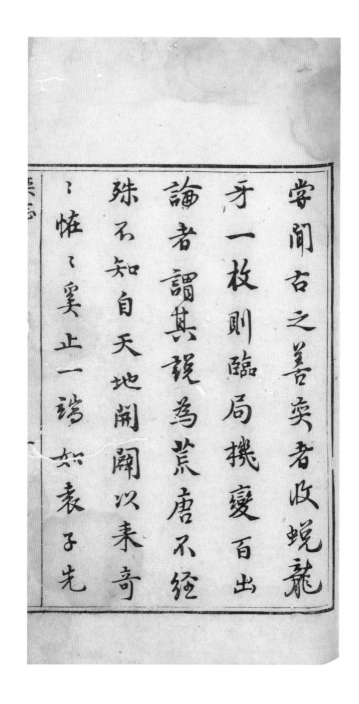

弈志五卷　〔明〕汪貞度撰並輯

明萬曆四十一年（1613）汪貞度刻本

一冊　存四卷：一至四

版框 21.3×15.2 厘米

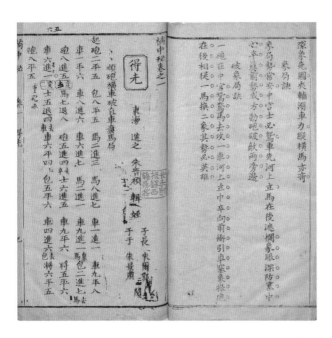

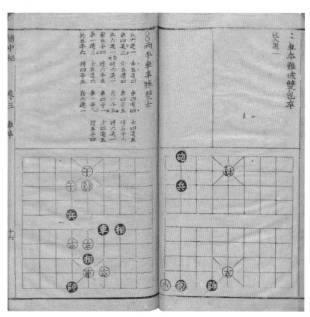

橘中秘四卷　〔明〕朱晉楨輯

清刻本

二册

半葉九行字不等，白口，四周單邊。版框 21.5×12.1 厘米

貫經一卷禮記投壺篇一卷投壺譜一卷　〔明〕朱權撰

明初刻本　清徐康跋

一册

半葉十二行二十字，黑口，四周雙邊。版框 21.8×15.0 厘米

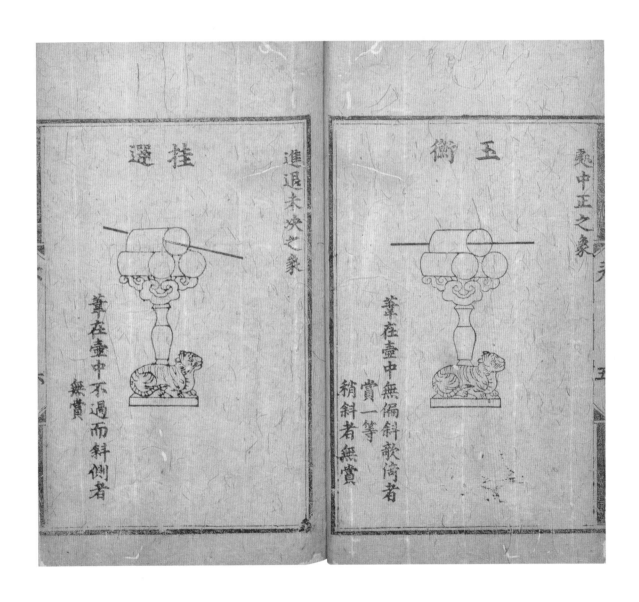

右頁：
挂選

進退未决之象

葦在壺中不過而斜側者
無賞

左頁：
玉衡

飄中正之象

玉

葦在壺中無偏斜欹倚者
賞一等
稍斜者無賞

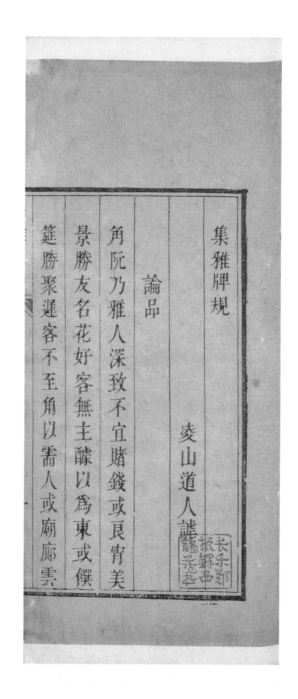

集雅牌規不分卷　題淩山道人撰

清康熙刻本

二册

半葉六行十六字，白口，四周雙邊。版框 16.2×9.1 厘米

不鬭色樣賀側

太極圖四賞四極

錦江春色來天地

鴛鴦背四賞四肩

在天願為比翼鳥　　　一百賀

連理枝四極四副極　　一百賀

弈譜補遺八卷

清且漁軒刻本

一冊

半葉八行十六字，白口，四周雙邊。版框 13.8×9.9 厘米

子

子部一 —— 譜録類

癖總几之暇與於心於身後於聲皐之間搜求五
十品其性質植之客有謂予曰此身本無物子何
取自累余應之曰天壤間萬物皆寄爾耳聲之寄
目色之寄鼻臭之寄口味之寄有耳目口鼻而欲
絕夫色聲臭味則天地萬物將無所寓矣若認其
所以寄我者而爲我有又安知其不我累耶客曰
龍江遂譜之
淳祐丁未龍江王貴學進叔書

王氏蘭譜

宋龍江進叔王貴學著

明
古虞子晉毛晉
金沙季鸞于鏘
同訂

品第之等

涪翁曰楚人滋蘭九畹蒔蕙百畝蘭少故貴蕙多
故賤余按本艸薰艸亦名蕙艸葉曰蕙根曰薰十
二畹爲畹九畹百畝自是相等若以一榦數花爲

蘭譜品第三

山居小玩十種十四卷　〔明〕毛晋編

明末毛氏汲古閣刻本

一册　存四種五卷：王氏蘭譜一卷、茗笈二卷、茗笈品藻一卷、弈律一卷

半葉八行十八至十九字，白口，左右雙邊。版框 19.1×13.7 厘米

寶硯堂硯辨一卷 〔清〕何傳瑶撰

清道光十七年（1837）高鴻刻本

一册

半葉八行二十二字，白口，四周雙邊。版框 19.0×11.1 厘米

寶硯堂硯辨

　　高要何傳瑤石卿氏撰

　　仁和高鴻小雲氏校刊

四洞先後次序

端石甚夥其最者爲老坑坑止一門內分四洞至佳者曰

大西洞而栱蓬屬焉次曰正洞而洞仔屬焉次曰小西洞

最次曰東洞而廟尾屬焉今石工以正洞及小西之佳者

爲小西洞最次者爲正洞非不知名實紊淆但欲藉西洞

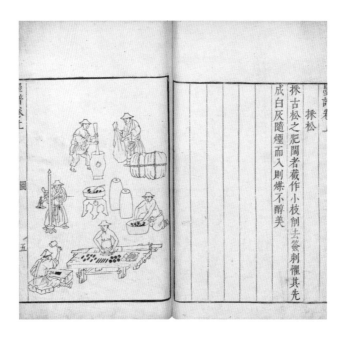

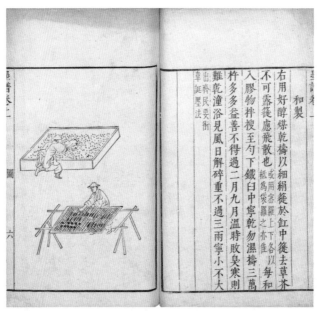

墨譜三卷 〔宋〕李孝美撰　**如韋館墨評一卷** 〔明〕潘膺祉輯

明萬曆潘膺祉如韋館刻本

二册

半葉九行十八字，白口，四周單邊。版框 20.0×14.2 厘米

存者

右祖氏易水人故以濟土為號年載以遠罕有

墨譜卷中

式

香 遠烟香墨

從前奚庭珪

從使奚庭珪祖記墨

二

目錄

古墨 三

油烟墨 六

叙藥

品膠

目錄 終

墨譜卷下

宋趙郡李孝美伯揚編

明古歙潘膺祉方凱甫梓

膠

煑膠要用二月三月九月十月餘月則不成即熱
不凝不可作餅寒則凍蔟合膠不粘
即凍蔟合膠不粘
以沙牛皮或水牛皮水浸四
五日令極液淨洗濯無令有泥不須削毛前毛
打膠片割著釜中
無益
膠色黑
凡水皆得煑然鹹苦之水膠乃更勝長

程氏墨苑十四卷　〔明〕程大約撰　人文爵里九卷

明萬曆程氏滋蘭堂刻本

二十四册

版框 24.1×15.2 厘米

長洲杜大綬書

剖劂氏黄鏻

墨苑姓氏爵里

北直隸

順天府

趙鵬程一名翰林院編修字汝圖大興縣籍南道州人辛未進士二甲

米萬鍾字仲詔錦衣衛籍陝西安化人乙未進士任四川重慶府銅梁縣知縣

保定府

孫承宗字稚繩高陽縣人甲辰榜眼任翰林院編修

河間府

楊文莊字爾華青縣人改翰林院庶吉士任江西道御史

墨苑生氏爵里　卷一　一　滋蘭堂

程氏墨苑十二卷　〔明〕程大約撰

明萬曆程氏滋蘭堂刻本

十二册

版框 24.2×15.1 厘米

飛龍在天

龍之靈徧寰宇神變化氣寒暑出升雲
霖下土大人造萬物觀凌太清圖玄譜
潤
皇猷光冊府豈曰小補之哉
　　　　于若瀛

飛龍頌

粵稽太始頫仰無垠宇通宙合顧生振猛則虎兒威而廝仁瑞則
麟鳳盤而廝神廝惟龍德變化遒巡歸淴溪渤能縮骺仲氣為寒暑
視作寄辰首稱十除以象君臣見而在田文明天下名世德施裝諸
王瞽飛而在天御極函面爰長鱗炙爰騰天馬鳳翼撬從雲雨露灑
飛躍太清潛潤九野縣寓蚖俶元炙蜉蝦大人有造絪惟我
皇龍飛九五驟帝馳王時揮天藻大署
宸章式入子墨敬供
尚方於昭雲漢潤色玄黃國華墨寶誤烈允減
聖人天子萬曆無疆小臣作頌以勒旂常
原任鴻臚寺序班臣程大約謹頌

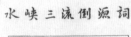

水峽三流倒源詞

三峽飛濤賦

惟巴東之三峽勢峇岌嶺而碱砠乃神禹之斲鑿淺橫
流而委蛇輪脈聰絡而不散波潩潴而邐迤下峻梁以
倒崿觸峭鐸而相碰盤盜激而為崔淯湔湃而成堆
既崩巖而墜領復製電以响雷狀如天輪膠辰而幹
轉又似地軸挺拔而爭桓磊匈匈而鼓舞欝破碱而
傾頹駭浪暴灔驚湍疾飛湍淶眾灔淪潛湲注五
湖以溪瀁灘三江而漆灘所以表乾坤之闔闢壯岳
瀆之崦嶬也垭若畸人雋士瓌瑋巇崎灟墨撢翰作

龍九子

龍九種 二章

鬱哥成薰窨如雲龍變化待氤氳

紫氣乘青霄涌見龍文識龍種

梅守箕

程氏墨苑十四卷　〔明〕程大約撰　人文爵里九卷

明萬曆程氏滋蘭堂刻本

八冊　程氏墨苑存一卷：一下，人文爵里存六卷：四至九

版框 24.6×14.5 厘米

天寶

聲有八是曰器器則可陳音有五是曰理理
則無垠律有十二是曰瀉瀉則有倫聲出音
音歸律樂其可考非曰人造法離理理離器
樂其至道是曰天寶

程大約

劉然書

程氏墨苑十四卷　〔明〕程大約撰　人文爵里九卷

明萬曆程氏滋蘭堂刻本

八冊　程氏墨苑存二卷：九、十一，人文爵里存五卷：四至八

版框 23.9×15.2 厘米

天老對庭頌

黃帝坐於殊庭觀於大皇之野有神鳥者五喑日而来棲於尾
閣其為狀也龍文而龜身燕頷而雞味崔植而鷹化鴻前而麟
後虵頸而魚尾鸛顙而鴛腮縷以赤金錯以黃銀間之紫翠五
綵備焉帝頍而異之于是奏咸池之樂張於洞庭之㳆舉臣風
后力牧有焱氏畢在虙歌而舄帝復異而問之是何祥也余
何德以感靈乎舉臣未有以復也左頍而屬天老天老對曰是
火精也產余州之西丹山之穴所謂鳳皇者也羽虫三百六十
而此為之長豈其形之瓊瑋備至德焉首若髻青戴仁也嬰若
白蛋抱義也斧若丹赤負禮也胃若石墨蘊知也足下觌黃履

程氏墨苑十二卷　〔明〕程大約撰

明萬曆程氏滋蘭堂刻彩色套印本

十二冊

版框 24.2×15.2 厘米

16212（10294）

百鹿歌

嬴秦坑詩書早已失其康鄒魯遺編宛

然在楚漢諸公不復逐臨淮江陵夾轂

雙列仙老子常騎獨何來什百脈為羣

但見巉崖紛相續伏臥行立各異情牝牡

牝邀呼若並畜文彩爭璇虎豹姿糇粮

坐饗芝苓熟何者良工貌其全即墨加

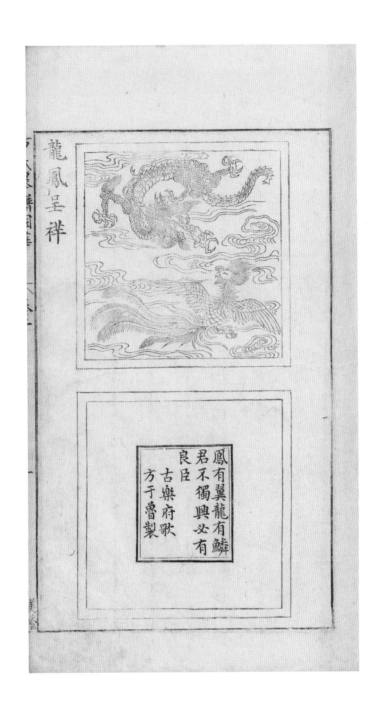

方氏墨譜六卷 〔明〕方于魯撰

明萬曆方氏美蔭堂刻本

六冊

版框 24.8×15.5 厘米

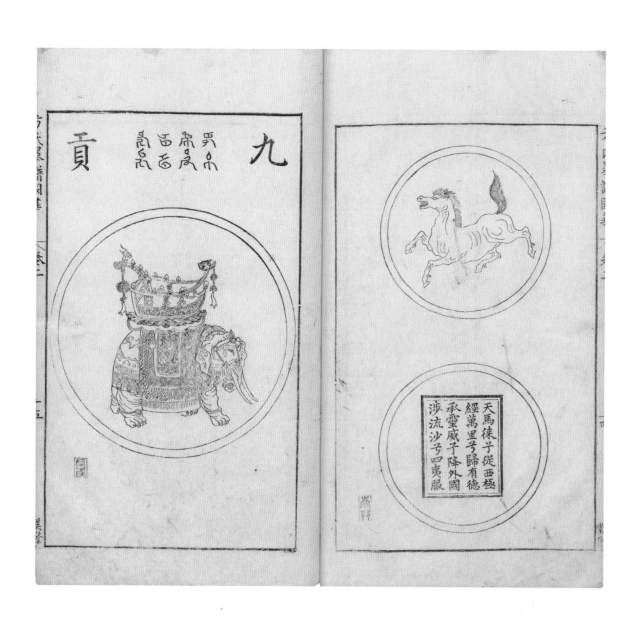

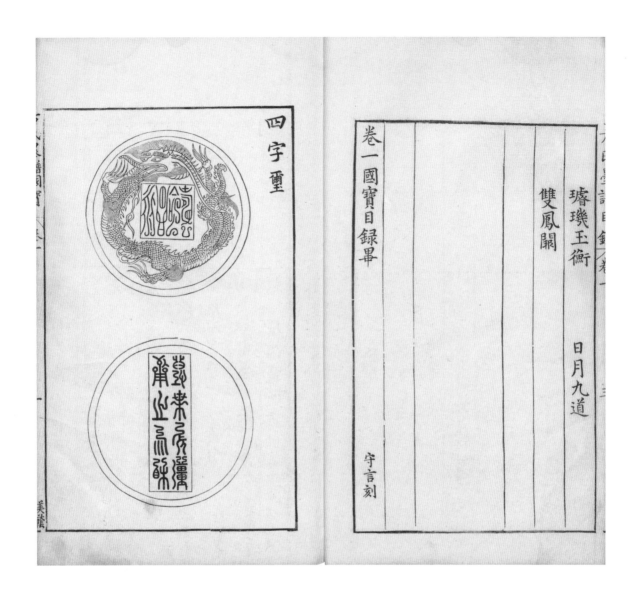

四字璽

方氏墨譜六卷 〔明〕方于魯撰

明萬曆方氏美蔭堂刻本

六册

版框 24.9×15.5 厘米

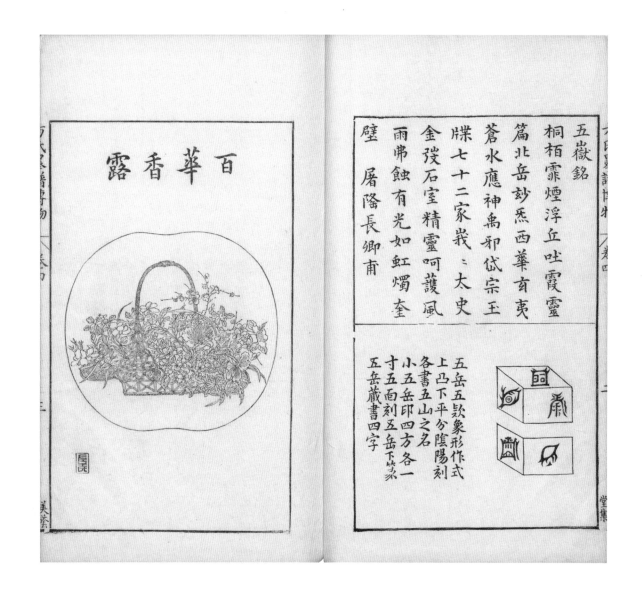

五嶽銘

桐栢霏煙浮丘吐霞靈

篇北岳妙炁西華亥夷

蒼水應神禹邪狱宗玉

牒七十二家崴二太史

金弢石室精靈呵護風

雨弗蝕有光如虹燭奎

壁　　屠隆長卿甫

五岳五欵象形作式
上凸下平分陰陽刻
各書五山之名
小五岳印四方各一
寸五面刻五岳下皆
五岳藏書四字

百華香露

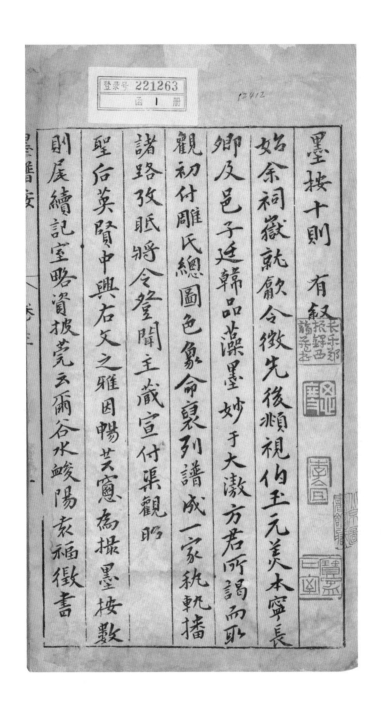

方氏墨譜六卷 〔明〕方于魯撰

明萬曆方氏美蔭堂刻本

一册　存一卷：三

版框 23.9×15.0 厘米

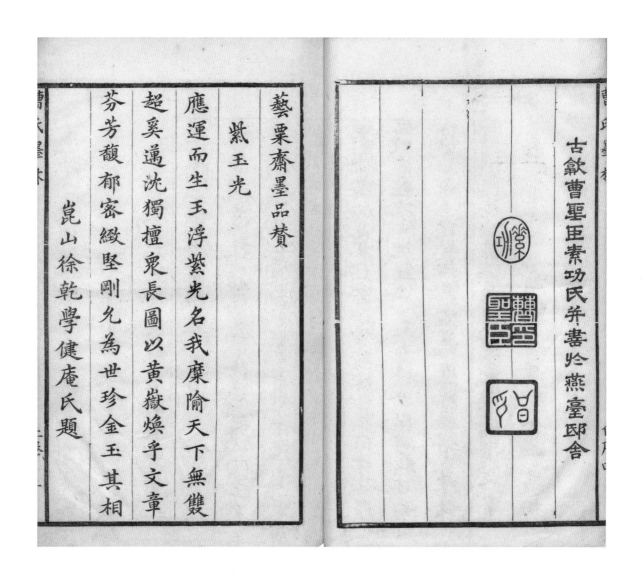

曹氏墨林二卷　〔清〕曹聖臣輯

清康熙二十七年（1688）曹聖臣刻本

二册

版框 24.1×15.0 厘米

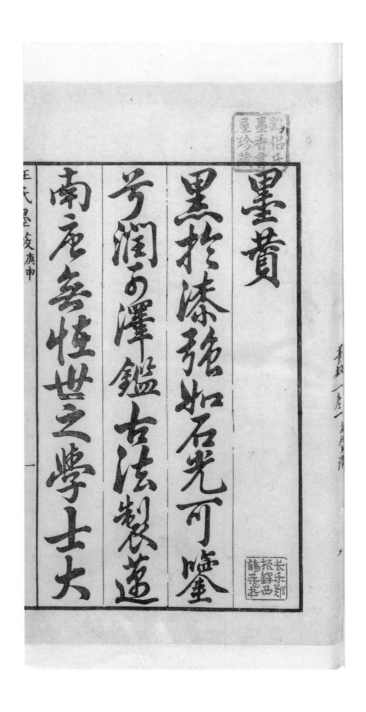

汪氏鑒古齋墨藪不分卷

清嘉慶刻本

六冊

版框 22.5×14.3 厘米

華藥翰賴子安作曰之

左田識之維佳秀有又

之永寧盦方來

江寧韓廷秀譔

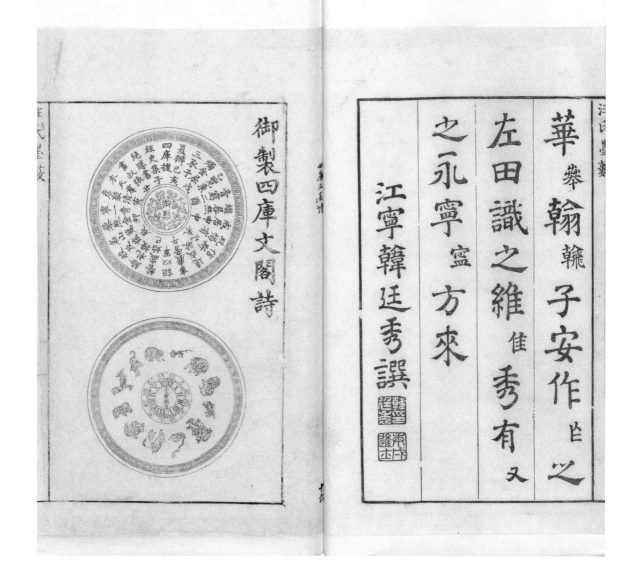

御製四庫文閣詩

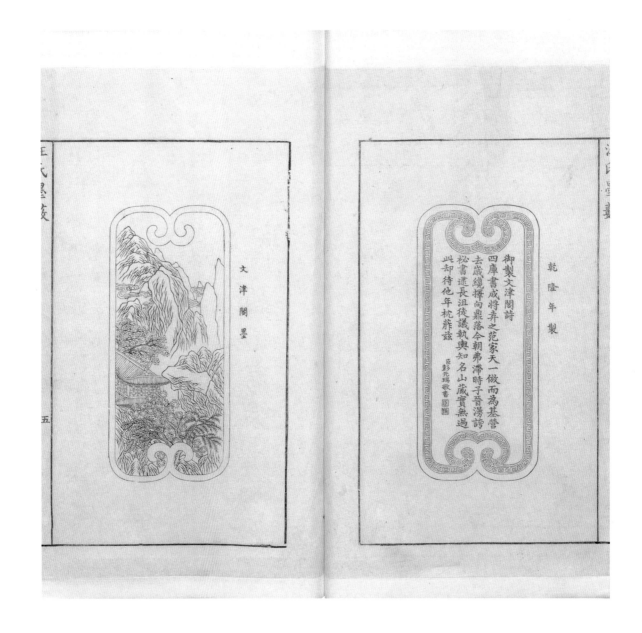

御製文津閣詩

四庫書成將弆之范家天一倣而為基營

去歲纔擇向鼎落今朝弗滯時子晉湯謗

祕書遠長沮徒議執與知名山藏實無過

此却待他年枕胙諆

臣彭元瑞敬書 圖圖

乾隆年製

文津閣墨

五

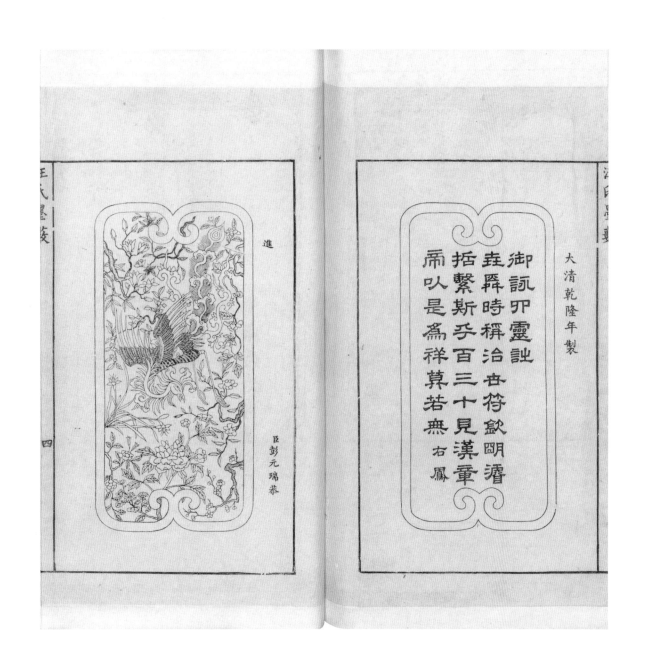

大清乾隆年製

御詠卯靈詖
垚舜時稱洽卋符欵卿滫
括繫斯乎百三十見漢章
帝以是為祥莫若無右鳳

進

臣彭元瑞恭

四

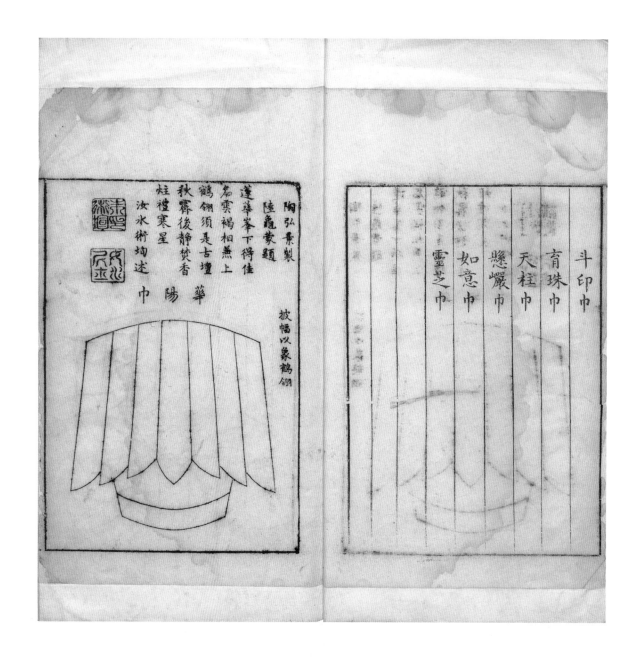

披幅以象鶴翎

陶弘景製
陸龜蒙題
蓬萊峯下得佳
名雲裼相無上
鶴翎須是古壇華
秋露後靜焚香　陽
柱禮寒星
汝水術均述　巾

斗印巾
育珠巾
天柱巾
懸巖巾
如意巾
靈芝巾

汝水巾譜一卷　〔明〕朱術均撰

明崇禎六年（1633）朱術均刻本　鄭振鐸跋

一冊

版框 19.8×14.1 厘米

今黄州王宅椸
地得坡公石塌
小像偽題得意
海棠詩一首所
塌冊卷可證然
而外加一層非
其本制也

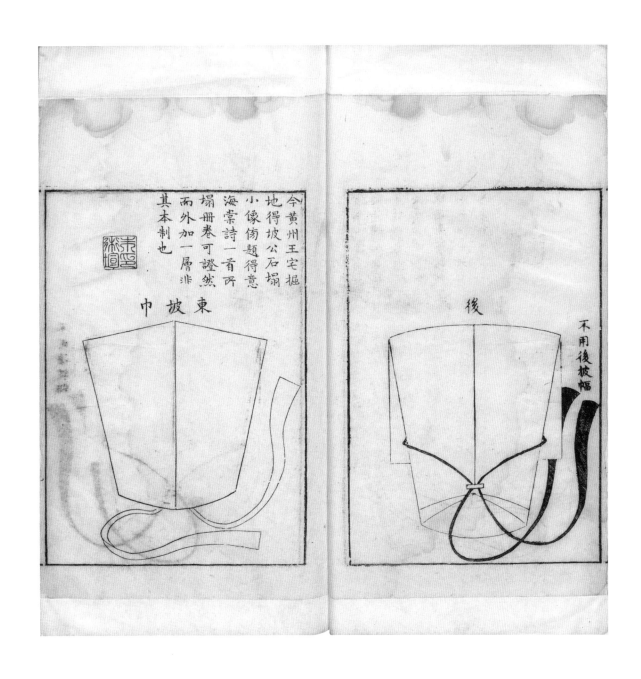

東
坡
巾

後

不用後披幅

巾譜為張燕生先生所貽　子報之以

影印本顧氏畫譜四冊明人□有冠譜見四

庫存目子當見一舊鈔本此巾譜別是一

書四庫未收且刊刻上精洵異品也

紋

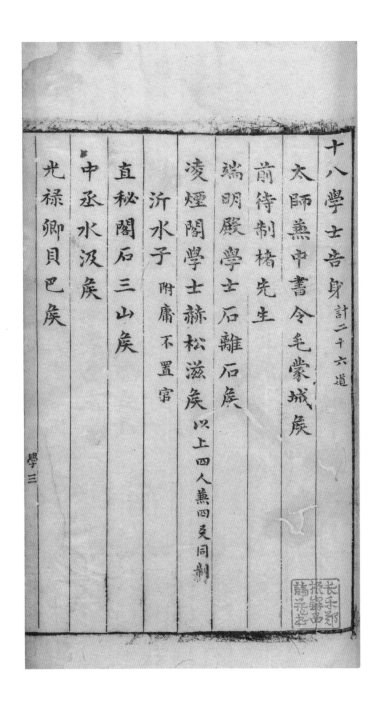

十八學士告身一卷齋中十六友圖説一卷　題〔明〕百花主人撰

明萬曆刻本

一册

半葉九行十八字，白口，四周單邊。版框 21.8×14.2 厘米

六法繁哿公車之牘不能載乃積章為篇積
篇為卷積卷為部約法三章耳故大者囊括
六經包羅百氏而小亦可以補綴可以織縢
不剛不柔厥德允臧其惟詹事乎可薰秘書
丞封頡厥

校書

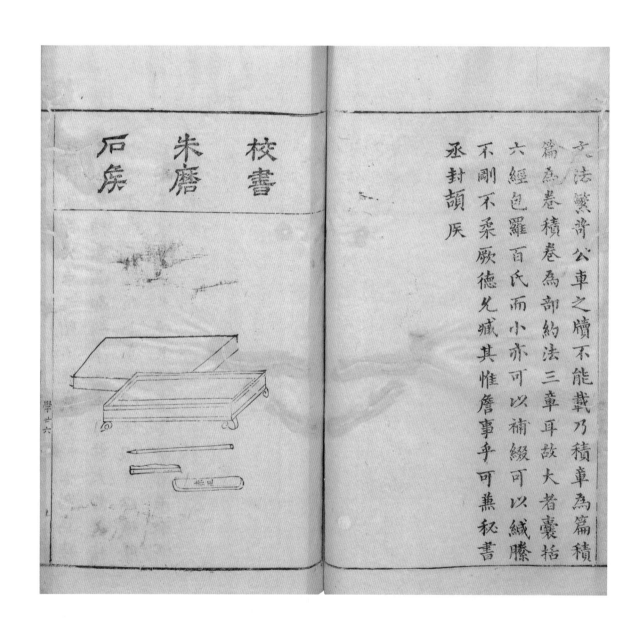

朱磨

石硯

香乘二十八卷　〔明〕周嘉冑輯

明崇禎十四年（1641）周嘉冑刻清康熙元年（1662）周亮節重修本

四册

半葉九行十七字，白口，四周單邊。版框 18.0×13.2 厘米

香乘卷之〔一〕

　　　　　　　　　明淮海周嘉冑江左纂輯

香品隨品附事實

香品

香最多品類出交廣崖州及海南諸國

然秦漢巳前未聞惟稱蘭蕙椒桂而巳

至漢武奢廣尚書郎奏事者始有含雞

舌香及諸夷獻香種種徵異晉武時外

國亦貢異香迨煬帝除夜火山燒沉香

甲煎不計數海南諸香罪至矣唐明皇

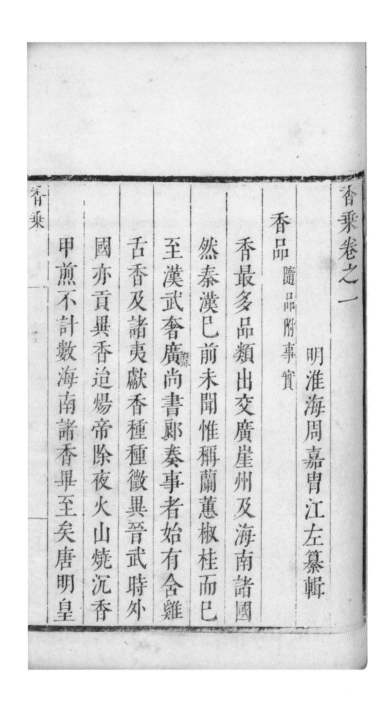

香乘二十八卷 〔明〕周嘉冑輯

明崇禎十四年（1641）周嘉冑刻本

七册 存二十五卷：一至二十五

半葉九行十七字，白口，四周單邊。版框 17.9×13.5 厘米

16602（9659）

香乘卷之二　　　　　　　　　淮海周嘉冑江左纂輯

香品　隨品附事實

檀香

陳藏器曰白檀出海南樹如檀

蘇頌曰檀香有數種黃白紫之異今人盛用

之江淮河朔所生檀木卽其類但不香耳

李時珍曰檀香木也故字從亶亶善也釋氏

呼爲旃檀以爲湯沐猶言離垢也番人訛爲

香乘

寧綢 活二尺二寸長四尺四寸 每尺計價不外

春綢 与寧綢一式

湯綢 活全二尺樣 与春細仝稍貴次些

雪花綢 雪花樣色

摂絲綢 活二尺身多紫結厚實有横結稍訳之微 每尺價多尺外

天生錦 活二尺花樣科平文式光通海每尺約價多平

通海綢 雲力面兩尖身分厚實花樣似天生錦

土絲綢 各地土絲之細

歐綢 南京素宮細仿佛相似

百步綢 似深袋綢不經着易破

溫綢 溫州府此手巾花被面褥面素方做叄料視前貨起絲厚實

沈綢 活二尺輕硃

廣綢 活二尺

雲南綢 活二尺身紫結有小波浪者

南線綢 活三尺

四川綢 活二尺五寸直細似亳州細硃薄而軟似鎮江線綢式 每尺約價千五分

杭州宮綢 活二尺五寸蔴輕

河南宮綢 活二尺寸岀於扶溝縣細而紫結 每尺約價一錢

廣東宮綢 此底猪做被面多每条汁銀四兩

洋綢

金珠寶石細毛綢緞紗等譜不分卷

清抄本

一冊

半葉十行字不等，無欄格

珠譜

珠之形色萬端時價不不能執一而呆定也今將各樣定大

約規模開出以便觀之知其大畧所謂規矩不失方寸云

爾若夫變而通之是在于人曰精子其色光白無比其形

净潔非常無一毫之瑕疵小者爲精子大者爲龍精可

能走盤世亦罕見至三分以上者無定價也曰摋精圓而

且白光潔可愛摋其精子之次不能十全謂之摋金然

有至於蒸餅鴨蛋形者其價大折而已曰光白其形傍

圓面不糙其色光潔而白也若有一面之糙次一等

爲時光矢曰時光其色近光白不麻癩也曰平頭似

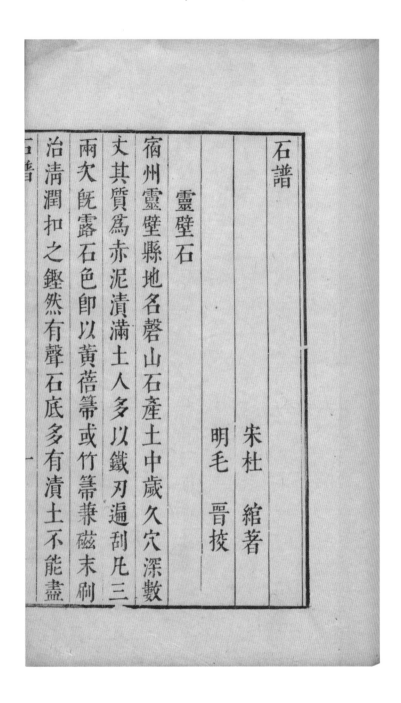

石譜　　　　　　　　　　宋杜綰著　　明毛晉挍

靈壁石

宿州靈壁縣地名磬山石產土中歲久穴深數
丈其質爲赤泥漬滿土人多以鐵刃遍刮凡三
兩次旣露石色卽以黃蓓箒或竹箒兼磁末刷
治淸潤扣之鏗然有聲石底多有漬土不能盡

石譜　　　　　　　　　　　　　　　一

石譜一卷 〔宋〕杜綰撰

明末毛氏汲古閣刻山居小玩本

一册

半葉八行十八字，白口，左右雙邊。版框 20.5×12.2 厘米

墨海十二卷 〔明〕方瑞生撰

明刻本

一册　存零葉

版框 21.2×13.4 厘米

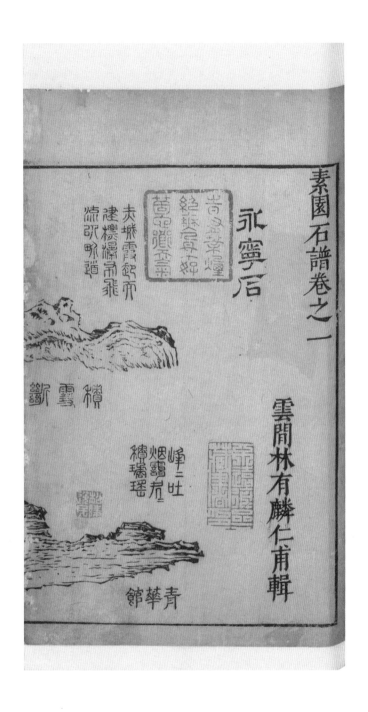

素園石譜四卷　〔明〕林有麟撰

明萬曆四十一年（1613）林有麟刻本

四册

半葉八行十八字，白口，四周單邊。版框 20.4×14.5 厘米

萬疊飛雲

樵簡

蜀水永寧軍產異石錢遜叔一石平如板於面
上如鋪一紙詐甚潔白上有山一座高低前後
凡數十峯清極有佳趣目為江山小平遠
道州江華永寧二縣皆產石或在亂山或生平
地空瓏積叠大小不相粘綴江華一種灰黑色
間有巉岩特立之勢其質倒生皆巖溜枯燥扣
之有聲惟永寧所產大者十數尺或二三尺亦
有尺餘者或大如拳或多細碎每就山採取率

韓退之汲井埋盆成小池二公胸中有佳致潤
石盆池聊自戲世間萬事皆戲耳何止茲山與
玆水

嶺鳳石

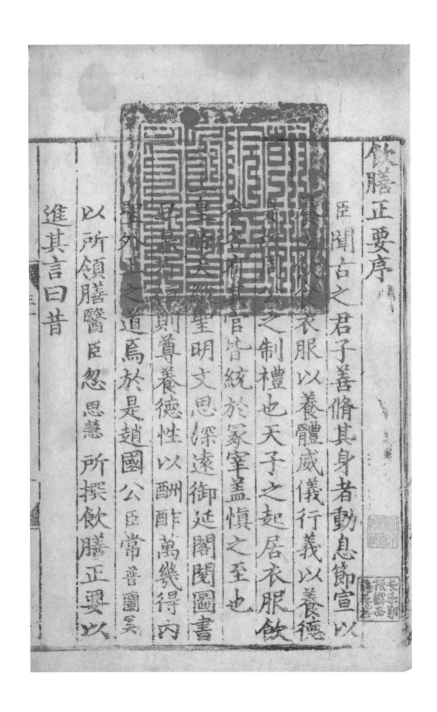

飲膳正要三卷　〔元〕忽思慧撰

明初刻本

一册　存一卷：一

半葉十行二十字，白口，左右雙邊。版框 25.0×18.7 厘米

白菜　蓮薹　茄子　莧　蔓菁　波稜
苦蕒　香菜　蓼子　馬齒　回回葱
甘露　榆仁　沙吉木兒　天花　出苦蕒兒
山丹根　海菜　蕨　薇　苦買　水苄
料物
胡椒　小椒　良薑　茴香　甘草　蕪荑子
乾薑　生薑　蒔蘿　陳皮　草菓　桂
薑黃　蓽撥　縮砂　蓽澄茄　五味子　苦豆
紅麴　黑子兒　馬思荅吉
穩展　臘脂　梔子　姜黃　回回青

太昊伏羲氏

風姓之源皇熊氏之後生有聖德繼天而王為萬世
帝王之先位在東方以木德王為蒼精之君都陳時
神龍出於滎河則而畫之為八卦造書契以代結繩
之政立五常定五行正君臣明父子別夫婦之義制
嫁娶之理造屋舍結網罟以佃漁服牛乘馬引重致
遠取犧牲供祭祀故曰伏羲氏治天下一百一十年

炎帝神農氏

姜姓之源烈山氏之後生有聖德以火承木位在南
方以火德王為赤精之君聯人民耕草飲水採樹木

之實而食羸蜓之肉多生疾病乃求可食之物嘗百
草種五穀以養人民日中為市作陶冶為斧斤造末
耜教民耕稼故曰神農都曲阜治天下一百二十年

黃帝軒轅氏

姬姓之源有熊國君少典之子生而神靈長而聰明
成而登天以土德王為黃精之君故曰黃帝都涿鹿
受河圖見日月星辰之象始有星官之書命大撓探
五行之情占斗罡所建始作甲子命容成作曆命隸
首作算數命伶倫造律呂命岐伯定醫方為衣冠以
表貴賤治干戈作舟車分州野治天下一百年

飲膳正要卷第一

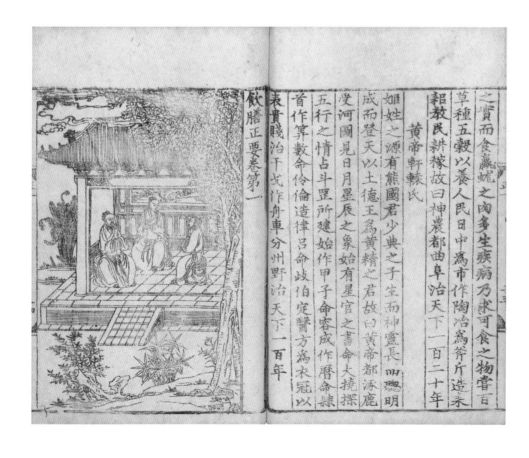

菜部

菜有葷素衣有表裡也富貴之人嗜素甚於嗜葷作素一

菜單

菜有葷素亦有表裡也古人以殺牲盛饌為致齋今以菇

蔬絕葷為齋食所以潔身体而交神明者莫重於斯以作

素菜部

豆腐

豆腐有冷漿热漿之分热漿者連渣滚透濾出不揭腐皮

用盬滷琢成澀去水可以煎用大作坊如此做法若以石

膏水不走而腐嫩宜生用並宜作羹冷漿者磨之即搾多

揭腐皮汁去腐粗其色帶黑水不起光亮不堪取用　豆

腐内亦有磨入小茴香現用頣香宿即味变凡煮豆腐加

豆腐

蔬食譜不分卷

清抄本　鄭振鐸跋

一冊

半葉十二行二十一至二十三字不等，無欄格

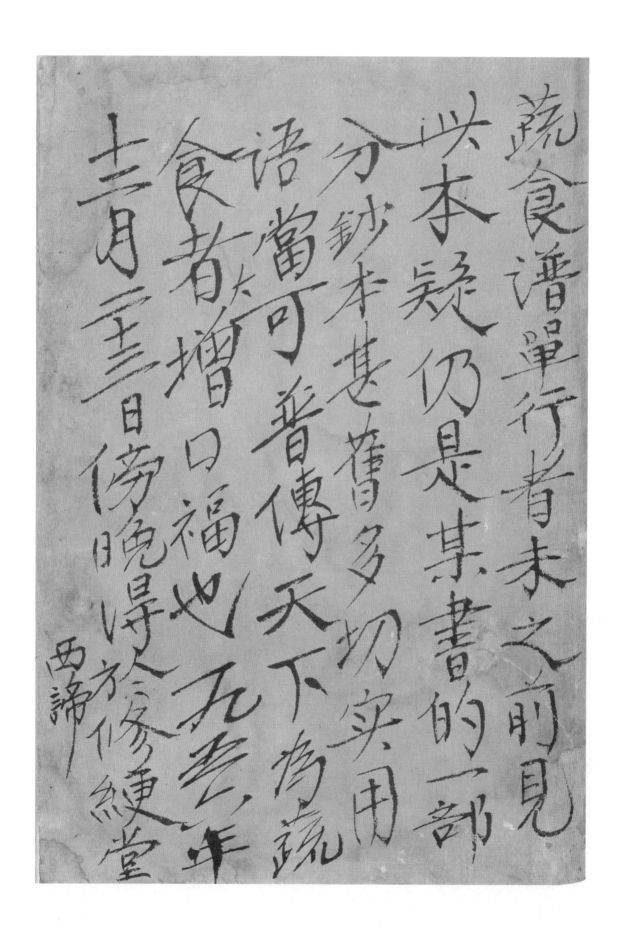

蔬食譜單行者未之前見

此本疑仍是某書的一部

分鈔本甚舊多切實用

語當可普傳天下為蔬

食者增口福也

十二月二十三日傍晚得於修綆堂

西諦

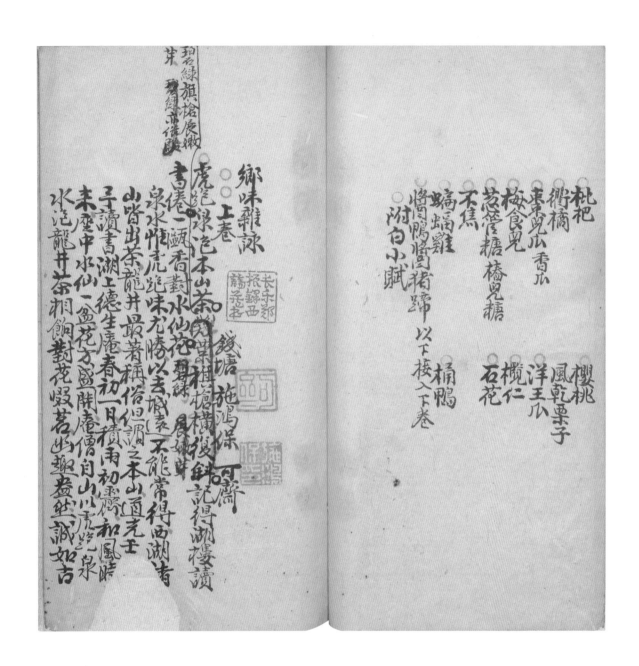

珂名綠旗槍展嫩茶我菊未偕讀

○鄉味雜詠

　　上卷

虎跑泉泡本山茶

書倦一甌香對水仙花

泉水惟虎跑味尤憪以去城衰不能常得西湖者

山皆出茶龍井最著稱俗但謂之本山道光壬

子讀書湖上德生庵春初一日積雨初霽和風時

來座中水仙一盈花方盛開庵僧自山中虎跑汲泉

水泡龍井茶桐飼對花啜茗此趣蓋然誠如古

長樂鄭振錄西蠡藏書

錢塘施鴻保可齋

鈔記得湖樓讀

枇杷
衢橘
東觔兒瓜香瓜
梅食兒
蔥管糖橋兒糖
不焦
蝤蝛雜
將閙鴨醬豬蹄 以下接入下卷
附白小賦

　○

櫻桃
風乾栗子
洋王瓜
欖仁
石花
桶鴉

鄉味雜詠二卷　〔清〕施鴻保撰

稿本

一冊　存一卷：上

半葉九行十九至二十二字不等，無欄格

16606（9748）

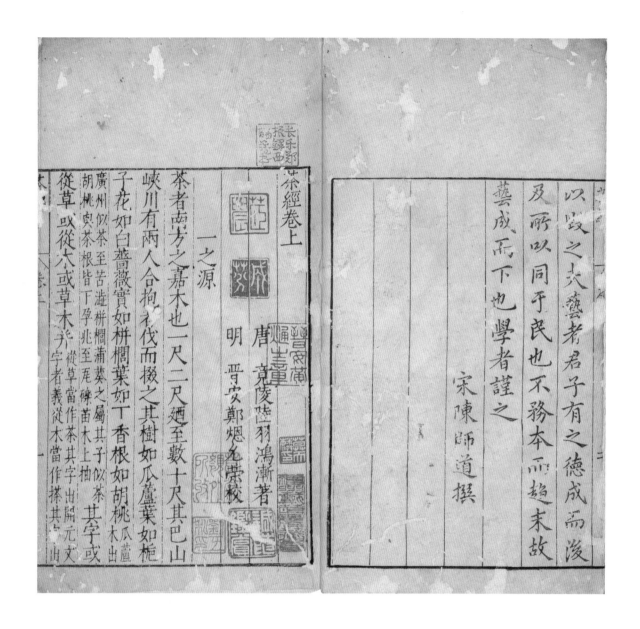

茶經三卷 〔唐〕陸羽撰　茶具圖贊一卷

明刻本

一冊

半葉九行二十字，白口，左右雙邊。版框 19.8×14.0 厘米

湯提點

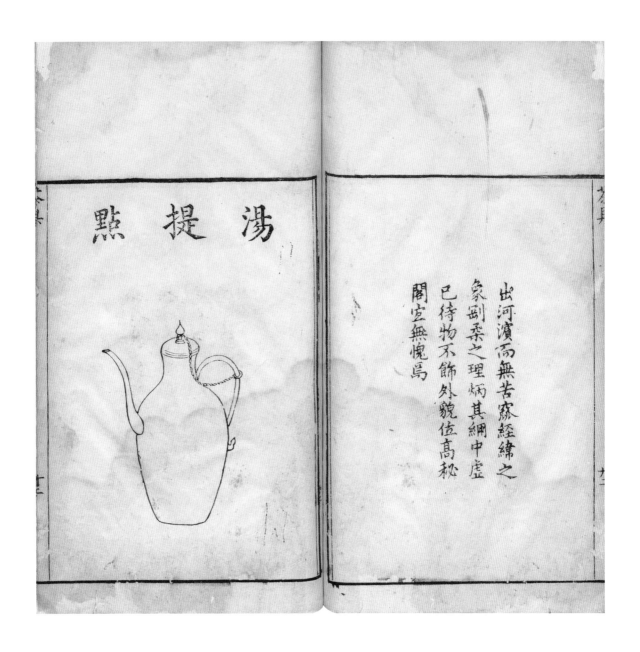

出河濱而無苦窳經緯之
象剛柔之理炳其綱中虛
已待物不飾外貌位高秩
閎宏無愧焉

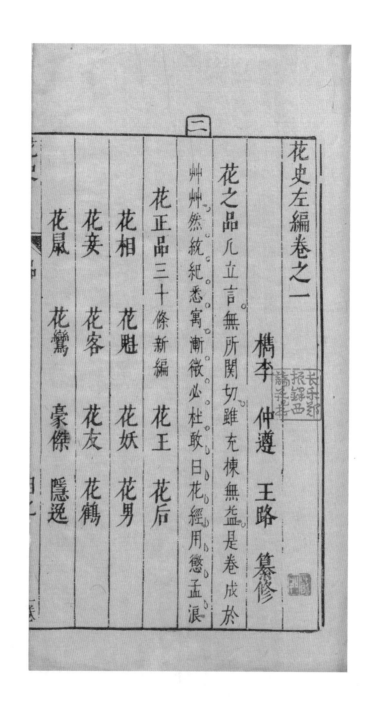

花史左編二十七卷 〔明〕王路撰

明萬曆四十六年（1618）綠綺軒刻本

四册

半葉八行二十字，白口，左右雙邊。版框 20.9×12.8 厘米

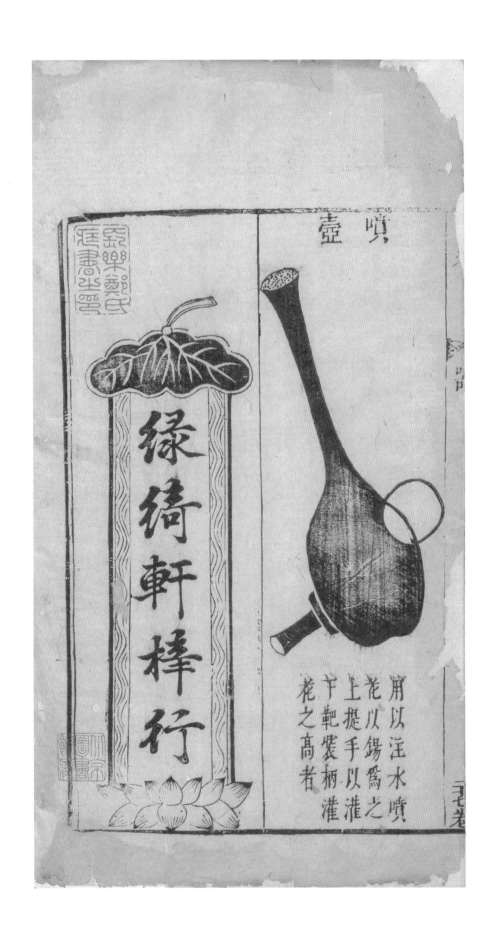

噴壺

用以注水噴
花以錫為之
上提手以灌
下軋裝柄灌
花之高者

緑綺軒樺行

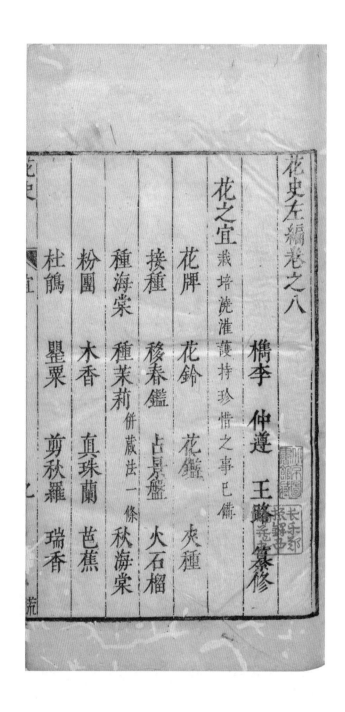

花史左編二十四卷 〔明〕王路撰　**花塵一卷**　題百花主人輯

明萬曆刻本

六冊　存二十三卷：三至二十四、花塵一卷

半葉八行二十字，小字雙行同，白口，左右雙邊。版框 20.5×12.9 厘米

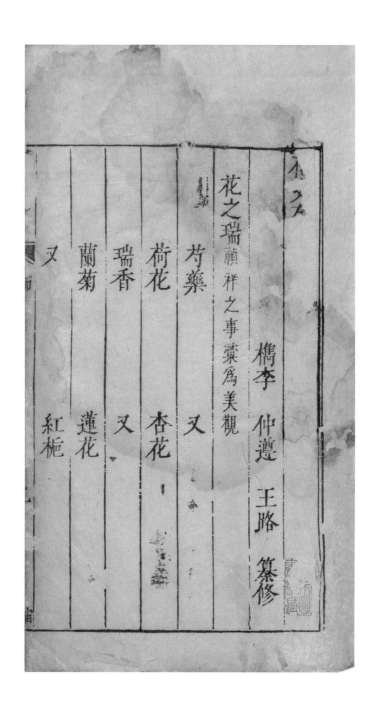

花史左編二十四卷　〔明〕王路撰　花塵一卷　題百花主人輯

明萬曆刻本

一册　存六卷：六至十一

半葉八行二十字，白口，左右雙邊。版框 20.2×12.7 厘米

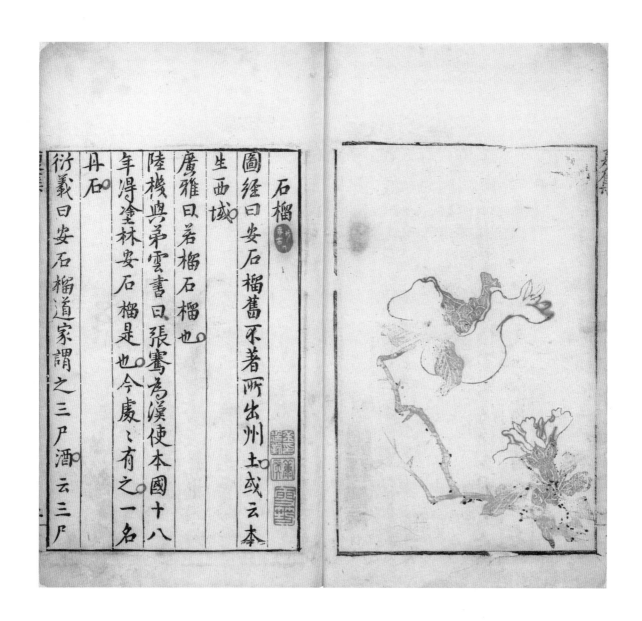

衍義曰安石榴道家謂之三尸酒云三尸

丹石

年得塗林安石榴是也今處之有之一名

陸機與弟雲書曰張騫爲溪使本國十八

廣雅曰若榴石榴也

生西域

圖經曰安石榴舊不著所出州土或云本

石榴

花史四卷

明刻彩色套印本

三冊　存三卷：夏集、秋集、冬集

半葉八行十六字，白口，四周單邊。版框 21.4×14.4 厘米

種法

此花最易傳雨著葉隨葉滴處即遍生矣

名滴金

○石榴花

安福若拳石中蘊丹砂粒剖之珠迸盤不

詩致人泣。　唐梅聖俞人作

五月榴花照眼明枝詩時見子初來五懷

牛乜牽車馬顛倒真苔之蕃絳英

廳中繁枝作舍芳紅錦雲之芳作囊还合

夏集

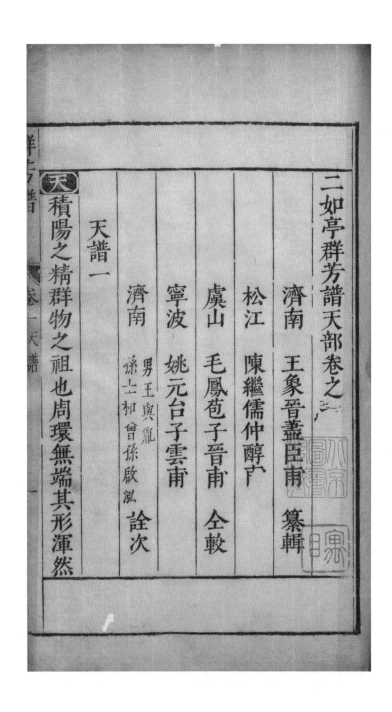

二如亭群芳譜三十卷　〔明〕王象晉輯

明末刻本

十四册

半葉八行十八字，小字雙行同，白口，左右雙邊。眉欄鐫音釋。版框 22.0×14.5 厘米

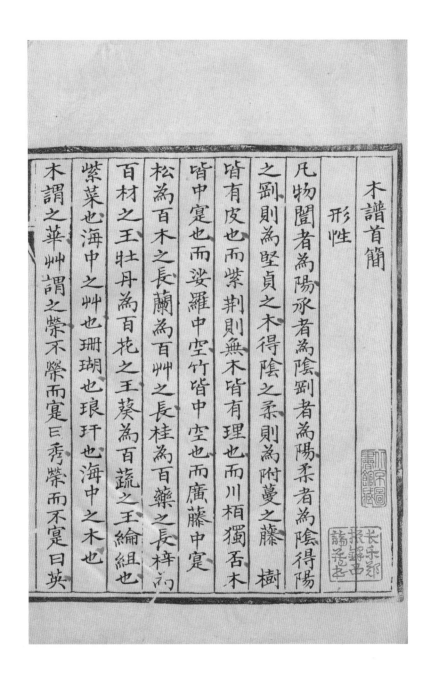

二如亭群芳譜二十八卷　〔明〕王象晉輯

清康熙抄本　清呂景端、程守中跋

七冊　存十五卷：果譜一卷、木譜二卷、花譜四卷、桑麻葛譜一卷、棉譜一卷、藥譜三卷、卉譜二卷、鶴魚譜一卷

半葉十行二十至二十二字，白口，四周雙邊。版框 18.1×15.3 厘米

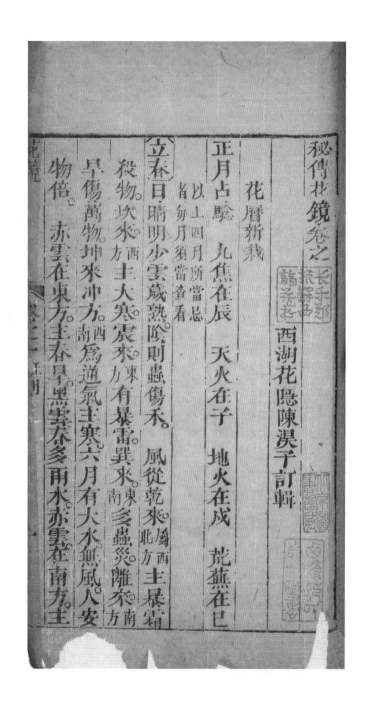

秘傳花鏡六卷 〔明〕陳淏子撰

清康熙刻本

四册 存四卷：一、三至四、六

半葉九行二十四字，小字雙行同，白口，四周單邊。版框 19.0×12.2 厘米

梅花寒香玉骨迴出塵表墅中古榦數百本構
小亭其中早春破萼香雪周遮獨坐長吟清人
心腑至於水涯籬次叢竹怪石之畔間植數株
横斜鬱曲各具標格梅種不一以綠萼爲上品
玉蝶次之單瓣野梅又次之紅梅姣韻芳妍艷
而不冶其開在諸梅之先寒林點綴尤不可無

梅

北墅抱甕錄

竹窗　高士奇

樂其樂也康熙庚午秋七月江邨高士奇識
不願輦下諸君子見此錄便知退閒之有以
令中朝士大夫知恐爭謀南徙以分此味余亦
甃錄昔東坡在南海食蠔而美貽書叔黨曰無
尸也因疏墅中花竹草木果蔬藥蔓之屬爲抱
殊是有味益信歐陽之欲以得罪而去之非藉
驚怖合之東坡大熱遠行初得解衣漱濯之語
竹樹分畦種萊手自灌溉雖體有微勞而心無
聖恩放歸田里愈就北墅薙荒刪穢修植

北墅抱甕錄不分卷　〔清〕高士奇撰

清康熙高士奇清吟堂刻本

一册

半葉九行十八字，黑口，左右雙邊。版框 18.3×14.2 厘米

北墅抱甕録不分卷 〔清〕高士奇撰

清康熙高士奇清吟堂刻本

一冊

半葉八行十八字，黑口，左右雙邊。版框 18.3×14.0 厘米

北墅抱甕錄

梅

竹窓壽工氏上

梅花寒香玉骨迥出塵表墅中古榦數百本構

小亭其中早春破萼香雪周遮獨坐長吟清人

心腑至於水涯籬次叢竹怪石之畔間植數株

橫斜彎曲各具標格梅種不一以綠萼爲上品

玉蝶次之單瓣野梅又次之紅梅姿韻芳妍艷

而不冶其開在諸梅之先寒林點綴尤不可無

蘭蕙鏡

荆溪屠用寧芸莊氏輯

佳種宜求

謾說蟲蘭與素蘭種時容易揀時難若然欲識
識其中奧須眼人仙九轉丹 此言揀花之難，屠氏原註。
蟲素年年出幾何人人蘭與最貪多縱然定得
蟲和素還怕蘭中變作他 此言花之不能看定屠氏原註。
好花宜惜

烏青麻殼　淺山青麻　深山青麻

取土　　　製土　　　種蕙

伏種　十二月養花法

蘭有變幻故寔

蘭蕙鏡一卷　〔清〕屠用寧撰

清抄本

一册

半葉八行十八字，無欄格

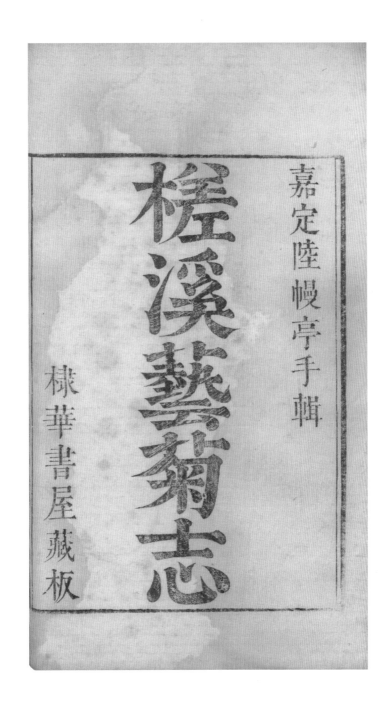

藝菊志八卷　〔清〕陸廷燦輯

清康熙五十七年（1718）棣華書屋刻本

四册

半葉十行二十字，黑口，左右雙邊。版框 18.0×13.3 厘米

藝菊志一卷

嘉定陸廷燦扶照氏輯

〔考〕

經

禮記季秋之月菊有黃華

大戴記九月榮鞠鞠草也鞠榮而樹麥時之急也

周禮蟈氏掌去䵷黽牡鞠以灰灑之則死註云牡鞠

菊不花者

又后服鞠衣其色黃也

爾雅蘜治蘠

藝菊十三則

一擇地凡菊地須西北隅最佳南隅則八九月間無日

暄曬蕾不綻花不大色不鮮東隅則返照之日最烈

脚葉必壞

一培土菊喜新土仍以舊土種植梗瘦枝稀葉瘁花小

惟冬臘月間去舊易新淡糞水澆一二次毋太肥恐

植後小苗瘝頭菊地鋤成片段較高菜地任霜雪凍

透餘土堆積他處加灌濃糞以草蓋之蕾於四八月

三

藝菊十三則一卷菊名詩一卷　〔清〕徐京撰

清嘉慶刻本

一冊

半葉八行二十一字，白口，四周雙邊。版框 19.3×13.3 厘米

菊名詩一百八首　　常山徐京西存氏著

黃色二十八種

佩蘭菊　改名長潤瓣花大
　　　　中突起蘭蕊攢聚

更愜同心在北窓

應共三閭佩楚江而今香色兩無雙淡交如畫還如水

黃牡丹　大起樓

青帝何如白帝花隨身袍色不須加縱然老圃秋容淡

黃牡丹　古名花

十

道光甲辰年鐫

海天秋色譜

板藏啟佑堂

海天秋色譜自序

月令曰鞠有黃華黃者菊之正色也悲辭言餐秋菊而
不言其色然可餐者不過黃白二種如今之野菊而已
陶淵明詩云採菊東籬下夫言採則亦以供服食之用
者乎陸龜望有杞菊賦蘇子瞻亦言齋廚蕭然日食杞
菊葢皆啜其枝葉未嘗翫其華英也近時菊種月異日
新色有五方正閒之不同形爲巧工雕鏤所難到雖數
典取譜忘祖而巨浸豈識濫觴或白如荼或赤如火或
大如盤或小如珠或若虬龍之夭矯或似鸞鳳之騫騰
或爲美女之妖嬈或作端人之整飭千態萬狀莫可究

海天秋色譜　自序

海天秋色譜九卷養菊法一卷 〔清〕閔廷楷撰

清道光二十四年（1844）啓佑堂刻本

一冊

半葉十行二十一字，白口，四周雙邊。版框17.7×12.7厘米

海天秋色譜第一

神品

易大傳曰陰陽不測之謂神物至於神則天機勃

發有非人之思慮所能及者矣花既欲其窮工極

巧天若爲之作意矜心夫同是菊也而有動而不

浮疎而仍密艷而不涉於妖大而益得其正光明

俊偉瓌麗唐皇秋圃之中未易一二覯也

金龍舞爪

黃邑長管瓣單層綠心俯則空中仰則平面斜曲天

矯有攫拏之勢當其位置几筵飛騰生動雖不見一

瓶荷譜一卷　〔清〕楊鍾寶撰

清道光元年（1821）寶廉堂刻本

一册

半葉九行二十字，白口，左右雙邊。版框 17.4×13.1 厘米

珉荷譜　　　　　　　　　　　上海楊鍾寶瑢水撰

單瓣十大種

硃砂大紅　大紅種類甚繁畧舉四種已盡其槩

小圓尖瓣爛若丹霞明於火齊雖經宿不淡蓮之有

大紅猶梨園之有參軍蒼鶻當夫子弟登場曼聲賦

語絲嬌竹肶苟無銅琵琶鐵綽板唱大江東去則無

以盪柔靡達英爽故大紅爲羣花之領袖而硃紅尤

爲大紅之領袖

茶花譜一卷茶花詠一卷茶花別名詠一卷擬詠鐘款茶花詩一卷總説一卷　題樸靜子撰

清康熙五十八年（1719）刻本

一册

半葉九行十九字，白口，左右雙邊。版框 17.4×13.0 厘米

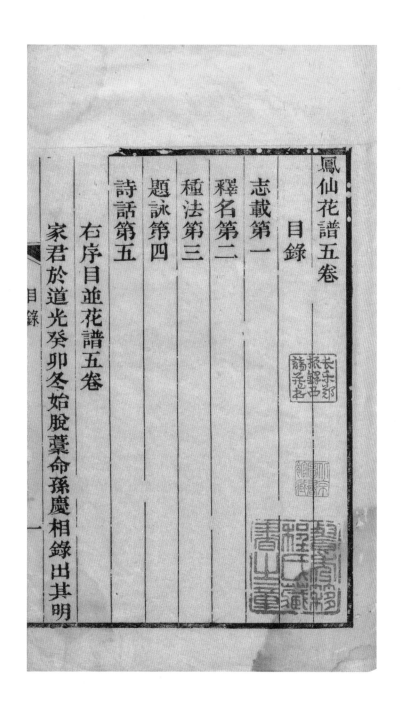

鳳仙花譜一卷 〔清〕錢泳撰

清道光二十四年（1844）錢日祥刻本

一冊

半葉九行二十二字，白口，四周單邊。版框 20.1×14.7 厘米

鳳仙花譜

勾吳　錢　泳　梅溪　輯

志載

羣芳譜

鳳仙花一名海納一名旱珍珠一名小桃紅一名染指甲

草人家多種之極易生二月下子隨時可種高二三尺莖

有紅白二色葉長而尖似桃柳葉有鉅齒故又有夾竹桃

之名開花頭翅羽足俱翹然如鳳又有金鳳之名其色紅

紫白碧及雜色善變易有灑金者白瓣上紅色數點又變

志載

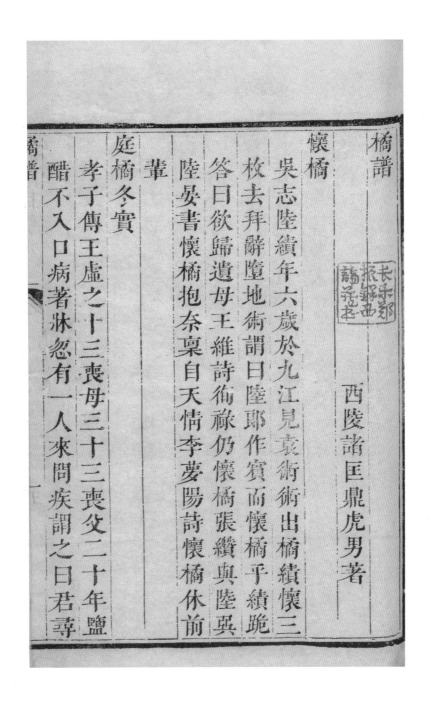

橘譜一卷 〔清〕諸匡鼎撰

清康熙刻本

一册

半葉十一行二十字，白口，四周雙邊。版框 18.4×13.7 厘米

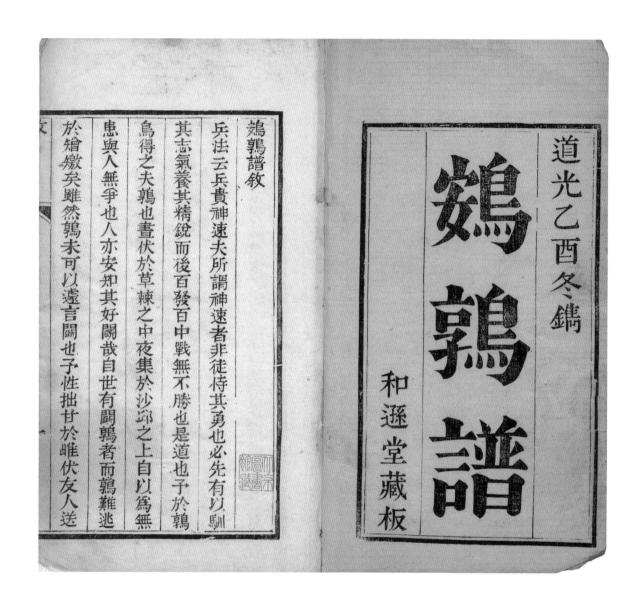

鵪鶉譜全集四卷　題浣花逸士撰

清道光五年（1825）和遜堂刻本

一册

半葉六行二十四字，白口，四周雙邊。版框 18.8×11.1 厘米

鵪鶉譜全集卷之一

鶉田澤小鳥也頭小尾秃羽色蒼黑色無斑
者爲鶉卽此二鳥何得爲一鶉性醇每處於畎畝之間或蘆葦
之丙夜則羣飛晝則草伏有常匹無常居隨地而安故名鵪鶉
又名安醇莊子所謂聖人鶉居是矣其行過小草卽旋避之亦
可謂醇矣宗奭曰其卵初生謂之羅鶉至秋初謂之早秋中秋

三口糖前飲水一二口亦須觀鶉之濕燥飲之間
回有因受傷通更仍喂平食次日始放水樽
之者又有因嘴數通少只喂二錢通探雀洗
之者此近時之養法也

生鶉入手肥
瘦不同瘦
者易調肥
者難馴肥
者乾空三
日則膆净
脱润喂食
一二三不拘
膆油少則食

多膆油发
則食少瘦

下以粟誘其搶食發聲新鶉以三日一洗爲度此洗法也

喂法

鶉之關食誘之也爭食則關故喂食之法爲最要肥則遲喂減
其常數瘦則水粟貼其膆對膆之說盖不肥不瘦言乎其適中
也然生鶉之食無定數熟鶉之食最宜均匀有一日喂一次二
次各隨其性耳喂二次者早喂八分嗉入袋跳過半嗉取出把

化看其化食遲速酌量再喂以交二更食化爲度喂一次法同
前熟鶉喂粟皆有額數但不可堆積而全與之須以兩指捏粟
數粒滿圈引弄使其撲打嗉搶然後與之食如數次喂完不但
食粟親切且可操練嘴腳至于夜食固不宜多早秋可有可無
至白唐則長夜天寒生鶉似可不墊熟鶉看其強弱或墊五六
分或二三分酌量食完飲以茶滷以免油生次早五鼓把至天

入膛矣
把石則油
方可漸之浇

鶉鶉譜　／卷三

貓苑二卷 〔清〕黄漢輯

清咸豐二年（1852）甕雲草堂刻本

二冊

半葉九行二十一字，白口，左右雙邊。版框18.3×12.4厘米

貓苑

番禺丁　杰仲文　訂

永嘉黄　漢鶴樓　輯

同里陳　昊寅東　校

種類

夫獸類其繁乎貓固獸中之一類也然其種之雜

出又甚不同以之尚論必先因厥類而推曁其種

非特用資辨證則亦多識夫鳥獸之名之一助也

輯種類

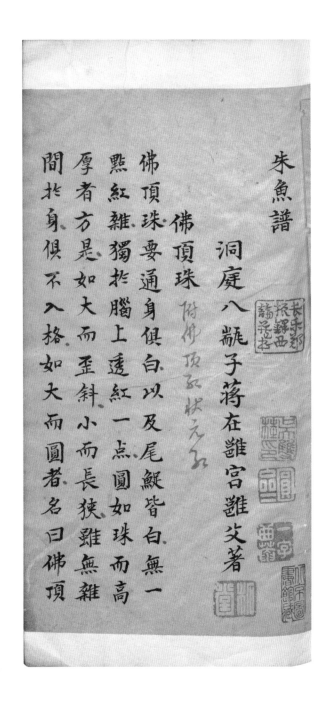

朱魚譜

佛頂珠　附佛頂五彩狀元之名

洞庭八龇子蔣在雕宫雕艾著

佛頂珠要通身俱白以及尾鰭皆白無一

點紅雜獨扵腦上透紅一点圓如珠而高

厚者方是如大而歪斜小而長狹雕無雜

間扵身俱不不入格如大而圓者名曰佛頂

朱魚譜一卷韓香譜一卷　〔清〕蔣在雕撰

清初抄本

二冊

朱魚譜: 無欄格; 韓香譜: 版框 18.3×11.9 厘米

韓香譜

古吳洞庭蔣在花艶宮維　艾慕

治泥

種菊之泥必要十二月中全鬆去盡无礫用

人濃糞豬之尖担酵三尺許用草薦蓋之不

致冰凍減其糞力若有空室置之到正二月

必戟倒再酵一三次至三月終四月初取出

金魚圖譜不分卷 〔清〕句曲山農撰

清道光二十八年（1848）景行書屋刻彩色套印本

一册

半葉八行二十字，白口，四周雙邊。版框 19.6×14.7 厘米

15899（9306）

天地交泰　　錦心綉口

缺名　　　　玉岩舍納

缺名

缺名　　　　仙人脂劍

以下諸書輯入新增

缺名

凡品二種

晴川蟹録四卷後録四卷　〔清〕孫之騄輯

清康熙刻晴川八識本

二册

半葉十行二十字，黑口，左右雙邊。版框 20.3×14.2 厘米

圖書在版編目（CIP）數據

國家圖書館西諦藏書善本圖録 / 國家圖書館古籍館編 . —廈門 : 鷺江出版社，2019.12
ISBN 978-7-5459-1528-0

Ⅰ . ①國… Ⅱ . ①國… Ⅲ . ①私人藏書—圖書目録—中國—現代②古籍—善本—圖書目録—中國 Ⅳ . ① Z842.7 ② Z838

中國版本圖書館 CIP 資料核字（2018）第 278085 號

策　　劃 : 雷　戎　劉浩冰
責任編輯 : 雷　戎　王　楓　金月華　陳　輝
裝幀設計 : 張志偉
營銷編輯 : 趙　娜
責任印製 : 孫　明

GUOJIA TUSHUGUAN XIDI CANGSHU SHANBEN TULU
國家圖書館西諦藏書善本圖録（全七冊）
國家圖書館古籍館　編

出版發行 : 鷺江出版社
地　　址 : 廈門市湖明路 22 號　　　　　　　　　　　　　郵政編碼 : 361004
印　　刷 : 天津聯城印刷有限公司
地　　址 : 天津市寶坻區新安鎮工業園區 3 號路 2 號　　　郵政編碼 : 301806
開　　本 : 889mm×1194mm　1/16
印　　張 : 235.5
版　　次 : 2019 年 12 月第 1 版　2019 年 12 月第 1 次印刷
書　　號 : ISBN 978-7-5459-1528-0
定　　價 : 3800.00 元